中公文庫

歴史に消えたパトロン

謎の大富豪、赤星鉄馬

与那原恵

中央公論新社

プロローグ

昭和二十六年（一九五一）秋。サンフランシスコ講和条約に署名した日本は、苦しい戦後がようやく終わろうとする解放感に満たされていた。

そのころ、赤星鉄馬《あかぼしてつま》は神奈川県大磯の海辺で釣り糸を垂らす毎日だった。ととのえられた白髪、きちんとした身なり、かたわらにはよく手入れされた釣り道具がある。彼の釣り好きは少年のときからで、その始まりも大磯の海だった。秋の訪れを告げる風が吹いている。鉄馬の大きな瞳は、寄せては返す波を静かに見つめていた。そのうしろ姿は、おだやかな隠居生活を送る人そのものだっただろう。

この年十一月、鉄馬は体調を崩し、一週間ほど床に臥せったのち死去した。新聞の訃報欄が短く伝えている。

赤星鉄馬氏（元千代田火災監査役）八日午前八時神奈川県大磯町の自宅で仮性尿毒症で死亡。六十九歳。

（『毎日新聞』昭和二十六年十一月九日付）

簡潔な訃報記事は、故人が名の知れた企業の監査役を務めていたことを紹介するのみで、波乱に満ちた生涯をうかがい知ることはできない。けれどもそれは致し方ないことだった。

明治十五年（一八八二）に東京で生まれ、激動の時代を生きた鉄馬は、自身の人生、彼の周囲を彩った人物たちとの交友や、歴史的な場面に立ち会ったときのエピソードについて、書くことも、インタビューに応じることもなかった。ただ、釣りに関してのみ、原稿を執筆し、雑誌の座談会にも登場している。鉄馬は大正十四年（一九二五）、ブラックバスを日本に移入したことでルアーフィッシングの世界では名をのこしているのだ。また、日本のゴルフ草創期にも顔をのぞかせる彼はスマートな趣味人として語り継がれ、時の流れの中に姿を消していった。おそらく、それが彼の望んだことだった。

私が赤星鉄馬の名を最初に知ったのは、釣りやゴルフとはまったく異なるアプローチだった。日本初の本格的学術財団といわれる「啓明会」の創設資金を提供した当時三十六歳の実業家として、印象的なその名を目にしたのだ。

大正七年に創設された啓明会の特色は、「特殊ノ研究、調査、著作ヲ助成」（啓明会総則）することにあった。ほかの研究機関ではなかなか取り上げられないテーマであっても、「独創的特異的」研究を積極的に支援していく、という方針をとり、とりわけ基礎的な文献や資料の収集、編纂、出版に力を注いだ。

助成事業の研究テーマは幅広く、人文系・社会系・自然系と多岐にわたっており、多額の研究助成は二百八十件に達している。啓明会は、近代日本の学術研究の基礎を築いたといってよく、設立当時は国内の全研究助成費の五分の一を占めるほどの大きな存在感を示した。だが、いまではその存在は忘れ去られている。

私は、ある人物の評伝を執筆していたおりに啓明会を知り、会が刊行した冊子や記念誌、関係者による記録を探し出したのだが、啓明会は鉄馬個人が百万円（現在の貨幣価値にして二十億円）を提供して設立されたという事実に驚いた。そのうえ、財団に「赤星」の名を冠することを固辞し、鉄馬本人ばかりでなく、赤星家関係者も会の運営にはまったく関わらない方針を貫いていた。鉄馬はパトロンとしての立場に徹し、設立十年、二十年といった節目の式典においては列席するものの、挨拶を述べることもなかった。資金提供者からこれほどまでに独立した学術財団は世界的に見ても珍しいといわれる。

それにしても普通、財団設立といえば功成り名遂げた人物がその資産を社会に還元すべく思い立つものだろう。さらにいえば、自身の名を後世に残したいという思惑もあるはずだ。けれど鉄馬はそうした名誉欲を持たない人だった。三十六歳というのも、財団設立者としては珍しいほどの若さである。しかも、啓明会への貢献を本人は一切語らず、書かず、ただ趣味人として知られるばかりなのだ。私にはそれが謎だった。

赤星鉄馬その人に興味がわいた。財団設立に百万円を提供した彼は、ありあまるほどの財力を持つ鷹揚な若き富豪だったのだろうか。

実際、彼の資産は目を見張るものだった。「大日本百万長者一覧表」（明治四十三年）に赤星鉄馬の名がある。当時二十八歳の彼の資産は三百万円。同額の資産で名を連ねるのは、錚々たる実業家たちである。鉄馬は多くの土地も所有しており、東京市の「地籍台帳」（明治四十年）によれば、洋館の自邸がある麻布鳥居坂のほか、東京の一等地に複数の土地を所有し、さらに大磯にはイギリス人建築家ジョサイア・コンドル設計の別荘をかまえていた。

この若さでこれほどの資産を持ったのは、なぜなのだろう。

莫大な資産は鉄馬が築いたものではなかった。明治三十七年に他界した父弥之助《やのすけ》の資産を鉄馬は受け継いだのである。

幕末、動乱期の薩摩で生まれた弥之助は、薩摩の人脈を背景にして明治という時代を一気に駆け上り、主に海軍関係の事業によって巨万の資産を得たといわれる。だが、その事業内容や経緯はよくわかっていない。それでも存命中に富豪として名をとどろかせていたのは確かなことで、明治三十四年の「日本全国長者番付」（五十万円以上の資産家四百四十一名）にその名が登場している。ただし肩書欄は空白である。『人事興信録』（明治三十六年）での弥之助の職業は「金貸業」とされている。

明治期に多数出版された富豪列伝にも弥之助は一切描かれておらず、彼が取材に応えたものも見当たらない。ゴシップがしばしば掲載された当時の新聞に、わずかに登場するものの、彼に対する評価は芳しいものではない。やり手の人物に悪評はつきまとうものだが、弥之助はそれをものともせず、資産を蓄え、多くの土地を手に入れていった。彼は美術品蒐集でも名を馳せた。その豪快な買い漁りは、まるで鰐《わに》が大口を開けているようだともささやかれた。弥之助は明治期の立身出世物語の典型的人物であったが、その人生は五十歳の絶頂期にあっけなく終わってしまった。

父の資産を継いだ鉄馬は米国留学中のぼんぼんだった。ペンシルベニア大学在学中はアメリカの財閥子弟と親しくし、富裕層ならではの華麗なエピソードも伝えられている。通算八年におよんだ米国留学だが、父の死により家督を継ぐために帰国することになる。

こうして若き資産家となった鉄馬に対する世間の風当たりは厳しく、「富士山が一夜で出来た様な不可思議の富豪」と新聞で揶揄されたりもした。弥之助・鉄馬父子が新聞にしきりに取り上げられたのは、大正三年に起きた日本海軍高官への贈賄事件「シーメンス事件」の際である。薩摩閥と海軍との密接な関係が大問題となった事件だが、鉄馬は関与していない。にもかかわらず、この事件の先例として、すでに他界して十年を経ていた弥之助と海軍の関係が取り沙汰されたのだった。弥之助が日清戦争などに乗じて「濡れ手で粟」のように得た資産を鉄馬がそっくり引き継いでいることを批難する論調である。

シーメンス事件から三年後の大正六年、鉄馬は弥之助がのこした膨大な美術品を売却した。「空前絶後」といわれた「赤星家売立て」である。その美術品の中には現在国宝となっている名品もあり、売上げの総額は五百十万円（現在の貨幣価値にして百億円以上）に達する。その五分の一を翌年の啓明会創設資金として提供したのは、鉄馬、そして弥之助に対する厳しい世評と無関係ではなかったのだろう。

しかし鉄馬は父の資産をただ蕩尽しただけではなかった。自身も薩摩閥の人脈を背景に「泰昌《たいしょう》銀行」を開業（大正三年）し、さらには朝鮮で大規模な農場「成歓《せいかん》農場」（大正四年設立）などの事業を興してもいる。なぜ鉄馬は朝鮮で農場を開くことになったのか、そのいきさつや、農場の実態は長くわからないままだったが、やがて私は成歓農場の歴史をひもとく資料に出会い、韓国を訪れ、この農場の敷地が現在は国立の畜産科学院となっていること、朝鮮伝統様式の鉄馬邸が現存していることを知る。

赤星家が所有した土地は、大正末期から、鉄馬が親しくした財界人に売却され、さらに時代の荒波の中で資産は減少していった。泰昌銀行は昭和の大恐慌で人手にわたり、朝鮮の成歓農場は日本の敗戦によってすべてを失った。けれど、鉄馬はそれを嘆くことさえなかったという。父弥之助が時代の機運に乗じて築いた資産は、時代の流れの中で失うこともある、そう達観していた節がある。

それでも啓明会は、当初の理念どおりに資金提供者から独立した学術財団として、終戦間際まで研究助成事業を続行した。実質的な活動は終戦により終わるのだが、その後も細々ながらも運営され、ひっそりと終止符が打たれるのはじつに平成二十二年（二〇一〇）である。鉄馬の没後、約六十年にわたって存続したが、そのことを本人が知る由もない。

一代目が築いた事業をさらに拡大していくこと、資産を増やすことは二代目に負わされた宿命であるともいえるが、鉄馬はその宿命におだやかに抗ったのではないだろうか。弥之助は自らがなし得なかった「赤星財閥」形成の夢を託したにちがいないが、鉄馬がそれに応えることはなかった。

　赤星鉄馬は一代目が築いた財産を放蕩した典型的な「二代目」だったという見方もあるのかもしれない。けれど私には、父弥之助が築いた資産を少しずつ失っていくことが、彼の一生を懸けた「事業」だったように思えてならない。そうして自分の姿を消していく――、意識的にそれを選んだのではないだろうか。

　東京・青山霊園（青山墓地）に赤星家の墓がある。ひときわ広い墓所で目を引くのは、鉄馬が建立した台座をふくめ高さ四メートルもある弥之助と妻静《しず》の墓碑である。そのかたわらに、鉄馬の弟姉妹と、その配偶者や子どもたち十三人の名が刻まれた墓碑がある。夭逝した姉弟など、没年の順に名が記され、鉄馬の名は六番目に埋もれている。彼が赤星家の家督を継いだ長男であることは墓碑からはわからない。鉄馬の遺言によるという、その墓碑は一メートルにも満たない。墓所内のふたつの墓碑のきわだつ大小が、明治という時代を駆け抜けた弥之助と、その後の時代を生きた鉄馬の人生のちがいを物語っている。

　弥之助が築いた資産はあらかた失われたが、鉄馬は近代学術研究という目には見えない大きな資産を後世にのこしたのである。

　歴史に消えたパトロン、赤星鉄馬を探してみようと思った。

そうして私は、鉄馬の血脈につながる人々の驚くべきダイナミックな人生や、その交友関係を知っていくことになる。鉄馬は評伝に描かれることを注意深く避けるかのように一生を終えたが、それでも私は彼を知りたい。富豪の人生という、私にとってはまったく異次元の世界ではあるけれど、彼を通じて日本近代史の一端に触れられる予感がする。鹿児島、アメリカ、韓国。鉄馬を追う私の旅が始まった。

歴史に消えたパトロン　謎の大富豪、赤星鉄馬／目次

引用中の［　］は著者による注である。また引用中には、今日の人権意識から見て不適切と思われる表現も使用されているが、時代背景や資料的価値を考慮し、原文のままとした。

歴史に消えたパトロン——謎の大富豪、赤星鉄馬

第一章　父、弥之助

樺山資紀、五代友厚ら薩摩人脈を背景に富を築いた赤星弥之助

天体と世界地図

赤星鉄馬は明治十五年（一八八二）一月十一日、東京府神田区猿楽町で生まれた。父赤星弥之助にとっては、長女しま（明治九年生、三歳で夭逝）、次女てる（明治十三年生）を得たあとの待望の長男だった。

鉄馬誕生の場に弥之助が立ち会えたのかどうかはわからない。当時二十七歳の弥之助は、実業界に乗り出して間もない時期ではあったものの、大いなる野望を抱いて明治日本を見つめていたことだろう。

弥之助の肖像写真がのこされていて、見るからに押しの強い人物である。薩摩の人らしい大きな瞳は光を放ち、整った鼻筋、締まった口元、太い首。がっしりとした身体、上質な絹の着物に羽織、袴をまとっている。その風貌からして、大声で話し、笑い声も豪快な男だったと思わせる。

事業欲に燃える弥之助を支えたのが、七歳下の妻静である。彼女は薩摩藩士山本国郷の長女で、樺山資紀《かばやますけのり》（海軍大臣・台湾総督・内務大臣などを歴任）の姪にあたることが、弥之助と鉄馬の人生に大きくかかわっていく。

静が弥之助と結婚したのは明治八年とされるから、文久元年（一八六一）生まれの静は十四歳で嫁いだことになる。翌年に第一子を出産し、三人目の子鉄馬を産んだときは二十一歳。このあとも静の出産は相次ぎ、四十歳になるまで六男七女を産む。

　鉄馬につづく弟妹の誕生年を挙げておく。

次男兵造（明治十七年生、十歳で夭逝）、三女とよ（二十年生）、四女ふさ（二十三年生）、五女ふみ（二十五年生、二歳で夭逝）、三男喜介（二十六年生）、四男四郎（二十八年生）、五男五郎（三十年生）、六男六郎（三十一年生）、六女すえ（三十三年生、十六歳で死去）、七女よし（三十四年生、他家の養女となる）。

　弥之助は一家の繁栄を次代に託そうとするかのように次々と子をなしていったが、早逝した子もいたのは医療体制の不備もあり、乳幼児の死亡率が高い時代だったからだ。それでも弥之助は、成長する息子を自分の後継者とし、娘たちはしかるべき家に嫁がせようと、子どもたちの顔を満足そうに見つめたはずだ。

　弥之助はとりわけ鉄馬に大きな期待をかけた。長男が誕生したころの彼は家にいる時間もあまりなかったと思われるが、くつろぐときがあれば幼いわが子を膝の上にのせて、辛酸もなめた自らの半生とともに一族の来歴や薩摩男児の心構えを繰り返し語って聞かせたことだろう。

　鉄馬の成長を見てゆく前に、一代にして富を築いた赤星弥之助その人の背景を解き明かしていきたい。

　弥之助と、彼の実兄長沢鼎《ながさわかなえ》（磯永彦輔《いそながひこすけ》）は、鉄馬に強い影響を与えたばかりでなく、幕末から明治にかけて激動する薩摩を体現する兄弟でもあった。とりわけ長沢鼎は十三歳にして薩摩藩英国留学生の一員として渡英したのち、アメリカを舞台に波乱に富んだ生涯を送ることになる。

弥之助は嘉永六年十二月二十六日（一八五四年一月二十四日）、磯永孫四郎周徳の五男として生まれた。嘉永五年二月一日（一八五二年二月二十日）に彦輔（のちの長沢鼎）が誕生している。弥之助は、磯永弥之助として生まれ、幼少時に赤星家の養子となるのだが、まずは磯永家のルーツと血脈をたどっておこう。

磯永家がもとは「磯長」という字をあてていたのは、河内国南河内郡の磯長《しなが》村（現大阪府南河内郡太子町）を出自とするからで、一族の中でも「磯永」と「磯長」のふたつの表記が混在している。室町時代に四国を経て、交易地として栄えていた大隅国小根占《こねじめ》郷（現鹿児島県肝属郡南大隅町）に移住したと伝えられている。

天文年間（十六世紀半ば）になると、一族は根占に来航する南蛮船との交易で財をなし、豪商として知られた。慶安四年（一六五一）に二代薩摩藩主島津光久が根占を巡見したおりには、銀子や贅沢な品々を献上して藩主をよろこばせたという記録がある。

磯永家に突出した才能の若者があらわれ、鹿児島城下に呼び出されたのは享保年間（一七一六－三六）である。磯永孫四郎周英（磯永家の家督を継ぐ者は、代々「孫四郎」を名乗った）といい、彼は薩摩藩暦官の本田武兵衛に教えを受けたのち、江戸に出て幕府の天文方西川正《せい》

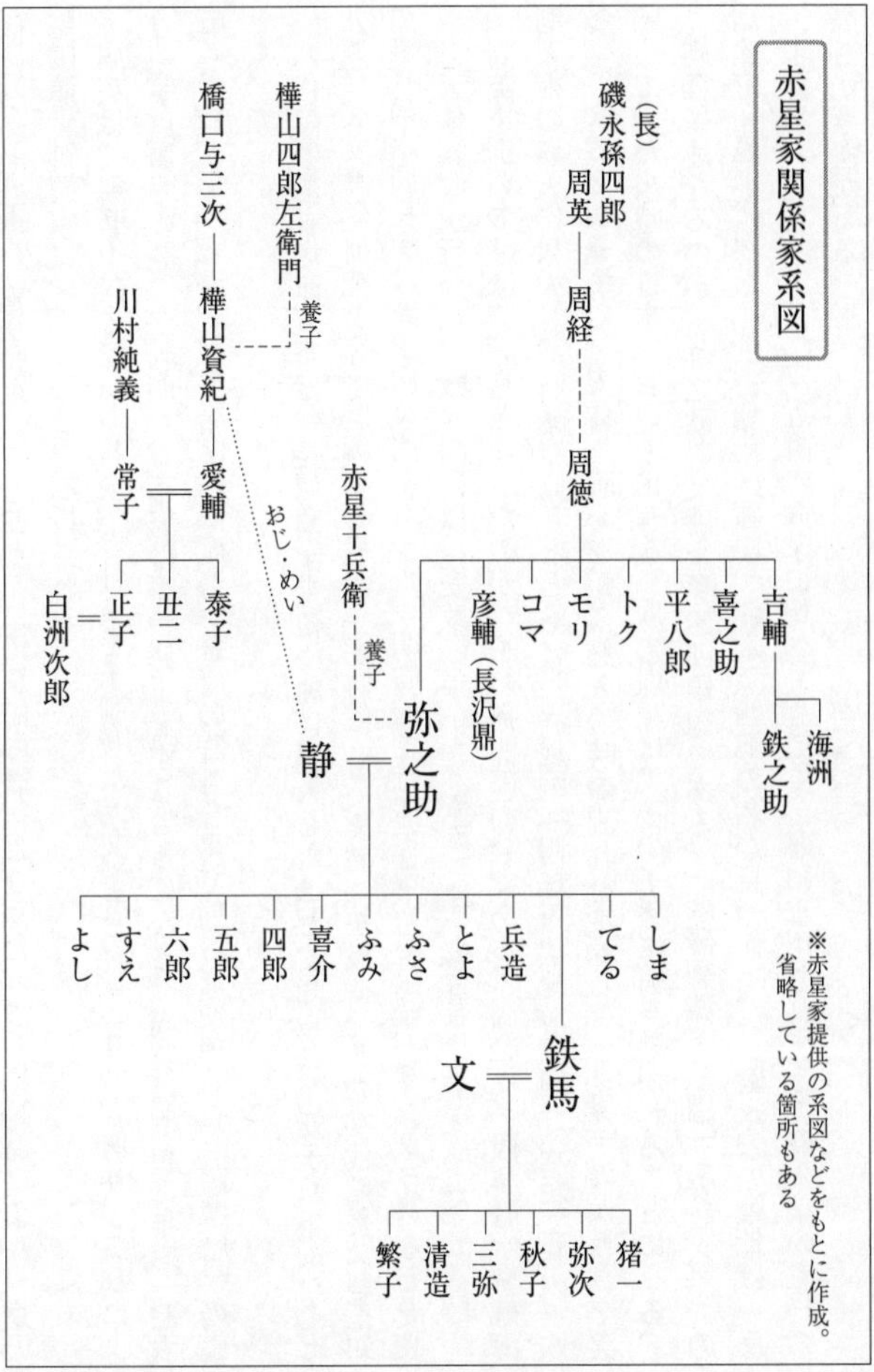
赤星家関係家系図
(長)
磯永孫四郎
周英
周経
周徳
吉輔
喜之助
平八郎
トク
モリ
コマ
彦輔(長沢鼎)
海洲
鉄之助
赤星十兵衛
養子
弥之助
静
樺山四郎左衛門
養子
橋口与三次
樺山資紀
愛輔
おじ・めい
川村純義
常子
泰子
丑二
正子
白洲次郎
しま
てる
兵造
とよ
ふさ
ふみ
喜介
四郎
五郎
六郎
すえ
よし
鉄馬
文
猪一
弥次
秋子
三弥
清造
繁子
※赤星家提供の系図などをもとに作成。省略している箇所もある

休《きゅう》について学び、延享四年（一七四七）には幕府の暦官となった。さらに幕命により、京の陰陽頭土御門《つちみかど》家に学んで暦法を伝授される。

周英は、宝暦十三年（一七六三）の日食を予測した天文学者のひとりでもあり、これにより「宝暦暦」の誤りが判明し、幕府は暦の修正をすることになる。周英は明和二年（一七六五）に没するのだが、彼の暦学は薩摩藩が幕府の許可を得て独自に使用した「薩摩暦」の礎となった。

八代薩摩藩主島津重豪《しげひで》は、長崎蘭学を積極的に導入したことで知られ、安永八年（一七七九）に天文暦学研究と薩摩暦編纂の施設「明時館《めいじかん》」（天文館）を設置。その初代館長（暦正知館事）の水間良実《みずまよしざね》は磯永周英門下だった。明時館では渾天儀《こんてんぎ》、枢星鏡、サングラスなどを使って天体観測が行われ、敷地内には、安政二年（一八五五）まで暦者役宅もあった。

周英を継いで薩摩藩暦官となったのが、子の孫四郎周経である。周経は、西洋暦学や航海測天術の導入に尽力し、石塚崔高《さいこう》らとともに世界地図「円球万国地海全図」（享和二年・一八〇二）などを編纂する。天体を眺めながら悠久の時の流れを把握し、「世界」の大きさを実感していた当時の日本において稀有な一族の血脈は、その子孫に引き継がれることになる。

周経に連なるのが、弥之助の父磯永孫四郎周徳である。「薩藩御城下絵図」（安政六年）の高麗《こうらい》町（現上之園町）「士借地」区画に、磯永孫四郎の名が見つかった。磯永家の敷地は一反二十九歩（三百二十九坪）。近隣の武家に比べても広く、藩に重用されてきた磯永家の家格の高さがうかがえる。

周徳は妻フミとの間に、長男吉輔（彦之丞・弥九郎とも名乗った）、次男喜之助、三男平八郎ら男児、つづいて長女トク、次女モリ、三女コマの女児を得ており、さらに四男彦輔と五男弥之助が生まれた。長男吉輔と末子の弥之助では二十五歳のひらきがあり、生母が異なる可能性もある。彦輔と弥之助は高麗町の屋敷で生まれ、ふたりの幼少時に近隣の下荒田町に転居したとされる。

弥之助が生まれた年に、アメリカ東インド艦隊総司令官ペリーが軍艦を率いて琉球、小笠原に来航、六月には神奈川の浦賀沖にあらわれていた。これをきっかけにして日本に武器市場が形成され、弥之助はその中で飛躍を遂げることになるのだが、生まれたばかりの彼がそれを知るはずもない。

弥之助はどんな子ども時代を過ごしたのだろうか。

薩摩藩は武家の比率が高く（当時、全国的には武士の人口比率が五パーセントに対し、薩摩藩は二十五－三十パーセント）、鹿児島城（鶴丸城）を中心とした城下町が形成され、地区は「方限《ほうぎり》」と呼ばれる行政単位に分けられた。江戸末期には三十三の方限があり、この方限（郷中《ごじゅう》ともいう）でなされた武家の青少年教育が「郷中教育」だ。同じ地区に住む六歳から二十四、五歳までの男子を年齢別に区分（小稚児《こちご》・長稚児《おさちご》・二才《にせ》）し、年長者が年少者を指導する教育体制である。古典をはじめ、さまざまな書物を読み、心身を鍛錬し、武芸の稽古をし、青年になると討論の場「夜話」に参加して論争術を磨いた。少年たちは武士の心得と教養を徹底的に叩き込まれ、つよい仲間意識も醸成された。

こうした郷中での緊密な関係は、生涯にわたって役に立ち、仕事や結婚など、人生すべてに活用された。「薩摩の芋蔓」という表現があるが、その人間関係は芋の蔓のように絡み合い、ひとりの成功を周囲がよろこび、ともに成長していった。それは明治維新、近代日本を席捲した薩摩閥の結束のつよさが物語っているとおりだ。

幼いころから郷中で才覚をあらわしていた彦輔・弥之助兄弟が幼少期を過ごしたのは、城下の中央を流れる甲突川《こうつき》の右岸である。いまでは河畔は整備され、左岸には「維新ふるさと館」などが建つ。甲突川には、かつて「五石橋《ごせっきょう》」と呼ばれた五つの石橋が架かり、その一つの全長七十一メートルにおよんだ武之橋《たけのはし》の近くで兄弟は育った。一帯はいまではビルが建ち並んでいるものの、細かい区画が城下町の面影を伝えている。

ゆっくりと市街を走る鹿児島市電の停留所名に、磯永家とかかわりの深い「天文館通」や「加治屋町」がある。加治屋町は西郷隆盛・従道兄弟、大山巌、大久保利通、山本権兵衛、東郷平八郎ら、維新から明治期に活躍した人物が生まれ育った地区として知られる。そこへは磯永家から橋をわたって一キロメートルほどなので、彦輔・弥之助はこの町のこうした著名人たちの顔を知っていたと思われる。

彦輔の回想によれば、彼は樺山資紀（加治屋町の橋口与三次の三男として生まれ、幼少期に樺山家の養子となった）の養父樺山四郎左衛門が住む家（西田橋通り、現西田町あたりか）に出入りしていたという。また磯永家の近隣には、大蔵大臣・総理大臣になる松方正義（下荒田町）、海軍整備に尽力する川村純義（上荒田町）らがいた。

伝統的な郷中教育がつづけられていた薩摩城下には、変革の風が吹きはじめていた。

彦輔が五歳、弥之助が四歳の安政四年（一八五七）、父孫四郎は藩命により、長崎海軍伝習所に派遣される。孫四郎は五十代半ばだっただろう。

長崎海軍伝習所の設立は、長崎奉行水野忠徳がオランダ人艦長ファビウスの意見書を検討したうえで、オランダからの軍艦購入、幕府海軍の創立および海軍伝習所設立を構想し、幕府・老中に伺いをたてたことに始まる。幕府は水野の構想に賛同し、安政二年設立にいたった。伝習所ではオランダ人教師団が航海術・造船・砲術・数学・物理・医学・オランダ語など多岐にわたる科目を教えた。

伝習生の顔ぶれは、当初は幕府から派遣された幕臣で、そのなかに勝海舟、榎本武揚らがいる。設立二年目から諸藩の伝習生も受け入れられ、薩摩藩からは計二十五人が入所した。磯永孫四郎のほか、二十代初頭の五代友厚、川村純義らの顔ぶれがある。その後に劇的な人生を歩む五代は、彦輔・弥之助の人生にも深く関与していくことになる。

孫四郎は伝習所で砲術とともに測量術などを学び、薩摩にもどったあと、藩内の弾薬工場を監督する「御徒目附火薬掛」の役職に就いた。

伝習所への派遣は、十一代藩主島津斉彬《なりあきら》の近代化政策の一環であった。嘉永四年（一八五一）に藩主となった斉彬は、アヘン戦争（一八四〇―四二）における清の敗北をつぶさに把握しており、西欧諸国のアジア進出につよい危機感を抱いていた。薩摩藩はその地理的位置からしても矢面に立たされる。

　そこで斉彬は、西欧の科学技術を導入して軍備を整え、産業を興そうと、「富国強兵」「殖産興業」を唱え、鹿児島城下郊外の地、磯に工場群「集成館」を築き、近代化事業を推進する。鉄製砲を鋳造する反射炉と溶鉱炉の建設をはじめ、造船・機械・ガラス・紡績・食品加工・印刷・医学など多岐にわたる一連の事業の総称を「集成館事業」という。

　安政五年三月、伝習所の練習船咸臨丸《かんりんまる》で薩摩を訪れたのが、伝習所のオランダ人教師団団長のカッテンディーケ（オランダ海軍士官）ら一行だ。その乗員には勝海舟もいた。斉彬はカッテンディーケを集成館に招き、助言を求めた。カッテンディーケは「薩摩藩主たちがいかに旺盛な企画精神を持っているか」「見た物すべてに驚嘆させられた」のだった。

　しかし、それから四ヵ月後の七月、斉彬は急死してしまう。その後、斉彬の政策に批判的であった父斉興《なりおき》が藩の実権を掌握したため、集成館事業は大幅に縮小整理された。その年の八月、反射炉建設を担当した江夏十郎が集成館閉鎖の無念をしたためた手紙がある。「抔血涙声ヲ呑居候」という面々のなかに、磯永喜之助の名が見える。孫四郎の次男、彦輔・弥之助の兄であり、藩校「造士館」の書役（文書管理担当）であった。

　ところで孫四郎は、伝習所学友である当時三十代初頭だった勝海舟（通名は麟太郎、海舟は号）と交流があったと考えられる。勝がカッテンディーケとともに薩摩を訪れたとき、孫四郎と再会した可能性もある。その二年後の万延元年（一八六〇）に、孫四郎の長男吉輔に初の男児が生まれ、その名を「海洲《かいしゅう》」といい、勝海舟を連想させるのだが、偶然かもしれない。磯永（磯長）家の家督を継ぐ男児を名付けたのが孫四郎とはかぎらず、吉輔の可能性もある。いずれにせよ、この名には当時の薩摩の空気が反映され、海を越えて活躍する男になれ、という期待が込められていたのだろう。海洲と名付けられた男児は成長したのち、日本を飛び出して生きることになる。彼は明治半ばにシャム（タイ）で写真館を営み、アメリカやインド、メキシコを旅し、さらに大正初期には朝鮮に渡って、従弟である赤星鉄馬と交錯するのだ。

薩英戦争

弥之助が「赤星」姓となったのは安政六年（一八五九）、六歳のときに赤星十兵衛の養子になり、赤星家の家督を相続した。だが弥之助は磯永家に同居したままだったといわれる。

この赤星家についてはくわしいことがわからず、十兵衛以前の代の名も伝わっていない。一つの説として、肥後国（熊本県）菊池郡赤星を本拠地とし、「沖田畷《おきたなわて》の戦い」（天正十二年・一五八四）の際、島津氏に加勢した赤星氏（家紋は並び鷹羽）の流れを汲んでいるのではないか、と伝えられている。そこで、弥之助の赤星家に伝わる家紋（三つ茗荷巴《みょうがどもえ》）を頼りに追ってみた。

肥後菊池の赤星家の支流とされる家は、現在の熊本・福岡・佐賀・長崎・大分など九州各地のほか、京都・大阪・山口などにも存在する。しかし家紋で探すかぎりでは鹿児島では見つからない。赤星家支流の家紋の多くは、鷹羽や矢、星なのだが、ただ一つ、茗荷を用いた家紋（抱き茗荷）の赤星家が、熊本にあった。弥之助の赤星家家紋とはやや異なるものの、この熊本の赤星家とつながる可能性が高いと思われる。

弥之助が養子になった赤星家が薩摩に住んでいたのかは不明だ。磯永家から養子を迎えるに相当する家格だと推測するが、『鹿児島城下絵図（文政・天保・安政）』には赤星の名は見当たらず、どこに家があったのかはわからない。熊本なのかもしれない。

弥之助の養家の詳細はわからないが、養父の赤星十兵衛には息子も、婿をとらせる娘もおらず、すでに高齢で、弥之助を手元で育てることができず、磯永家で養育することにしたとも考えられる。とすれば、十兵衛亡きあと赤星の名を継ぐのは弥之助ただひとりであり、彼がその生涯に多くの子どもを持ったのも、赤星家再興という使命を担っていたゆえかもしれない。

ともあれ、磯永弥之助は赤星弥之助となった。代々、星を眺めてきた一族の血脈を継ぐ男児にふさわしい姓ともいえる。ちなみに「赤星」は、さそり座の一等星アンタレスの和名でもある。アンタレスは「火星に対抗するもの」というギリシア語に由来し、夏の南の低空に見える赤い星をさす。この星の色から、中国では「大火」と呼ばれる。

弥之助十歳の文久三年（一八六三）、薩摩城下はイギリス軍の砲撃による大火につつまれた。「薩英戦争」である。

その発端は生麦事件（文久二年八月）にさかのぼる。薩摩藩士たちがイギリス人を殺傷したこの事件の処理について、イギリス外務大臣の訓令を受けとった公使ニールは、翌文久三年二月、幕府に対し謝罪と十万ポンドの賠償金、薩摩藩に対しては犯人の処罰と賠償金二万五千ポンドを要求。横浜港にイギリスなど四ヵ国の艦隊が入港して幕府に圧力をかけた。一時は支払い延期を通告した幕府だが、同年五月に最後通牒を突きつけられ、賠償金を支払った。

ところが当事者の薩摩藩は、謝罪も賠償金も拒否した。

イギリスは薩摩藩と交渉するため、同年六月二十二日に軍艦七隻を率いて横浜を出港。二十七日に鹿児島湾にあらわれ、翌日には鹿児島城下・前之浜一キロ沖に投錨し、早急な回答を求める。この間に藩内ではさまざまな動きがあったが、結局薩摩側は回答要求に応じなかった。七月二日朝、イギリスは薩摩藩の蒸気船三隻を拿捕し、ふたりの藩士を連れ去った。これを機に戦闘が開始される。

薩摩側は、天保山砲台の号砲を合図に湾内の艦船をめがけて砲撃。おりからの暴風雨のなか、応戦したイギリス側の反撃はすさまじいものだった。とりわけ最新鋭のアームストロング砲は砲弾が回転する構造で、つよい威力を発揮する。射程距離は、薩摩側砲弾の四倍に達する四キロメートル。命中率も高く、砲弾の充填も素早い。イギリス艦船に搭載された二十四門のアームストロング砲は約三百五十発の砲撃を展開したといわれる。この攻撃により鹿児島城下は猛火につつまれ、一割が焼失。戦闘開始から二日後の七月四日、イギリス艦隊は薩摩を去り、横浜へ戻っていった。

薩英戦争中、弥之助は母や兄の彦輔らとともに裏山に避難していたが、激しい爆音を聞き、アームストロング砲が火を噴くさまをつぶさに目撃したはずだ。戦闘終了後、御徒目附火薬掛の孫四郎は彦輔を連れて戦禍の跡を歩いたという。被害状況を調べ、藩に報告したのだろう。弥之助も父から西洋近代兵器の優秀さについて、砲術を学んだ知識をもとに教えられたのかもしれない。弥之助少年が、絶大な威力の武器を持つ国が優位に立つことを目の当たりにして、わが国も近代兵器を備え他国に対抗するべきだ、と考えたとしてもふしぎではない。

戦闘終了から三ヵ月後、薩摩藩は幕府から借用した六万三百両（二万五千ポンドに相当）でイギリスに賠償金を支払い、和解が成立する。三回におよんだ和睦の談判の過程で、薩摩側はイギリス側に軍艦購入の斡旋を依頼して承諾されたことから、両者の関係は緊密になっていく。昨日の敵は今日の友、というわけである。なお薩摩藩は幕府からの借用金を返していない。

薩英戦争につづく、長州藩と英仏米蘭の四ヵ国連合艦隊との下関戦争（元治元年八月・一八六四）も勝敗は三日で決した。西洋諸国の力をまざまざと実感した薩摩・長州両藩は、攘夷論から開国論へと転じ、倒幕へと一本化していくことになる。また薩摩藩では、島津斉彬の遺志継承を唱える異母弟の久光がすでに藩政を掌握しており、薩英戦争を機にして藩内に斉彬の考えが広く受け入れられるようになった。集成館はこの戦で焼失したが、再興が図られ集成館事業（第二期）が推進されていく。

下関戦争が起きた年。十一歳になる弥之助は、兄彦輔につづいて藩校・造士館に入学。鹿児島城二の丸御門前の広場に建つ造士館は演武館（武芸稽古場）を備え、およそ八歳から二十一、二歳の士族の子弟を中心に、文武両道の教育が行われた。優秀な生徒は藩の役人に登用されるなど、将来の道もひらかれている。

　同年六月、藩が洋学校「開成所」を創設し、十二歳の彦輔は造士館生徒から選抜された俊才七、八十名の中に選ばれた。薩英戦争後の藩政改革の一環として創設された洋学校である。ここで重視されたのが、オランダ語もしくは英語を選択する語学科目であり、教授陣には、中浜万次郎（ジョン万次郎）、前島密《ひそか》（近代郵便制度の創始者）などが招聘された。彦輔は希望者が少なかった英語を選んだ。長崎伝習所で学んだ父孫四郎は、英語がグローバルな言語となりつつあることを知っていたはずだから、父のアドバイスであったのかもしれない。開成所の学友で同じく英語を選択したのが、のちに初代文部大臣となる森有礼（当時十七歳）だった。

　彦輔が当時の薩摩の雰囲気を回想している。

> 恰《あたか》もよし其頃世の中は彼のペルリの浦賀到来以来久しい間沈惑して居た頑固な夢から覚醒されて何だか新しい運命が近い将来に横たわるような気がした。
>
> （『鹿児島新聞』大正五年九月二十日付）

「新しい運命」は、彦輔その人に訪れた。開成所に移った半年後、彦輔はイギリスへの派遣留学生の一員に選ばれるのである。

五代友厚と薩摩藩英国留学生

イギリスへの留学生派遣は、元治元年六月ごろ、長崎にいた五代友厚が薩摩藩の富国強兵策についての上申書を提出したことに始まる。これが書かれた背景には、五代とトマス・ブレイク・グラバーとの関係があることを述べておかなければならない。

スコットランド生まれのグラバーは、十八歳で海外貿易会社「ジャーディン・マセソン商会」に採用され、中国上海に派遣された。さらに日本行きを志願し、日英修好通商条約が締結された翌年の安政六年（一八五九）九月、長崎に到着。それから短期間で倒幕派の志士と知り合っていった。文久二年（一八六二）には長崎におけるマセソン商会の代理人として「グラバー商会」を設立。多額の利益をもたらす艦船・武器の仲介商としてめざましい活躍をする。幕府の監視が手薄な長崎という地がそれを可能にし、得意先の一つが薩摩藩だった。

五代とグラバーのかかわりは、さかのぼれるかぎりではグラバー商会設立の年、薩英戦争の一年前である。

当時長崎に滞在していた五代は、洋式汽船の輸入を藩当局に提案し、船奉行添役に任じられた。おりしもそのとき五代は、幕府の貿易使節船「千歳丸《せんざいまる》」が江戸を出航し、長崎に寄港したのち上海へ向かうことを知った。すぐさま彼は、幕府の船に水夫として乗り込むことに成功する。こうして国際都市上海に約二ヵ月滞在する間に、国際貿易の重要性を認識したのだった。上海では目的どおりドイツ船籍の汽船を購入できたのだが、問題は船籍の変更だった。まずその船を香港へ回航させて、イギリス船籍に変更してからさらに長崎に回航させ、薩摩船籍とした。この一連の手続きをしたのがグラバーだったとされる。

　この汽船が「青鷹《せいよう》丸」である。青鷹丸は文久三年の薩英戦争で、イギリス側に拿捕された三隻の汽船の一隻だ。このときイギリス側がふたりの藩士を連れ去ったことはさきに述べたとおりだが、それが五代と、船奉行の寺島宗則だった。五代は自ら購入手続きをした船でイギリス側にとらえられ、横浜に連れていかれたのだった。寺島は、長崎で蘭学を修めたのち江戸に出て、幕府の洋学研究機関「蕃書《ばんしょ》調所《しらべしょ》」の教授となり、文久二年には幕府の「遣欧使節」の一員として渡欧した経験のある開明派だった。ほどなくふたりは、横浜で釈放され、五代は江戸、武州など各地を転々として長崎に入り、グラバーとはそれまで以上に密接な関係を持つことになったとされる。

　しかしこのころ薩摩内には、五代への悪評もあったといい、薩摩に帰れない状況にあった。そんな彼に手を差し伸べたのが、長崎を訪れた薩摩藩士野村盛秀（廃藩置県後、初代埼玉県令）だった。野村は五代のために弁明書をしたため、これが功を奏したのか、のちに五代は帰参を許されることになる。ふたりの親交は野村が他界（明治六年）するまで続いたことが書簡からわかっている。

野村の妻トクは彦輔・弥之助兄弟の長姉であり、夫妻の次男幸介（農学者。本田家の養子になる）は、従兄弟関係になる赤星鉄馬の朝鮮での事業にかかわることになる。

さて五代は、グラバーの邸宅に頻繁に出入りしながら、藩への上申書をしたため、藩当局がその提案の一部、留学生派遣と彼らに同行する視察員が欧州各地で武器や機械などを買い付ける案を受け入れた。五代は引きつづき長崎に滞在して、経費のこと、留学生の渡航手続き、船の手配などについて、グラバーと折衝を重ねていった。

> グラバーは留学生の派遣にあたり、ジャーディン・マセソン商会と交渉し、当面の経費として二万ドルの信用状の発行と、さらに滞在費や授業料、ヨーロッパ各地での武器や機械の購入などについて薩摩藩一行がふりだす七～一〇万ドルにのぼる手形をロンドンのマセソン商会が買い取り、それを長崎で薩摩藩が支払う手はずをととのえるなど、薩摩藩のために便宜をはかった。　（杉山伸也『明治維新とイギリス商人』）

留学生一行にグラバー商会の番頭格であるライル・ホーム（スコットランド出身）を同行させたことからも、グラバーは相当額のコミッションが見込まれる商機ととらえていたはずだ。このときグラバーは二十六歳。

グラバーと五代が親しい友人であったことはたしかだが、友情だけで成り立った関係でもないだろう。擾乱の時代であるからこそ、野心的な五代とビジネスチャンスを狙うグラバーが固い絆を結んだのだ。グラバーは七十三年の生涯のうち五十二年を日本で暮らしたが、グラバー商会は設立から八年で倒産してしまい、彼の最盛期は四年ほどにすぎない。五代との出会いは、その短い最盛期のただなかにあった。

一方、薩摩藩では留学生の人選がすすめられ、最終的に留学生十五人（うち開成所生徒は十一名）が決定する。その一員に抜擢された磯永彦輔は最も若い十三歳。ともに英語を学んだ森有礼（十七歳）も選ばれている。そのほかの留学生十三名はつぎのとおりだ。

町田久成（二十七歳。のち帝国博物館初代館長）留学生のリーダー格
畠山義成（二十二歳。のち「岩倉使節団」に招聘される。東京開成学校校長）
名越《なごや》時成（十七歳。のち戊辰戦争に従軍。その後の経歴不詳）
村橋久成（二十二歳。のち北海道開拓事業に従事）
朝倉盛明（二十一歳。のち兵庫県生野鉱山開発事業に従事）
鮫島尚信（二十歳。のち外交官。三十五歳、パリで客死）
松村淳蔵（二十三歳。のち海軍兵学校校長）
高見弥一（二十一歳。土佐出身。のち鹿児島で算術教員）
東郷愛之進（二十三歳。のち戊辰戦争で戦死）

吉田清成（二十歳。のち大蔵省に出仕。駐米公使、枢密顧問官などを歴任）
町田申四郎（十七歳。久成の次弟。のち小松帯刀の養子となる）
町田清蔵（十四歳。久成の末弟。その後の経歴不詳）
中村博愛（二十二歳。のち外交官、貴族院議員）

留学生の視察員として同行したのが、新納《にいろ》久脩《ひさのぶ》（三十二歳。藩の大目付）、五代友厚（二十九歳）、五代とともにイギリス側の捕虜となった寺島宗則（三十二歳）だ。五代と親交のあった長崎出身のオランダ通詞・堀孝之（十九歳）も加わった。この四人の主な使命はイギリスとの外交交渉と武器や機械の買い付けである。

翌元治二年（一八六五）二月十三日（旧暦正月十八日）、磯永彦輔は家老名による辞令書付を受け取った。幕府が海外渡航を禁じていたため、薩摩藩領の甑《こしき》島とその周辺の出張という名目で「渡海」の命が下されたのだった。

二月十五日、新納に引率された留学生一行は城下を出立する。密航となるため、全員が変名を名乗ることになった。互いにこの変名で呼び合い、書簡や日記などに登場するのもこの変名である。磯永彦輔は「長沢鼎」となって、生涯をこの名で通すことになる。

こうして一行は、苗代川《なえしろがわ》（現日置市美山）に一泊したあと、船に乗って羽島《はしま》（現いちき串木野市）に渡った。民家に投宿しながら待つこと約二ヵ月。ようやく沖合に薩摩藩の蒸気船「雲行丸《うんこうまる》」が姿を見せ、留学生らは五代・寺島、通訳の堀と合流したのだった。

慶応元年と改まっていた四月十六日、グラバー商会所有の小型蒸気船オースタライエン号があらわれ、翌日に一行は乗船し、香港に向けて出航。このとき長沢は、自ら髷を切り落としていた。最年少の彼の思い切りのよい行動は、その後の運命を暗示していたのかもしれない。彼がふたたび故国の土を踏むのは、じつに三十二年後だ。

彼らの旅程を追ってみよう。長沢鼎十三歳の旅である。

四月二十一日夜、香港に到着。イギリスの植民地となってすでに二十年以上を経ていた。海岸から山の斜面にかけて瞬く無数の灯は、一行が初めて目にするガス灯だ。港には多数の船舶が停泊しており、ひときわ軍艦が威容を誇っている。到着から三日後、グラバー商会のライル・ホームがそろえてきた洋服、帽子、靴などを身につけた留学生たちは市中へと出ていく。イギリス洋式の建物が建ち並ぶ街を歩き、さらに九龍半島にあるドックも見学した。

四月二十九日、イギリスの汽船会社所有の大型客船に乗り換え、シンガポールへと向かった。ベトナム沖を通過し、シンガポールに到着したのは五月五日。さらにペナン、ゴール（セイロン島）、ボンベイ（現ムンバイ）、アデンを経て、スエズに到着したのは六月八日。

ここまでの旅を振り返ってみると、一行の目の前に広がっていった各地の風景は、西洋列強諸国、とりわけイギリスが植民地を獲得していった歴史の縮図にほかならない。パイナップルやアイスクリームを食べ、船内で奏でられる西洋音楽を耳にし、キスを交わす西洋人カップルに驚く一行だが、その胸中は千々に乱れたことだろう。支配する者と、支配される者。われらはどちら側なのか――。

オスマン帝国下にあったスエズで一行は汽車に乗り込んだ。このスエズ・カイロ・アレクサンドリアを結ぶ鉄道（全長四百二十キロ）はイギリス資本によって敷設された。深夜零時すぎに発車した汽車は、時速四十キロで砂漠地帯をひた走っていく。その速さに驚いた留学生のひとりが日記に記している。「蒸気車の道の車の当る処は大き鉄筋を土地に敷、其上を走る、其早きこと疾風の如し」（「松村淳蔵洋行日記」）。

アレクサンドリアでふたたび客船に乗り、当時イギリス支配下にあった地中海洋上のマルタ島に寄港する。ここでヨーロッパ文明そのものに接したことで、攘夷論を捨てきれずにいた留学生も開国論へと一気に傾いたと、五代が藩に報告している。船はジブラルタル海峡を抜け、ポルトガル沖合を通過した。

さらに船は北上してイギリス海峡に入り、サザンプトンに到着したのは、六月二十一日早朝だった。こうして二ヵ月の旅が終わった。

サザンプトンから汽車に乗り、ロンドン中央停車場に到着したのはその日の夜八時すぎ。そこに迎えに来ていたのは、トマス・グラバーの兄ジェームズ・リンドレー・グラバーである。このジェームズもトマスと同時期に中国に渡り、その後日本に移っている。このときロンドンにいたのは、薩摩藩が振り出す手形にかかわる業務のためだったのだろう。

その後、留学生たちはロンドン大学ユニヴァーシティ・カレッジで学ぶことになる。しかし長沢ただひとり、ロンドンから遠く離れたスコットランド北東部アバディーンに行くことになった。ほかのメンバーと一緒に大学で高等教育を受けるには年少すぎるためである。このとき森有礼は国元に送った手紙で、長沢がスコットランドに行くこと、彼との辛い別れを報告し、長沢について「誠ニ此児ハ剛毅之人ニ而末頼母敷《たのもしき》人ニ御座候」としたためた。八月十九日、十三歳の長沢は汽車で旅立っていった。グラバーの実家に寄寓しながら、トマス・グラバーの母校であるギムナジウム（中等教育機関）で学ぶのだ。

アバディーンは北海に面する港湾都市で、夏でも最高気温が二十度を下回るという冷涼な地である。ディー川とドン川の河口に町並みが広がる。長沢がここにやってきたころは、大手の造船所があり、海運業が盛んな地だった。外国人居住者も多く、多文化的な雰囲気があったといわれる。

グラバーの父、トマス・ベリー・グラバーは当時六十歳。イングランドで生まれ、沿岸警備隊に勤務し、各地を転任する歳月を送る中、七男一女を得たのだった。最後の赴任地アバディーンに家をかまえ、長沢を迎える前年にリタイアしていた。

彼の息子たちは海外に散っているが、それはグラバー家にかぎらず、多くのスコットランド人が選んだ生き方でもあった。十九世紀半ばのイギリスの産業発展を背景にして、貿易商など活躍の場を海外に求める若者が続出しており、日本に進出した外資一号とされる「ジャーディン・マセソン商会」の創業者もスコットランド出身だった。

グラバー家には末子のアルフレッド（十五歳）がいて、彼も二年後には長崎に赴くのだが、さらに時が流れた明治三十七年五月、病を得て故国に戻るために乗った船が香港停泊中に死去。亡骸は長崎に送り返され、長崎の外人墓地に葬られることになる。

さて長沢はグラバー家で起居しながら、二ヵ月ほど家庭教師について勉強に励んだ。まったく言葉がわからず、しばしば泣いてしまうこともあったが、やがてスコットランドの子どもと同じ教科書で勉強ができるようになった、と本人が回想している。十月の新学期からアルフレッドとともに、語学や人文科学など伝統的な科目が重視されるギムナジウムに通学し始める。

半年前まで陽の光も明るい薩摩に暮らし、郷中教育を受けた長沢だが、ギムナジウム入学初年度にして成績優秀者のリストに掲載されている。研究者が調べたところによれば、ラテン語・英語・聖書演習・歴史・地理・書道の科目がトップクラスの成績であった。幼少時から際立つ俊才であった長沢だが、この成績を修めるにはどれほどの猛勉強を重ねたのだろうか。

彼がイギリスに到着してから一年の間に国元の父に送った手紙でのこっているのは二通（うち一通は英文）で、その文面からひたすら孤独に耐えながら勉学に励む十三、四歳の少年の姿が目に浮かぶ。だが、やがて彼のなかにヨーロッパの精神、哲学、歴史といったものが叩き込まれ、大きく変わっていったのかもしれない。

一方、寺島・五代ら視察員もイギリス到着直後から精力的に活動を展開していた。

トマス・グラバーの紹介があって面会したのが、英国下院議員ローレンス・オリファントである。オリファントを通じて寺島らは、イギリス外務省と折衝を重ね、藩内の開港、貿易自由化などを訴えた。同時に五代は、イギリス国内各地を回り、小銃や騎兵銃など数千丁をはじめとする武器類、紡績機械や農耕機械などを買い付け、日本へ送っている。

　さらに彼らが会ったのが、フランス生まれのベルギー貴族シャルル・ド・モンブラン（当時三十三歳）だ。訪日経験があり、日本の要人が渡仏した際には会談をアレンジしていた。

　五代は、モンブランと接触するうちに開国貿易のための商社設立計画を立て、ベルギーに赴いてモンブランとの貿易商社設立契約の仮調印に至るのだが、結果として、この計画は挫折した。モンブランを「国際的山師」とする悪評もあり、薩摩藩留学生一同も彼に対する不信表明の建言書を藩庁に送っているほどだ。この毀誉褒貶あるモンブランとの駆け引きは、その後の五代の実業家としての人生にも大きな影響をもたらしたことだろう。なおモンブランは、薩摩藩が幕府とは別名義の出展者として参加したパリ万国博覧会（慶応三年・一八六七）にもからんでいる。

　五代はベルギーのあと三ヵ月にわたってヨーロッパ各地を旅し、その経済や産業をつぶさに知っていく機会を得て、慶応二年二月、薩摩に帰った。

新生兄弟社と渡米

アバディーンの長沢鼎が勉学に励む間、留学生たちに大きな変化が訪れていた。薩摩藩は武器や機械の購入、パリ万博参加などもあって財政事情が苦しくなっており、留学生の処遇は二の次になっていたのだ。帰国の命が下った者や、自主的に帰国を決断した者、五代とともに他国へ向かった者もいる。結局ロンドンに残ったのは五人になってしまった。

その後、彼らと長沢を加えた六人は、アメリカへ渡ることになる。

このきっかけをつくったのが、留学生たちと頻繁に接触していた先述のローレンス・オリファントだ。彼はスコットランドの名家の出身で、一八二九年、父の赴任地南アフリカで生まれた。セイロンやネパールを旅して紀行作家としても活躍していたが、カナダ総督の秘書官に任命されて以降は外交に携わった。文久元年（一八六一）に志願して日本に赴任し、在日英国公使館に勤務した経験があった。日本を「私がこれまで会った中で、最も好感の持てる国民」（『エルギン卿遣日使節録』）と述べる親日家である。

そんなオリファントは、アメリカの神秘主義宗教団体「新生兄弟社」（一八五九年ごろ設立）に傾倒しており、この団体と薩摩藩留学生を結びつけようと動いていた。

新生兄弟社創始者のトマス・レイク・ハリスは、一八二三年イギリス・バッキンガムシャー州に生まれ、五歳でアメリカに移住。やがてキリスト教をベースに社会主義やヒンズー教の要素も採り入れた独自の宗派を確立する。ハリスをファーザー（父）と仰ぐ共同体を形成し、厳しい修養と労働生活を通して真の「神の国」をつくるため、新しい文明世界の創造と再生をめざす、という教義である。私有財産を禁じ、家族とともに暮らすことも許されない。

このようなハリスの教えは極端なユートピア思想だともいえるが、その教義の背景には急激な工業化、拝金主義、植民地主義、また貧富の格差など、十九世紀半ばの諸問題が横たわっていた。社会が大きく変革する時代にしばしば登場する自然回帰を唱える新興宗教、強烈な個性を持つ指導者の典型ともいえるだろう。これ以前からアメリカではユートピア建設が盛んで、多くのコロニーが誕生している。「資本主義の矛盾を敏感に感じとり、それに対抗したり、そこから逃避する形でユートピアがつくられたのである」（倉塚平『ユートピアと性』）。

　三十代のオリファントがハリスに心酔したのも、ロンドン社交界の虚飾に満ちた世界にうんざりしていたからだ。この時代、イギリスの支配階級「ジェントルマン」の中核は、伝統的な地主ジェントルマンから金融街シティで活躍する金融ジェントルマンに移っていたこともオリファントの内面に影響しただろう。彼は下院議員を辞し、新生兄弟社に参加する決意を固めていた。

　オリファントにハリスの教えを熱心に説かれた留学生たちは、これまでイギリス各地のさまざまな工場を見学していて、その生産能力や技術には驚嘆したが、同時に低賃金、過酷な労働環境で働く労働者の実態やスラム住民の生活を目撃しただろうし、工場の煙突が吐き出す黒い煙に不安もおぼえたはずだ。留学生がハリスの教義をどこまで理解したのかはわからないが、若者たちの胸につよく響いたのであろう。彼らの産業社会への疑念、不安定な立場にあった留学生の焦燥感をハリスやオリファントが巧みに利用したと思えないでもない。

元号が明治と改まる前年の慶応三年八月、鮫島尚信（二十二歳）、吉田清成（二十二歳）、松村淳蔵（二十五歳）、畠山義成（二十四歳）、そして十九歳の森有礼と、十五歳の長沢鼎ら六人はオリファントとともにアメリカへ旅立った。

だが、それからほぼ一年後には、留学生の大半がハリスの教義に疑念を抱くようになり、離脱者が相次ぐことになる。

それから松村はアナポリス海軍兵学校で、畠山と吉田はラトガース・カレッジで学ぶ道を選んだ。森と鮫島は帰国して明治政府で活躍するのだが、ただひとり長沢鼎はこの地にとどまり、生涯独身を貫いて人生をまっとうすることになる。

長沢が最も親密だった森は、明治四年に初代米国少弁務使（代理公使）に任命された。その際、森は新生兄弟社のコロニー（ニューヨーク州ブロクトン）を訪ね、長沢と再会を果たした。このときのことが長沢の英文日記に記されており、深夜まで語り合ったこと、森を案じる心情がつづられているのだが、長沢は友の名を「森」ではなく、「沢井」としている。

長沢は薩摩を出立したときに与えられた変名を生涯使ったが、森についても日記では変名で書いているのだ。そのフルネームは「沢井鉄馬」。この名は、留学生としてともにすごした盟友との濃密な日々の記憶そのものであったのかもしれない。

のちの明治十五年、長沢の弟、赤星弥之助に長男が生まれ、その名を「鉄馬」としたのは偶然ではないと思えてならない。日本の弥之助が手紙で長男誕生を長沢に知らせ、長沢が名付けた可能性はあるだろう。すでにパシフィック・メール汽船が日米間の郵便物をひと月かからずに届けていた。あるいは弥之助が兄と森との友情を知っていてこの名にしたのかもしれない。

森は赤星鉄馬誕生の七年後に国粋主義者に刺殺される。なお鉄馬は十五歳になって、波乱万丈な人生を歩む伯父長沢鼎に初めて会うことになる。

弥之助、横浜へ

十二歳のとき、兄長沢鼎と別れたあとの赤星弥之助はどうしていたのだろうか。

藩校造士館で学んでいた弥之助は、十七歳になった明治三年、藩からの推薦を受けて「大学南校」（東京大学の前身の一つ）に入学する三名の「貢進生」候補になっている。ところが、最終的に弥之助は貢進生には選ばれなかった。どのような事情があったのかはわからない。

当時の磯永家の窮状をしのばせる書簡が『五代友厚関係文書』から見つかった。それは弥之助の長兄磯永吉輔が、五代に送ったものだ。

五代は、弥之助の父磯永孫四郎とは伝習所で一緒に学んだ仲であり、その四男の長沢鼎（磯永彦輔）もよく知るばかりか、長女トクの夫野村盛秀が長崎潜伏中の五代を助けたことがあり、このころも手紙のやりとりをしている。このように磯永家と五代の関係は深く、何かと気を配っていたのだろう。長男吉輔から五代宛ての書簡は十四通（明治二年七月－三年十一月）が確認できた。

明治三年十月の書簡の内容は、吉輔が五代に紡績工場の仕事（薩摩藩が明治三年に大阪・堺に設置。五代は営業担当だった）を世話してもらったことへの礼を述べ、これから大阪に向かい一生懸命働く、五代の恩義は忘れない、また、前年に拝借した「弐百両」（明治四年の新貨条例で一両＝一円。現在の貨幣価値にして四百万円ほどに相当か）は必ず返します、といったものだ。吉輔はこう書いている。

此度は、両三年は是非足を留め、生涯ニても、いやな鹿児島へ罷帰らざるよふニ、一家の落着を相付度、折角施行中御座候。

磯永家は旧来の家格を維持できないような状況に追い込まれて経済的にも逼迫しており、五代が金を融通したと考えられる。藩に重用されてきた学者一族は明治を境に変転を余儀なくされた。また吉輔は、東京から軍隊が鹿児島に派遣されてから「鹿児島の風俗一新」し、当地の雰囲気が変わりつつあることもこの手紙で伝えている。このあとも吉輔は五代に近況を伝えており、数年後には鹿児島へ帰ったことがわかっている。

気になるのは、吉輔に、生涯帰りたくないほどの「いやな鹿児島」と書かせた理由である。思いあたるのは、この手紙の前年の明治二年、鹿児島に「廃仏毀釈」の嵐が吹き荒れたことだ。

その布石が打たれたのは慶応二年、家老桂久武が水戸藩の例にならって「廃仏毀釈」「僧侶還俗《げんぞく》」を藩主島津忠義に建言したことにある。明治元年九月に桂が廃仏毀釈の断行を再度命令。二年三月に藩主夫人死去の際、葬儀が従来の仏式ではなく神式で執り行われる。島津藩主が神道に転向し、これ以降藩全体に廃仏毀釈が広がる。武士の比率が高い薩摩藩の特性もあるのか、ことが決まると一気に突き進んでいく。

その年の十一月には藩内にあった千六十六寺が廃寺となり、僧侶二千九百六十四人全員が還俗した。島津家の菩提寺「玉龍山福昌寺」（応永元年［一三九四］建立）さえも廃寺になったというからすさまじい。福昌寺は南九州最大の規模を誇り、『三国名勝図会』（天保十四年・一八四三）には大回廊が幾重にも重なる壮麗な寺院が描かれている。さかのぼれば天文十八年（一五四九）、フランシスコ・ザビエルがこの寺を訪れ、和尚と宗教論議をしたことでも知られる。廃仏毀釈によって福昌寺は廃寺となったものの、建物は残され、一時はキリシタンを収容したという。だが「西南戦争」（明治十年）により焼失するのだ。

いまではその跡地に学校があり、敷地の一角に島津家当主の墓地群が残るのみだ。夏の盛りにそこを訪れた私は、静まり返った墓地で薩摩人の気性の激しい一面を感じるばかりだったが、当時の鹿児島の多くの民は心のなかで涙を流したのではないだろうか。廃仏毀釈により廃寺となった寺の梵鐘は鋳《い》潰《つぶ》され、大砲に生まれ変わったといわれる。

貢進生に選ばれなかった弥之助は、様変わりする鹿児島をあとにして旅立っていった。つぎに姿を見せるのが横浜である。

彼は、実業家の高島嘉右衛門（天保三年［一八三二］、江戸生まれ）が私財を投じて明治四年に開校した私塾「高島学校」（藍謝堂《らんしゃどう》）に在籍したことが、同塾に学んだ内藤久寛（日本石油創設者・政治家）の回想録に記されていた。

高島学校は洋学を中心とした私塾で、英語・フランス語・ドイツ語や漢学、算術を教え、外国人と日本人教師が教鞭をとった。高島は当初、懇意にしていた慶応義塾創設者の福沢諭吉を塾長として迎えようとした。それは難しいと福沢は断ったものの、代わりに四人の人材を推薦した。

余〔福沢〕が門中最も学力ありて余にも勝るものを以て代らしめんとのことにて、荘田平五郎〔のち三菱財閥の実業家〕、小幡甚三郎〔教育者。明治六年、米国で客死〕、赤星某、村尾某の四人を推挙した。（『呑象高嶋嘉右衛門翁伝』）

高島はこの四人を教師に迎える。福沢から推挙されたうちの「赤星某」とは弥之助である。ということは、彼は高島学校以前に慶応義塾に在籍していたのか。

弥之助のひ孫に尋ねると、明治初頭に弥之助が横浜に出てきたこと、高島学校や慶応義塾に在籍していたことなどは「まったく聞いたことがない」という。そこで、慶応義塾の入塾者リスト（「姓名録」）をつぶさにあたったところ、弥之助は一時「非蔵」と名乗っていたことが判明し、明治三年の入学者（「姓名録　第二」）に、「赤星　非蔵」の名が見つかった。生国は熊本藩、年齢は十八歳とある。生国を熊本としたのは、養家のルーツに関係すると思われ、年齢（数え）も合致する。

「赤星某」とともに高島学校教師に推挙された荘田平五郎も、弥之助と同年の明治三年に慶応義塾（当時芝新銭座）に入学していた。

　弥之助より六歳年上の荘田は臼杵藩（現大分県）の出身で、慶応三年、江戸に出て学んでいた時期に福沢諭吉の知遇を得た。その後、藩命によって薩摩藩の開成所および洋学局に派遣され、二年後の明治二年に洋学局講師となった。このときに俊才の弥之助と知り合い、彼が貢進生に選ばれなかったことを惜しんで慶応義塾入学を誘ったのではないだろうか。

　高島学校に在籍した慶応義塾出身の教師は、確認できるだけで十六人おり、「慶応義塾からの教師のうち、三沢［恭哉］・赤星［弥之助（非蔵）］・小田［亨］らは、教鞭をとるかたわら、学生としても籍をおいていた」（多田健次「横浜高島学校の研究」）。弥之助が慶応に戻ることがなかったのは高島学校から教師に「俸給」が支払われており、彼の生活を支えたからではないだろうか。

　当時の高島嘉右衛門と教師・生徒らの集合写真がある。嘉右衛門とヨーロッパ人と思われる人物は洋装で、ほかの者たちは丁髷《ちょんまげ》ではないものの、羽織袴姿で、大半が刀を差している。この写真から弥之助の顔を判別することはできなかったが、サムライの面影をのこす生徒たちの様子がわかる。

　明治五年の調査では高島学校の教師は十三人、生徒は三百人とある（『日本教育資料』）が、生徒の実数は二百人ほどだったといわれる。彼らの年齢層は幅広く、十代になったばかりの者から四十代までいたといい、在籍した生徒のなかに、寺内正毅（総理大臣）、星亨（政治家。明治三十四年暗殺される）、岡倉天心ら、興味深い人物がいる。

だが創立からわずか二年、明治六年に学校は資金難により高島嘉右衛門の手を離れ、神奈川県に移管されることになり、生徒たちからは反発の声もあがった。高島学校に在学していた先述の内藤久寛が回想している。


［学校の雰囲気は］一時甚だ不穏の形勢となつた。当時赤星弥之助氏委員長の格で長谷川［喬。のち東京控訴院長］氏等皆二十歳前後の青年であつたが、両氏の如きは思慮周密にして長者の風を備へ、よく多数の生徒を御して紛擾を防いだ。赤星氏は今の鉄馬氏の父で、剛気人に屈せざるの概ある人であつた。　（内藤久寛『春風秋雨録』）

高島学校は県に移管され「横浜市学校」、さらに市中共立「修文館」となるが、明治七年一月、火災により焼失してしまい、短い歴史を閉じた。

ところで、同時期の明治七年十一月、弥之助の長兄磯永吉輔が薩摩藩留学生の一員だった吉田清成に宛てた手紙がある。吉田は長沢鼎とともに渡米したのち、ハリスのもとを離れ、ラトガース・カレッジで学び帰国。大蔵省に出仕し、明治七年九月からは特命全権公使としてアメリカに赴任中だった。

吉輔の手紙は、弟長沢鼎が海外に渡って十年が過ぎてしまい、老いた母が生きている間に長沢に会いたいと嘆いている。実弟の赤星弥之助が「洋学修業中」なので、彼をアメリカに行かせ、長沢を連れて帰れないものかと相談している、ぜひよろしくお願いします、といった内容だ。これを受けとった吉田は、長沢に帰国を促す手紙（英文）を送った。長沢はすぐに返事（英文）をしている。彼は二十二歳。その文面は日本を離れてからの長沢の歳月を感じさせる。

> ここで理由を述べることはできないが、現在ここを離れることはできない。しかし、それを可能にする何か都合のよい変化をもたらす出来事が起これば、喜んで君の親切な忠告を受け容れ、日本にいる愛すべき人たちの望みにも応じたいと思う。その時まで私はとどまる。
> （犬塚孝明「長沢鼎」）

この翌年、ハリス率いる新生兄弟社は、ニューヨーク州からカリフォルニア州サンタローザに移転するのだが、すでにハリスは長沢を教団の後継者と考えていたようだ。信仰生活をつづける長沢はカリフォルニアで土地の開墾をし、大規模のワイン醸造所を建設していくことになる。

弥之助は渡米することなく、明治八年初頭ごろに鹿児島へ帰り、同年、樺山資紀の姪山本静と結婚。なお静の三歳下の弟山本忠輔は後年、軍人・英語教育者として活躍している。

明治九年、弥之助夫妻に第一子しまが生まれた。当時の弥之助について、大久保利武（利通の三男）が語っている。

弥之助君は、私も若い時分から長くご懇情を忝《かたじけなく》して居ったのでありまするが、（略）林［権助。外交官］男爵から伺いますると、明治十年の頃でありますか、男爵の青年時代鹿児島の学校に留学の折り、弥之助君からして、学校で英語を習われたと云うことでありますが、弥之助君がその頃中学程度の学校で英語の教鞭を執られたことは私は今晩初めて聞いたことであります（啓明会『創立二十年記念会誌』）

林権助は会津藩出身で安政七年（一八六〇）生まれ。鳥羽伏見の戦い（明治元年）で祖父と父を失った幼い彼に手を差し伸べたのが、薩摩の軍人児玉実文《さねふみ》だ。彼に連れられて明治九年末、十六歳の林は鹿児島に行き、約二年滞在したという（林権助述『わが七十年を語る』）。のちに林は帝国大学法科大学を卒業後、外務省に入省。日韓併合（明治四十三年）の際、中心的役割を果たすことになる。

西南戦争、実業界に躍り出る弥之助

林が弥之助に英語を習ったのは、西郷隆盛が明治七年に設立した通称「私学校」であったと思われる。この当時、藩校造士館は廃止されていたからだ。

私学校をめぐる騒動が発端となって「西南戦争」が勃発したのは明治十年二月。この戦の背景には明治政府による旧士族解体政策が進行するに伴い、士族たちの不満が頂点に達していたことが挙げられる。こんな話が伝わっている。

十年戦争［西南戦争］が起つたとき、西郷［隆盛］さんが兵を挙げ、郷党の子弟を集めて乱を起すという飛報が東京へ伝はつたとき、西郷従道［隆盛弟］さんが大久保利通さんのところへ飛んで行つた。（略）そして

「私の兄はこれには入つて居りません」

と云つた。これをきいて大久保さんは悲痛な顔をして黙つて居られたが、しばらくしてから、

「あんたはそう云はれるが、情においては女みたいな人ですからね」

と、しみじみ云はれたそうである。大久保さんとしては西郷さんの情にもろいところをすつかり見抜いていたから、結局西郷さんが担ぎ出されることゝ思つていたわけである。

（樺山愛輔『父、樺山資紀』）

このエピソードを書いた樺山愛輔は、樺山資紀の息子である。父から聞いた話だと思われる。

西郷隆盛を盟主にした武力反乱は、鹿児島・熊本・宮崎・大分各地で激しい戦闘が展開され、多数の戦死者を出した。官軍（新政府軍・鹿児島討伐軍）と薩軍の戦闘とはいえ、官軍の指揮者には薩摩出身者もいた。京都で新政府軍の指揮を執ったのは、西郷と幼少時から親しくした大久保利通だった。

多数の戦死者を出したのち、西郷の自刃をもって、日本最後の内戦は同年九月に終結。大久保は西郷の死を知り、号泣したと伝えられるが、翌十一年五月、石川県の不平士族らによって暗殺された。

弥之助は日本人同士の戦いとなった西南戦争を無益だと批判し、薩軍に加わらず、妻子とともに桜島に避難していたと子孫には伝えられている。たしかに西南戦争中の書類「帰住願」（「陸軍省大日記」明治十年六－七月。防衛省防衛研究所蔵）によって、弥之助は吉輔一家とともに一時避難していたことが確認できた（吉輔は明治十二年に没する）。

この戦闘により鹿児島市街は壊滅的な打撃を受け、旧城下士族は家を失い、生活は困窮を極めたという。西南戦争後の弥之助の足取りはつぎのように描かれている。

> 明治十一年には横浜の某商館の番頭となり、且つ同志と七名社なる団体を組織して時計の販売を企て、又大阪に下って故五代友厚の愛顧を受け、其処の店員となったこともある。
>
> （「海軍長者の一人　故赤星弥之助」『生活』大正三年三月号）

こんな新聞記事もある。

> 故赤星弥之助氏も、神戸に彷徨して居た頃は実に悲惨なもので、初めは神戸海岸通の英一番に身を寄せて妻静子［静］と共に其日々々にも逐はるゝ様な生活をして居た。
>
> （『報知新聞』大正三年一月二十六日付）

いずれの記事も弥之助没後十年のものであり、真偽は不明だ。

横浜の「七名社」を、最も古い商工名鑑『横浜商人録』（明治十四年）であたったが、見つからなかった。また「神戸海岸通の英一番」についてだが、「英一番」は一般的にはジャーディン・マセソン商会横浜支店をさす。この記事で述べているのは同商会神戸支店のことなのだろうが、弥之助の痕跡を探しあてることはできなかった。

五代は、帰国後に明治新政府の外国事務掛などを経て、初代大阪税関長を務めたが明治二年に退官し、その後は紡績事業や鉱山開発などを手がけた。十一年八月には大阪株式取引所（現大阪取引所）を設立。同年九月に大阪商法会議所（現大阪商工会議所）の初代会頭に就任している。

このころ弥之助が五代を頼って大阪に行ったのは事実だろう。彼との関係ではっきりしているのは、明治十三年設立の「東京馬車鉄道」（五代が設立発起人総代）の出資者になってからである。

日本初の馬車鉄道は、新橋と日本橋を結んで明治十五年に開業するのだが、同社の資本金は三十万円。百二十人の株主が一株につき百円の出資をした。給与所得者の年収が百七十六円という時代である。

東京馬車鉄道の最も多い出資者は、川村伝衛（実業家）の三百四株で、つづいて五代の妻トヨ、岩崎久弥（三菱財閥三代目総帥）がそれぞれ二百株。弥之助は二十株、二千円を出資しているが、当時二十代半ばの彼がこれほどの資金を持っていた理由は謎だ。

鹿児島から横浜に出て学び、一時帰郷、再び横浜、つづいて大阪や神戸に身を寄せたとされる弥之助。そして東京（当時の弥之助の住所は東京府神田区猿楽町）へとやって来てわずか二、三年でこれだけの蓄財ができたとは考えられず、五代が融通した可能性が高い。ほかの株主では、大倉喜八郎（三十株）、渋沢栄一（二十株）、高田慎蔵（二十株、高田商会創業者）などが目を引く。大倉と弥之助はやがて手を組んでいくことになる。

東京馬車鉄道設立と同年の明治十三年、弥之助は「神戸桟橋建築願書」を上山惟清（鹿児島県士族）との連名で内務省に出願する。神戸に入港する外国船に便宜をはかるため、桟橋の建築と倉庫などの関連施設が必要だと訴えた。

神戸港（当初の名称は兵庫港）の開港は慶応三年（一八六七）だが、開港後三年で長崎の貿易額を上回り、さらなる伸びを示していく。神戸と同時期に開港した大阪とともに発展していき、外国貿易の主役は中国人商人になっていった。

この影響をもろに受けたのが、長崎のグラバー商会である。グラバーは炭鉱開発に乗り出すが、すでに負債の山を抱えており、明治三年、グラバー商会は倒産。債務整理が終了したのは七年後だ。その後グラバーは三菱の顧問をするなどし、やがて長崎を去って東京へ転居する。

弥之助の神戸桟橋建築計画は、神戸港がますます発展していくのを見越したものであった。ことの経緯としては、明治十四年に神戸桟橋建築について再出願し、翌十五年四月に内務省より建築許可が下りた。同年七月に弥之助が五代に工事や株式募集の事務を依頼し、五代が引き受けたとされる。しかし、計画当初から五代が後ろ盾だったという証言もある。

> ［神戸桟橋建設は］大阪の五代友厚氏が其必要を説き出し同氏の後援の下に赤星弥之助氏（略）が五代氏の配下として諸般の事業に当ることとなり（後略）
>
> （村野山人談『神戸又新日報』大正二年七月二日付）

明治十五年十二月、神戸桟橋株式会社設立。社長に五代と親しい塩坪恭良（元司法大輔兼議官）、弥之助は副社長に就任した。資本金十五万円で、一株百円の最も多い出資者は五代友厚（二百五十三株）、つづいて三井元之助（五十株）、鴻池善右衛門・赤星弥之助（三十株）、藤田伝三郎（二十株）ら、財界著名人が名を連ねた。藤田と弥之助との関係はこのときから始まったようである。

倉庫・事務所・桟橋が完成したのは明治十七年十一月。弥之助が五代宛てに工事の進行を知らせた手紙が数点伝わっている（『五代友厚関係文書』）。

このころの在京鹿児島県人『郷友会名簿』（明治十五年）があり、会長の仁礼《にれ》景範《かげのり》（海軍軍人）以下、錚々たる人物の郷友会役職が記されていて、その末尾に赤星弥之助の名がある。薩摩人脈において将来を嘱望されていたのだろう。

弥之助が多忙な日々を送るなか、次女てる（明治十三年）、長男鉄馬（同十五年）、次男兵造（同十七年）が誕生。弥之助がしだいに実業界で頭角をあらわす時期ではあったが、鉄馬の子孫に伝えられているのは、彼の幼少時の生活は豊かではなく、つましいものだったと本人が繰り返し語ったということである。

五代は明治十八年九月に四十九歳で没した。彼に大いに感化されたであろう弥之助は、さらなる飛躍を遂げていく。なお大阪商法会議所の第二代会頭には藤田が就任した。

明治十九年十二月の海軍省の書類がある。呉《くれ》鎮守府（広島県。同年に設置が定められた海軍の根拠地）に建設される施設の鍬入れ式の際、弥之助が工事請負人藤田伝三郎の代理人として式や宴席を取り仕切ったことを海軍中将樺山資紀に報告した内容だ。

翌二十年三月、資紀は呉と佐世保（長崎県）に出張したとき神戸に立ち寄り、弥之助とその妻子（当時五歳の鉄馬もいたのかもしれない）に会ったことが資紀の日記から確認できた。

同年同月、藤田と大倉は手を結び、軍関係の工事を請け負う「日本土木会社」（大成建設の前身）と、軍隊備品などを調達する「内外用達会社」（資本金七十万円。三年後に大倉組に吸収される）を設立。弥之助は両社ともに参画しており、内外用達会社では設立発起人になるなど、軍関係のビジネスに乗り出していった。

つぎに弥之助が取引する相手は、十歳で体験した薩英戦争において、すさまじい威力を見せつけられたイギリスのアームストロング社である。

第二章　武器商人

明治三十年秋に長沢鼎が帰国した際の記念写真。前列左より、てる、鉄馬、喜介、とよ、ふさ、四郎、弥之助、五郎、静（右二名不明）、後列左より、子どもを抱える磯長海洲、ひとりおいて本田幸介、ひとりおいて長沢鼎、磯長ツル、紀一を抱く磯長鉄之助、樺山愛輔

弥之助とアームストロング社

明治二十年（一八八七）十月十一日、アメリカ・サンフランシスコに向かう船が横浜港を出航した。海軍次官樺山資紀が「欧米各国海軍ノ情況視察」のため、一年におよぶ出張に出たのだった。

樺山次官の正規の随行員として、山本権兵衛少佐（薩摩出身）ほか三名の海軍軍人の姿もある。この出張は「情況視察」のみならず、海軍増強計画の一環として武器購入という目的もあった。

彼らに同行したのが、三十四歳の赤星弥之助である。弥之助は薩摩にいた幼少期から樺山家とのつながりがあったと考えられるのは、第一章で述べたとおりだが、明治八年に結婚した静は樺山の姪であり、関係はより緊密になっている。弥之助がこれ以降軍関係のビジネスに乗り出していくことができたのは、樺山という後ろ盾があったからだ。

弥之助の同行を許したのは、樺山の独断だとされる。山本権兵衛は出航直前までそのことを知らなかったという新聞記事（『大阪毎日新聞』大正十二年二月－九月連載「関東関西の財閥鳥瞰　五十四」）があるのだが、真偽は不明だ。

この一行には樺山資紀の実の甥橋口文蔵もいた。文蔵は、弥之助と同じ嘉永六年（一八五

明治20年9月10日、スプリングフィールドに集まった留学生たち。前列右は樺山愛輔、左は大久保利和。後列右から三島弥太郎、吉田鉄太郎、高崎安彦、松方幸次郎、松方正雄（三島義温編『三島弥太郎の手紙』学生社より）

三）、薩摩の橋口兼三（資紀の長兄。元老院議官などを歴任）の長男として生まれた。人間関係が緊密な薩摩の土地柄から文蔵と弥之助は幼少時から知る仲だったと思われ、さらにふたりには慶応義塾入塾（弥之助は明治三年、文蔵は同五年）という共通点もある。文蔵は明治十二年から十四年までアメリカに留学（マサチューセッツ農業大学）しており、帰国後に農商務省の官僚となった。履歴によれば、明治二十年当時は北海道に赴任しており（明治二十一年から二十四年、札幌農学校校長）、樺山資紀に同行した理由はわからない。彼の堪能な英語力が必要とされたのかもしれない。

　十月二十六日、一行はサンフランシスコに到着し、そこからワシントン、ニューヨークへと向かった。

　アメリカ東部には七年前から留学中だった樺山愛輔（当時二十二歳。アマースト大学在学中。この二年後にドイツへ留学）がいる。資紀の息子で、八歳のころまで鹿児島で育った。アメリカで久しぶりに父資紀に会い、従兄弟関係の文蔵、弥之助と行動をともにしたことが資紀の日記からわかる。

当地には愛輔のほかにも薩摩出身の留学生がいた。三島弥太郎（のちに横浜正金銀行頭取・日本銀行総裁。第五代警視総監三島通庸《みちつね》の長男）、大久保利和《としなか》（のちに実業家・政治家。大久保利通の長男）、松方幸次郎・正雄兄弟（ともに、のちに実業家。父は松方正義）らと愛輔の集合写真（明治二十年九月）がある。彼らは幼少時から相知る仲だった。三島は愛輔に誘われ、ニューヨークに立ち寄った資紀に面会したことを、両親への手紙で伝えている（明治二十年十一月二十八日付）。

薩摩閥のネットワークが次世代へとつながっていたわけだが、のちに愛輔は、弥之助の息子たちの後見人としての役割を果たすことになる。

樺山資紀らの約二ヵ月におよぶ滞米中、一行を世話したのが、当時米公使館（ワシントン）付駐在武官だった斎藤実《まこと》だ。資紀は海軍施設、兵器工場、造船所などを視察し、「ダイナマイト砲」の試射に立ち会った際には、その威力に驚嘆する。さっそくこの砲を購入したいと、西郷従道海軍大臣宛ての書状「ダイナマイト砲購入之件」（十二月六日付）を送付した。

ところが弥之助は資紀に先立って、十一月十二日イギリスへ向かっていた。弥之助はロンドンで武器購入にかかわる交渉に携わり、これによって巨利を得たとされる。

それは事実だろうか。国会図書館で「樺山資紀関係文書」をあたってもわからず、ついで「斎藤実文書」を調べたところ、これを証明する生々しい史料が見つかった。弥之助がロンドンからワシントンの斎藤実に送った書状（十二月二十四日付）である。

〔十二月〕十八日樺山次官及随行諸君共無滞《とどこおりなく》御安着

と資紀一行を出迎えたことを伝え、さらに、

ダイナマイト砲、我海軍江《へ》御購入之義に付、次官ゟ《より》本省江御申立ニ
相成候趣《あいなりそうろうおもむき》、就而《ついて》ハ追而《おって》右買入方《かいいれかた》エゼント弊社江引受度《ひきうけたく》
内願仕候所《つかまつりそうろうところ》

としたためている。

この書簡の前日に資紀はワシントンの斎藤に宛て、さきに西郷海軍大臣に送ったダイナマイト砲購入の件は、海軍省が予算化するとの電報を同省より受け取ったと伝えていたことも「斎藤実文書」からわかった。こうした事実を把握していた弥之助は、斎藤に対し、ダイナマイト砲購入にあたっては「弊社」に「エゼント」（エージェント）を引き受けさせてほしいと申し出ていたのだ。

弊社とは何か。この書状の用箋がそれを明らかにしている。「THE NAIGAI YOTATSU KAISHA」、弥之助が大倉喜八郎や藤田伝三郎らと設立した「内外用達会社」である（第一

章）。

弥之助は、内外用達会社の一社員を名乗っている。だがその一方、個人の立場で、武器メーカー「アームストロング社」の代理人のような役割を得ることに成功したようである。しかしその経緯はわかっておらず、弥之助自身、何も語っていない。しかし、この書状が発信された住所は、在ロンドン日本領事館だといい、弥之助の活動の背景には領事館もしくは軍の人物がかかわっていた可能性も考えられる。

弥之助が没して十年後の大正三年（一九一四）、海軍高官への贈賄事件「シーメンス事件」が発覚。首相となっていた山本権兵衛をはじめ、内閣が総辞職に追い込まれる。その際、海軍と密接な関係を持った人物の先例として弥之助が槍玉に挙げられた。山本は弥之助について語っているのだが、自分とは無関係だと強調している。

> 弥之助のことを世間で彼れ是れ言ふが、アレは今から二十余年前に樺山伯が洋行の際、ウルさくて困ッたから、乃公《おれ》が紐育《ニューヨーク》で随行の列から追い払った男だ。然るに紐育から直に倫敦《ロンドン》に渡り、一行の未だ到着しない前にアームストロングとエジエントの特約をしたので、我等には何の関係もないことだ。
>
> （『東京朝日新聞』大正三年三月十七日付）

さきに紹介した大阪毎日新聞「関東関西の財閥鳥瞰」（大正十二年）にはこう書かれている。

> 〔弥之助は〕ロンドンではクライド造船所アームストロング会社のエゼントを取って来た。樺山、山本両氏は何も気付かずに帰朝し、後クライド、アームストロングに軍艦其の他を註文したが、当時二三年間に赤星家に金が出来たとの評判が立った。〔山本〕権兵衛氏初めて赤星の魂胆を知り、激怒してクライド、アームストロングに交渉を試みたが、両社では赤星氏に対し八年間のエゼントを契約してあるとの事で如何ともする事が出来ず、契約期間満了と共に権兵衛氏は赤星氏と海軍との関係を絶たしめたとの事である。

資紀の欧米視察から三十六年後の記事であり、事実関係は不明だ。しかし弥之助の動きを樺山資紀・山本権兵衛がまったく知らなかったとは考えにくい。

資紀は二十一冊におよぶ日記（明治八年七月－二十二年十一月。国会図書館所蔵）をのこしており、ほぼ毎日の出来事を簡略に記していた。この欧米視察中も同様で、弥之助がロンドンに旅立つ三日前の日記には「〔弥之助と文蔵がワシントンにやって来たが〕十二日汽舟ニテ英国へ航スル筈離別ス」（明治二十年十一月九日）とある。資紀は弥之助のロンドン行きを事前に知っていたのである。

ところが、ロンドン到着後の弥之助がダイナマイト砲の件を斎藤実に知らせた明治二十年十二月二十四日を最後に、それ以後の日記がなぜかのこされていない。この日付のあとに現存する日記は、一年十ヵ月のちの二十二年十月九日からである。それまでの日記はほぼ途切れておらず、不自然な印象は否めない。

欠落している日記には、イギリスにおける弥之助とアームストロング社との交渉にかかわること、資紀の関与も記されていたと推察でき、その間の日記がのこされていないのはこのことと関係するのではないだろうか。

謎の武器商人ミュンター

同時期にアームストロング社の対日工作を担った人物で、資紀、弥之助とも関係を持った人物がいる。

イギリス留学経験があるデンマーク人の元海軍士官、バルタサー・ミュンターである。アームストロング社の中国及び日本における代理人として、明治二十年三月、横浜に到着した。当時五十歳の彼は、ジャーディン・マセソン商会横浜支店の海軍売り込み工作の活動でも重要な役割を果たし、約十一年を日本で過ごすことになる。

ミュンターはすでにヨーロッパで、欧米視察中（明治十九年七月―二十年六月）の西郷従道海軍大臣と面識があったといい、来日直後から海軍要人との人脈を築いていく。

明治二十年四月、海軍創設者のひとりである川村純義（薩摩出身。長崎海軍伝習所に学んだ）邸に招かれ、樺山資紀と懇談する機会を得た。樺山とミュンターは「それからのち何年にも及ぶ友情を結ぶにいたった。日本における死の商人ミュンター活躍の礎石がここに確固として置かれることになった」（長島要一『明治の外国武器商人』）。

ミュンターと資紀の出会いが、資紀の欧米視察出張の半年前ということに着目したい。この出会いをきっかけとして、ミュンターが仲介し、弥之助のイギリスにおけるアームストロング社との交渉があらかじめ用意されていたのではないだろうか。

当時の海軍は、兵器や艦船の購入について、フランス製、ドイツ製、イギリス製のどれを選ぶかで対立があったというが、ミュンターの活躍によりアームストロング社製が主流を占めていくのである。

このミュンターは弥之助との関係があったことを著書『回想記』（デンマーク語で執筆、未邦訳）で語っているという。明治二十二年十月に大阪砲兵工廠を一緒に訪れ、そのあと名古屋、琵琶湖畔を見物しながら京都に滞在し、「道中どこへ泊まっても芸者たちに取り巻かれ、かしずかれるという大名旅行だった」「東京で子供が四人いる赤星という道連れに、ミュンターは日本風のジェントルマンの典型を見た」（長島要一、前掲書）。

当時の弥之助に「子供が四人いる」という記述は正確である。日本語があまり上達しなかったというミュンターだが、弥之助とは私的なこともふくめ英語で親しく語り合ったことがうかがえる。さらに翌年三月、ミュンターは京都で弥之助と落ち合い、歌舞伎見物などをして大阪に向かう。砲兵工廠での用件をすませたのち広島呉に行き、弥之助の案内で、建設中の呉海軍工廠を見学することができたのだった。

ミュンターは大倉喜八郎とのかかわりも深い。大倉の世話で東京に家をかまえることができたのだが、そこは外国人居住地外だったため、大倉が子どもたちの家庭教師という身分にして届け出るなど、便宜をはかっている。ミュンター家で大倉は、桂太郎ら陸軍の首脳陣にも引き合わせており、ミュンターは陸軍での足場も固めていった。

ミュンターはアームストロング社代理人として中国（清）も担当しており、しばしば出張して、有力政治家の李《り》鴻章《こうしょう》にも面会し、兵器の斡旋をしたり、沿岸警備についての相談に応じたりしている。ミュンターがかかわった両国間に日清戦争が勃発したのは、明治二十七年八月。アームストロング社の艦船に速射砲を装備した日本海軍と、ドイツ製の艦船や大砲で応じた清国海軍との戦闘は日本側の勝利に終わる。

このころミュンターはアームストロング社との雇用契約を更新し、以後は日本のみを担当することになった。彼は、日本の中国東北部進出をめぐって日本とロシアの間にやがて戦争が起こることを予測し、日本の武器市場にさらなる可能性を感じたのである。

実際、明治二十年度から二十六年度までの軍事費は二千二百万円前後、国家財政に占める比率は三割前後だったが、日清戦争が勃発した二十七年度の軍事費は一億二千八百万円に跳ね上がり、国家財政の七割ちかくにも達するのだ。

ミュンターは明治二十八年九月に新築の大邸宅へ転居した。ここをたびたび訪れて食事をともにしたのが、イギリス駐日公使アーネスト・サトウである。

サトウは文久二年（一八六二）、十九歳で公使館通訳生として来日。翌年の「薩英戦争」では英国艦隊通訳として薩摩に向かい、さらに元治元年（一八六四）の「下関戦争」でも四ヵ国連合艦隊の通訳として同行し、薩長との人脈を築いていた。

明治十六年に帰国し、シャム（タイ）、ウルグアイ、モロッコの駐在領事などを歴任。二十八年七月末、特命全権公使として十二年ぶりに日本に戻り、三十三年まで駐在する。この間の日記にミュンターの名が頻繁に登場する。こんな記述がある。

> ミュンターが訪ねてきて、日本海軍の計画について次のような情報を話した。一万五千トンの一級戦艦四隻、七千トンの一級巡洋艦三隻、吉野のような四千五百トンの二級巡洋艦四隻、その他の小艦艇を建造する。議会の承認を得るべき建造費は一億八千万円にのぼり、そのほかに装備として五千万円を要する。彼は私の口添えを望んでいた。
>
> （明治二十八年十月二十四日）

ミュンターが海軍内部の情報にいかに精通していたのか、よくわかる。サトウは「押し売りするようなことはできない」と返答しつつも、「それとなくほのめかす」ように口添えをすると記している。

高額な艦船建造費から、ミュンター、そして弥之助がどれほどのコミッションを得たのかは想像するしかないが、弥之助は「百万円そこら」を得て、これを土台にして資産を増やしたという記事（「関東関西の財閥鳥瞰」）がある。ちなみに、明治二十八年の給与所得者の平均年収は二百四十四円である。

アームストロング社にとってミュンターはじつに有能な人物で、同社の副社長が来日（明治二十九年四月）した際には、ミュンターが「天皇に拝謁するにはどうしたら良いか」をサトウに相談し、サトウは実現のために知人の華族に尋ねてもいる。

サトウの日記には大倉喜八郎の名もよく出てくる。豪壮な大倉邸での晩餐会に招かれ、そこで伊藤博文・大山巌・西郷従道らに会っており、彼らとはその後も個別に面会する機会を持った。またサトウは樺山資紀ともしばしば会い語り合う仲だったことも、サトウの日記からわかる。

しかし、この日記に弥之助の名はまったく見当たらない。

彼はあえて表に出ないような動きをしていたのだろう。もっとも、さきに紹介した記事に書かれていた「八年間のエゼントを契約」が正しいとすれば、サトウが日本に再赴任した明治二十八年は、ちょうど契約が切れる時期である。

これを裏付けるように、明治三十年ごろアームストロング社日本代理店の地位を獲得したとされるのは、兵器機械商社「高田商会」（明治十四年設立、同年ロンドン支店設置）だった。同商会はすでに日清戦争時に軍需物資の買い付け、輸送などで巨額の利益を得ていた大手商社である。

創業者の高田慎蔵（新潟・佐渡出身）は、弥之助とともに「東京馬車鉄道」（明治十三年設立）に出資した仲だが、これ以前のふたりの関係はわからない。そして高田商会がアームストロング社日本代理店となった経緯が解明されていないのは、高田がほとんど語っていないからだ。いずれにしても弥之助は、明治三十年前後には兵器ビジネスから離れていたと考えられる。

明治日本でどのような動きをしていたのか不明の点もあるサトウだが、山歩きや植物採集を好み、日本各地を旅して旅行記を著しており、とりわけ日光（栃木県）の中禅寺湖畔を愛した一面があった。神経をすり減らす日々の中で、故郷を思わせる自然が彼を癒やしたのではないだろうか。

日光は、「内地旅行規則」（明治七年制定）により、外国人が旅行できる数少ない地区の一つに指定されて以来、ホテルなども建設され、各国外交官やビジネスマンが集った。さらに鉄道網が整備された明治二十年代になると、欧米人の別荘が湖畔に建ち並ぶようになる。サトウは日本に再赴任してほどなく、別荘をかまえ、同時期にミュンターも当地に別荘を建てている。サトウとミュンターは中禅寺湖畔でも語り合ったのではないだろうか。

「グラバー商会」のトマス・ブレイク・グラバーも明治二十六年、中禅寺湖畔に別荘を持った。「西六番館」と呼ばれたグラバーの別荘は、彼の死去（明治四十四年）後は所有者が変遷し、やがてその建物は、大正末期に設立される政財界人の釣り愛好クラブ「東京アングリング・エンド・カンツリー倶楽部」のクラブハウス（アントニン・レーモンド改築設計）として使われることになる。この倶楽部の中心人物が赤星鉄馬である。

鉄馬の伯父長沢鼎とグラバー家、父弥之助とミュンターとの関係に思いをはせれば、中禅寺湖畔をめぐる因縁ともいうべきものが浮かびあがってくる。

ミュンターは明治三十一年二月に帰国。六十歳になったらデンマークの家族のもとに帰ると決めていたのだ。母国で日露戦争勃発（明治三十七年二月）を知った彼は、この戦争についての執筆に取り組み、日本に関する具体的な知識をもとに、戦争の推移を分析した『日露戦争』を三十八年に刊行する。

しかし、この著書のなかでミュンターは「アームストロング社のことはもとより、自分が同社の代理人であったことなどには一切言及していない。それが公表されたのは、十年後に刊行された『回想記』においてであった」（長島要一、前掲書）。

ミュンターは七十八歳（大正四年）になって、ようやく武器商人としての体験を告白したのであるが、すべてを詳らかにしたわけではなく、日本海軍首脳部との交渉や軍艦受注の詳細、さらにはサトウとの接触なども省かれているという。

結局のところ、ミュンターと弥之助がどのように手を組んでいたのか、具体的なことはわからない。それでも『回想記』のわずかな記述から、「日本風のジェントルマンの典型」だったという赤星弥之助の存在をあえて書きのこしたミュンターの思いを、私は感じとった。

第一次世界大戦進行中に『回想記』を執筆した彼は、長寿をまっとうし、ヒトラー内閣成立の前年、昭和七年（一九三二）、九十五歳で没する。戦争とともに歩んだ生涯だった。その八年後、ドイツ軍がデンマークに侵攻、全土を占領することを彼は知らない。

弥之助がアームストロング社とのかかわりや、自らの人生を一切語ることがなかったのは、ミュンターと同じく武器ビジネスを手がける人間ならではの用心深さなのだろう。それが要人と密接にかかわる武器商人の生き方だった。

何も明らかにしなかった弥之助だが、彼の没後にさまざまな憶測記事が出た。こんな新聞記事がある。

> 彼が「樺山資紀の欧米視察に同行し、ロンドンから」帰朝した時には既に洋行以前の弥之助ではなかった。最早藤田組にも大倉組にも頼らなくなって彼は独立して築地明石町にアームストロング社の代理店を出した。之からは彼の懐中には寝て居ても軍艦注文のコミッションが転がって来る様になったので、栄耀栄華は思いの儘で、王公貴人も及ばぬ生活を続けることになった。
>
> （『報知新聞』大正三年一月二十六日付）

「築地明石町」の「代理店」を当時の資料から確認することはできなかった。弥之助は、大倉喜八郎、藤田伝三郎とはその後もよい関係を保っていたようである。大倉が創業した「帝国ホテル」の開業式（明治二十三年十一月）に招かれた「株主の朋友知己」のなかに弥之助の名があり、藤田とは鉄道敷設事業などで手を組んでいる。

そして弥之助は、彼らに比肩するほどの富を築いていくのである。

長沢鼎のワイナリー経営

弥之助が実業界を駆け上がっていったころ、兄長沢鼎はどうしていたのだろうか。

慶応三年（一八六七）八月、森有礼、鮫島尚信ら五人の留学生仲間とともに、「新生兄弟社」のトマス・レイク・ハリスが営むコロニーがあるアメリカ・ニューヨーク州アメニアに向かった長沢のその後の足跡をたどっておきたい。

長沢らがアメニアに到着してほどなく、ハリスのコロニーは同州のエリー湖畔ブロクトンに移転する。二千エーカー（約二百四十五万坪）の土地の購入資金は、新生兄弟社の信奉者で長沢ら薩摩藩留学生を勧誘した元英国下院議員ローレンス・オリファントとその母の寄付によるものだった。

ハリスはブロクトンにおいて葡萄栽培を主な収入源とするべく、開墾作業を始める。そこに合流したのが、薩摩藩からの第二次アメリカ留学生六人である。しかしその後四年の間に、ハリスの教えに疑念を抱いた者たちがつぎつぎとコロニーを去り、さらには森と鮫島も帰国してしまい、ただ一人のこったのが長沢だった。

長沢は明治新政府の正式な給付留学生として認められ、明治三年十月、コーネル大学（ニューヨーク州）に入学したのだが、三ヵ月ほどで退学。すでにハリスは長沢を後継者と目しており、翌四年四月、パリやロンドンなどを旅した際に長沢を伴ったのも見聞を広げさせたいということだったのだろう。

やがて長沢はアメリカ永住を決意し、長兄吉輔より帰国を促す手紙（明治七年十一月）があったことを知らされたにもかかわらず、すぐには帰国できないと返信したのだった（第一章）。

ブロクトンで開墾に汗を流した長沢だが、この地は葡萄栽培に適していないことがわかり、ハリスは明治八年、温暖なカリフォルニア州への移転を決意する。すでにスペイン系の宣教師や、イギリスからの入植者による葡萄栽培、ワイン醸造の歴史があり、ハリスはこの地に希望を託した。

だがこのときハリスは、オリファントと袂を分かっていた。莫大な資金を提供し、自らも信者を獲得してきたオリファントもハリスの教義に疑念を抱くようになったといわれ、そんな彼をハリスは排除したのだろう。このあとオリファントは東欧ユダヤ人をパレスチナに移植させる計画に取り組むなど波乱の人生を送り、明治二十一年に世を去る。

その後ハリスは、サンフランシスコの北九十キロにあるサンタローザの地に理想的な四百エーカー（約四十九万坪）の土地を見つけた。そこを「ファウンテングローブ（泉の森）農場」と名付け、住居や諸施設の建設にとりかかる。長沢が振り返っている。

始めに行つた時にはマルで樫の木など山があるだけの山の中で、一軒の家もなかつたのだが、それからだんだん木を刈り草を刈り家を建てて土地の開拓に取りかかつた。もちろん麓の方には少し樹のない所もあつたが、山一面はズーッと林だから、それを根から掘つて焚き物をこしらえ、そうして色々の植物を植付けた。木やら果物やら葡萄やらドンドン植付けた。

（『鹿児島新聞』明治三十年七月九日付）

サンタローザ移転四年目の明治十二年、長沢は本格的な葡萄栽培とワイン醸造所建築に着手。研究書を読み漁り、専門家に教えを受け、アメリカ国内やヨーロッパから苗木を取り寄せ、品種改良を重ねていった。こうして四百エーカーの見事な葡萄畑が広がった。その後もさらに土地を買い足していき、千八百五十エーカー（約二百二十六万坪）に拡大するのだ。十九年には七万ガロン（約二十六万五千リットル）のワインを生産するなど、カリフォルニアにおける大手ワイナリーとしての地位を築いていく。

長沢が奮闘する最中の明治二十年十月、弟の弥之助が樺山資紀一行とともにサンフランシスコに到着していた。だが資紀の日記から推測するかぎりでは兄弟が再会した形跡はない。サンフランシスコとサンタローザはすでに鉄道で結ばれていたが、先述したように弥之助のアメリカ滞在は約二週間だったので、再会はかなわなかったのかもしれない。

長沢の動向は日本に伝えられていた。かつて薩摩藩留学生に同行した寺島宗則（枢密顧問官）は、このころの長沢について「宗教者となり米国に在て日本を忘却し、帰国の意なしと云へる奇人なり」（「洋行に関する寺島宗則自記履歴抄」）と書いている。

ファウンテングローブにおける長沢の献身的な労働は実を結びつつあった。その一方、新生兄弟社に対する批難記事が地元紙『サンフランシスコ・クロニクル』に掲載され、明治二十四年（一八九一）十二月から数回におよんだ。強烈な個性と指導力を持つ教主ハリスのスピリチュアルな思想、独自の結婚観などが取り上げられたスキャンダラスな記事だった。結局、ハリスは翌年二月、三人目の妻とともにカリフォルニアを去り、ファウンテングローブ農場の管理と経営は長沢が担うことになった。この八年後にハリスは農場と醸造会社を長沢ら主力メンバー五人に譲渡し、四万ドル（当時のレートで八万円。現在の貨幣価値にして一億数千万円ほどか）を手にした。

　ハリスは去ったが、長沢は彼の教えを守り抜き、労働に勤しんだ。明治二十六年には葡萄収穫高が千五百トンに達し、二十一万ガロン（約七十九万リットル）のワインを生産するなど、順調な伸びを示している。同年、カリフォルニア州ワイン品評会（州全体で八百三十二のワイナリーがあった）で、長沢が手塩にかけたカベルネ・ソーヴィニヨンが二位の栄冠を射止めた。

　こうして葡萄栽培の基盤が確立すると、長沢はさらなる事業拡大を図っていった。家禽・家畜、牧畜に興味を持ち、とりわけ馬の改良に取り組もうと、明治二十八年ごろ、優良な種馬をアフリカおよびヨーロッパから輸入したという。

　ファウンテングローブでの働き手は、当初は中国、イタリアなどからの移民で、のちには日本人移民も加わるようになる。アメリカ本土に渡った初期の日本人移民の多くはハワイから移住した人々だが、やがて活気づくカリフォルニアで一攫千金を夢見て渡米する日本人も増大したのだった。長沢のワイナリーの盛況は知られており、長沢も快く受け入れたようである。彼が新聞の取材で語っている。

　葡萄の方には日本人二十人ばかりと洋人を二十人許《ばか》り使つて居りますが其の日本人は大抵熊本、広島の人間でありました。尚其他の極忙しい折には臨時百五十人や二百人は雇ひ入るゝことがあります。

（『鹿児島新聞』明治三十年十月六日付）

しだいに長沢のワイナリーは拡大していき、彼のもとには鹿児島から親族もやってくるようになった。ファウンテングローブに長沢の甥伊地知共喜《いじちともき》（明治六年生）がやって来たのは明治二十九年である。

共喜は、長沢の次姉モリと、北海道の炭鉱開発に尽力した伊地知季雅《すえまさ》（薩摩出身。明治十一年北海道で没）の長男である。長沢が日本をあとにしてから八年後に生まれた共喜は二十三歳の青年に成長し、長沢の活躍を知って新天地を目指したのだった。共喜がファウンテングローブにやって来た当時を語っている。「叔父の日本語は頗《すこぶ》る変なものでありました。私は英語が上手でありませんから、何でも日本語で話をしました。叔父の日本語は『ランプを灯せ』ということも『ランプを焚け』という」（鷲津尺魔《わしづしゃくま》「長沢鼎翁伝」『日米』連載・大正十三年七月）。

共喜は長沢の右腕として活躍することになる。のちに鹿児島出身の女性と結婚、子どもも得て、その生涯をこの地に捧げるのだ。さらに明治三十五年には彼の弟佐々木英吉（モリの再婚でなした子）も十四歳にしてファウンテングローブに加わることになる。一族の固い結束が苦難を乗り越える力ともなった。

三十二年ぶりの帰国

紆余曲折のあった長沢のワイナリー経営は軌道に乗り、明治三十年九月、彼は三十二年ぶりの帰国を果たした。十三歳で鹿児島の海から出立した彼は四十五歳になっている。

長沢は望郷の思いに駆られたのだろうか。それもあっただろうが、事業での用件もあったのだった。

カリフォルニアでの養蚕事業を計画していた長沢は、帰国後、農商務省に交渉して桑の木の苗一万本と大量の蚕を調達し、カリフォルニアでの生糸の生産を試みる。さらに、もう一つの壮大な計画を胸に秘めていた。それはメキシコに日本人を移住させる計画だ。長沢はこう語っている。

墨西哥《メキシコ》に長さ四十哩《マイル》幅十哩の平原を見出して特約を結びましたが其方に向けて五百人か千人を一ケ年ばかりの内に募る筈です

（『鹿児島新聞』明治三十年十月七日付）

長沢は日本で投資家を募ったが、結果としてこの植民計画に出資する投資家はあらわれなかった。

この数年前の明治二十六年、榎本武揚（長沢の父磯永孫四郎と長崎海軍伝習所で同時期に在籍）がメキシコへの日本人植民計画を立てた。二十七年に現地調査のためメキシコ南部に派遣した人物が、橋口文蔵である。赤星弥之助とともに樺山資紀の欧米視察（明治二十年）に同行した、資紀の実の甥だ。榎本は二十九年に「日墨拓殖会社」を設立して資金集めをするのだが、失敗に終わっている。

この経緯を踏まえると、長沢のメキシコ植民計画の背景には、橋口文蔵が何らかの関与をしたのではないかと想像をふくらませてしまう。ふたりは幼少時の薩摩で、もしくは文蔵の米国留学中にも交流があったのではないだろうか。もっとも、長沢が初帰国した明治三十年当時の文蔵は台湾台北県知事の職にあったので、このとき日本でふたりが会うことはなかったと思われる。

長沢の事業計画はさておき、弟弥之助らとの再会はどのようなものだったのだろうか。横浜港には磯永（磯長）家一族が迎えに来ていて、長沢の第一声は「わや［お前は］弥之助か」だったと伝えられている。ということは、やはりアメリカでは会っていなかったのだろう。長沢は三十二年間の空白を感じさせず上手に薩摩弁を操ったといい、兄弟は幼いころのように語り合ったようである。

帰国した直後、東京・牛込区市谷加賀町の弥之助邸で撮られた赤星家一族と縁戚ら、二十一人の集合写真（第二章扉）がある。後列中央に長沢鼎、前列中央に弥之助と静夫妻。六年前にドイツ留学より帰国し、明治二十七年に川村純義（海軍軍人・当時枢密顧問官）の長女常子と結婚した樺山愛輔もいる。

そして弥之助夫妻の子どもたち。贅沢な着物を着せられた次女てる（十七歳）、三女とよ（十歳）、四女ふさ（七歳）ら娘たち。そして三男喜介（四歳）、四男四郎（二歳）、五男五郎（〇歳）、十五歳の長男鉄馬は絣の着物に袴を身に着け、ほっそりとした顔だちが繊細な印象を与える。

長女しま、次男兵造、五女ふみは幼くして他界してしまった。悲しみに暮れたこともあったはずの弥之助は、子どもたちの成長がうれしくてならなかっただろう。こののちさらに三児を得る。

鉄馬は、伯父長沢鼎の話を興味深く聞いたにちがいない。薩摩藩留学生としての体験、ロンドンのこと、スコットランドでの生活、そして渡米してからの劇的な歳月――。この数年後に鉄馬はアメリカ留学をし、のちには朝鮮で広大な農場を営むことになるのだが、この魅力的な伯父の影響も大きかったはずだ。

当時の鉄馬が在学した学校はどこなのか、紳士録などをあたってもわからない。東京中学（現東京高等学校。明治五年設立の上野塾がその前身）という説もあるのだが、同校所蔵の史料で彼の名を見つけることはできなかった。

アメリカで成功をおさめた長沢、そして実業家として着実に歩む弥之助。兄弟はそろって鹿児島を訪れ、亡き両親が眠る墓前で胸を張って報告したのだろう。長沢は鹿児島で歓待された。名士たちによる宴会が催され、『鹿児島新聞』は連日にわたって、評伝「長沢鼎君」、「長沢鼎氏の談話」を掲載した。

タイの写真師磯長海洲と宮崎滔天の交錯

初の帰国をした長沢を迎えた一族の写真に写る鉄馬は、弟喜介を抱き寄せるようにしていて、優しい人柄をしのばせる。そしてこの写真には、注目すべき人物が見える。

長沢の甥、鉄馬にとっては従兄になる磯長海洲《かいしゅう》（長沢・弥之助兄弟の長兄吉輔の長男。「磯長」姓）である。後列左端にいるその人は、長身で立派な体格、特徴的なヒゲをたくわえ、意気盛んな壮士といった風貌である。

彼も横浜で長沢を出迎えていて、そのとき長沢は「わや、おいどんを知っちょらんだろうな（おれを覚えていないだろうな）」と声をかけたというから、幼い海洲を記憶していたようだ。長沢が薩摩をあとにしたとき五歳だった海洲は、三十七歳になっている。そして海洲も長沢に引けを取らないじつに起伏に富んだ人生を歩んでいるのだった。

磯長海洲は、タイ・バンコクで写真館を開いた初の日本人である。このときもタイに住んでいたはずだが、長沢の帰国を知り、ぜひ会いたいと駆けつけたのだろう。

海洲は万延元年（一八六〇）、薩摩の下荒田町で生まれ、二歳ちがいの弟鉄之助がいる。海洲が八歳のときに世は明治となる。当時の磯長家の困窮ぶりは、彼の父吉輔が五代友厚に金を用立ててもらったり、大阪での職を世話してもらったりした（第一章）ことなどからも推測できる。明治十二年、海洲が十九歳のときに吉輔は他界し、海洲が家督を継いだ。弟の鉄之助は前年に上京している。

磯長家は没落の中にあったのだろう。自活の道を探る海洲は明治十三年、上京して私費で駒場農学校（現東京大学農学部の前身の一つ）に学ぶ。けれども「学資の窮乏」もあって留年してしまい、一年余で退学したのだが、理化学に興味を持っていた彼は「道楽の技芸」として、独学で写真術を習得したという。

その後、山形県農事講習所の幹事兼教師になるのだが、やがて山形を離れる。このあとも故郷に帰ることがなかったと思われるのは、明治二十二年ごろに結婚した相手が神奈川高津村の出身だからだ。海洲は横浜あたりにいたのではないか。同年十月に夫妻は双子の娘を得る。

だが双子の誕生から数ヵ月後の明治二十三年、海洲は単身中国（清）に渡ってしまった。元陸軍軍人の荒尾精（愛知出身）が上海に設立を計画した「日清貿易商会」の一員に加わるためだった。荒尾が全国を遊説して大陸雄飛を夢見る若者を集めたといわれるが、この計画は資金難のため頓挫してしまう。

それでも海洲は帰国しなかった。『写真新報』（明治四十三年一月十日号）がその後の彼の足どりを伝えている。

［海洲は］日本写真術開祖の一人たる長崎の故上野彦馬氏其分店［上野撮影局上海支店。明治二十四年ごろ開設］を上海に開設するに際し氏に請うて其門に入り三年間同店に於て営業的写真家たるの素地を習得。

実際には上野彦馬が上海に常駐することはなく、彼の弟子たちが運営を担ったとされ、海洲は彼らから写真術を伝授されたのだろう。その修業中の明治二十六年、海洲は日本にのこした妻と離婚した。

明治二十七年三月、海洲は独立を果たし、上海のアメリカ租界地で写真館を創業するのだが日清戦争勃発（同年八月）により、退去を余儀なくされた。つぎに彼が目指したのはタイ（暹羅《シャム》）のバンコクである。この街には華僑が多数居住しており、中国とタイを結ぶルートがあったのだ。

当時、タイに在住する日本人は商人などわずかではあったが、すでに「日暹《にちせん》修好宣言書」が締結（明治二十年）されており、これからの発展に期待した海洲は、上海で出会った九歳年上の内妻を伴ってタイに渡った。こうして三十五歳の海洲は、明治二十八年一月、バンコクで写真館「磯長照相館」を開いたのだった。『写真新報』（前掲）に英公使館前に建つコロニアルスタイルの写真館と海洲の顔写真が掲載されている。

当時の国王は、国の近代化を進めた名君といわれるラーマ五世だ。彼の王子たちはヨーロッパに留学し、シルクハット、燕尾服の王と王子たちがロンドンで一堂に会した写真がある。ラーマ五世は写真好きの王だった。ヨーロッパ旅行中にカメラや技術書を買い求め、自ら撮影をし、宮殿内に専用暗室を持つほどだった。

タイの写真の歴史は古く、ラーマ五世の祖父ラーマ三世の時代に、フランス人宣教師が、発明されて間もないダゲレオタイプの写真（銀板写真）を撮影したのをはじめ、次のラーマ四世の時代にタイに半年滞在したイギリス人写真家が王家の人々やタイの風俗などをカメラにおさめ、この時期にはタイ人写真家もあらわれていた。写真に理解あるラーマ五世の治世は、初の日本人写真館の開業を歓迎したことだろう。

磯長照相館で使われた写真台紙は、桜と日の丸、タイ王室のシンボルである象がデザイン化され、K. ISONAGA From KAGOSHIMA の文字、さらに薩摩島津家の家紋（⊕）があしらわれていて、鹿児島出身を誇りにした海洲の気概が感じられる。

写真館では上層階級のポートレートを多数撮影したが、海洲の興味はタイの風俗にあったようだ。

水牛を使った農作業風景や象に乗る旅人の写真が雑誌『太陽』（明治三十年四月五日号）に掲載されたほか、海洲らを追った評伝『シャムの日本人写真師』の著者松本逸也が写真を発掘しており、同書に民俗舞踊や市場の様子をとらえた海洲撮影の写真が紹介されている。ダイナミックな構図がすばらしく、庶民の暮らしぶりを丁寧にとらえていて、海洲がこの国に魅せられていたことが伝わってくる。

海洲の写真館は日本人の拠点ともなった。明治二十八年初頭、バンコク在住の日本人によって「暹羅殖民会社」が設立され、この年十月には革命家の宮崎滔天《とうてん》（熊本出身）がバンコクを訪れている。

このころ日本人のタイ植民計画を構想していたという滔天だが、自身の半生記『三十三年の夢』（明治三十五年）に海洲の名が何度か登場していた。

バンコク滞在中、海洲と酒を酌み交わしたこと、コレラに侵された滔天を海洲が手厚く看病してくれ、「実に余が再生の母と謂《い》うべき」と感激し、海洲が日本人植民計画に協力すると請け合ってくれたので「高義豈《あに》忘るべけんや」とも記している。

滔天はこの二年後の明治三十年に「中国革命の父」孫文と知り合い、彼を援助したことでも知られる。のちの大正四年（一九一五）になってからのことだが、孫文は自らが関連する会社に出資をしてくれた若き実業家を東京に訪ねている。赤星鉄馬であった。

明治半ばのバンコクで親交を結んだ滔天と海洲は、相通じる気質だったのだろう。三十年に着任した在暹羅国弁理公使の稲垣満次郎が、当地の日本人は「破壊的突飛連壮士」だと新聞紙上で評したのを目にした海洲は、『読売新聞』（明治三十一年八月）で二回にわたる反論を佐々木寿太郎《ひさたろう》との連名で寄稿している。佐々木は三重出身の建築技師（在バンコクのイタリア人が経営する建築会社に勤務）で、海洲の四年前にタイに来ており、ふたりは「日本人倶楽部」の役員を務める親しい仲だった。この時代の人々のダイナミックな動きには驚くばかりだ。

　日本の親族の間では、海洲はふらりと帰国するたびにバナナを土産に持ってくる人で、何をしているのかよくわからない「変わり者のおじさん」と伝えられていたといい、こののちも波乱に富んだ人生の軌跡を描いてゆく。

　明治三十七年にはアメリカ・セントルイス万国博覧会を見に行き、「同国写真界の実況を視察し」、この旅ではファウンテングローブの長沢のもとも訪ねている。さらに同年にインド東部の撮影旅行にも出かけるなど、四十代半ばにしてじつに精力的だ。また『東京朝日新聞』（明治四十二年二月二十五日付）が、動物園（東京・上野）に「磯長海洲氏から献納」されたテナガザルは「暹羅のバンコック附近で捕獲した」ものだと報じた記事もある。変わり者のおじさんは相変わらず騒々しい。

　だが海洲は明治四十三年ごろ、順調だったバンコクの写真館を弟子の日本人に譲ってしまう。なぜなのだろうか。さきの佐々木寿太郎が同年に死去したこと、この四年前に「三井物産」が当地に出張員を駐在させたのを皮切りに日タイ貿易を推進していき、バンコク日本人会の中心が三井物産社員となったことと関係するのかもしれない。もはや「壮士」は時代遅れになりつつあった。

　海洲が内妻をバンコクにのこし、つぎに単身あらわれるのは、朝鮮である。大正三年、このころ鉄馬が朝鮮・成歓での牧場建設計画に着手しており、その開設準備のため海洲が一足先に現地に赴いていた。海洲はもともと駒場農学校で学んだこともあり、鉄馬を支えようとしたのだろう。

その成歓農場は大正四年三月に開設されるのだが、そのあとも海洲の腰は落ち着かない。同年十二月、五十代半ばにしてメキシコを旅しているのだ。おりしもメキシコ革命の最中である。メキシコから鹿児島の親族に宛てたハガキがある。

「当地戦乱ノ模様ハ前途暗雲……当首府ニ無事ニシテ北部三分［ノ］一ハ賊軍ノ有……」（大正四年十一月二十三日）、「名物ノ闘牛モ見物セリ噂程ニハアラズ……」（同年十二月二十四日）。海洲は革命最中のメキシコにひと月も滞在したのだ。

海洲が三歳のときに「薩英戦争」があり、十七歳のときに勃発した「西南戦争」も体験している。メキシコ革命の騒乱を目にして興奮を隠せないのは薩摩男児の血なのかもしれない。

海洲がなぜメキシコへ行ったのかはわからない。朝鮮の農場経営にかかわる視察だったのかもしれないが、このときもアメリカに立ち寄って長沢に会っているので、メキシコ植民計画をあきらめずにいた長沢が海洲に実情視察を頼んだとも考えられる。

海洲はその後も朝鮮にとどまり、成歓農場に暮らした。長沢は四回目の日本帰国（大正十二年七月）の際には朝鮮へも足を延ばし、成歓農場を訪ねて海洲と再会している。

海洲がいつ日本に帰国したのかさだかではないが、朝鮮で長沢と再会した時期は彼の最晩年にあたる。この二年後の大正十四年一月、大分県のつましい借家でひとり死去。大股で世界をかけめぐった六十四年の生涯を終えることになる。

けれど、それはまだ先のことだ。

明治三十年秋、市谷加賀町の赤星弥之助邸で撮られた一族の写真には、十五歳の赤星鉄馬、ダイナミックな人生を歩む四十五歳の長沢鼎、三十七歳の破天荒な海洲らが、それぞれの表情を見せている。さらに、この写真中央にいる四十三歳の弥之助は人生の絶頂期にいたことを思わせる自信にあふれた顔である。彼はほどなく、広大な邸宅を手に入れるのだ。

鳥居坂の屋敷

麻布区鳥居坂町三番地（現港区六本木五丁目・国際文化会館敷地）。鳥居坂の約四千坪の敷地に建つ弥之助の新居は、もとは井上馨邸であった。

長州出身の井上は、文久三年（一八六三）に伊藤博文ら五名の「長州ファイブ」の一員としてイギリスに留学。翌年伊藤とともに帰国し、明治維新後は大蔵省を経て外務卿に就任。欧米列強と締結していた不平等条約改正のために欧化政策を推進し、その施策の一つとして鹿鳴館（明治十六年落成、ジョサイア・コンドル設計）を建設したことが知られる。欧米外交官と日本側の男女がダンスを踊り、「鹿鳴館外交」と呼ばれたが、短期間で幕を閉じた。

鹿鳴館完成の翌年の明治十七年、井上の発案で創設されたのが、イギリスに範をとった紳士社交クラブ「東京倶楽部」（当初は鹿鳴館内にクラブハウスを設けた）である。皇族、華族、政府高官や実業家、外国人ら約百名が初期の会員となり、薩摩閥も多い。弥之助がメンバーになることはなかったようだが、のちに鉄馬がここを舞台に人脈を築いていくことになる。この東京倶楽部は現在も存続している。

井上は初代外務大臣（明治十八－二十年）在任時に官庁集中計画を立案するなどし、さらに農商務大臣・内務大臣・大蔵大臣などを歴任。その一方、一時下野した時期に商社「先収会社」（三井物産の前身とされる）を設立するなど、実業界でも先駆的人物であった。彼は「薩長同盟」以来の薩摩人脈とのかかわりが深かったが、実業界では、鹿鳴館の施工を担った大倉喜八郎、井上とともに山陽鉄道敷設を計画（明治二十年）した藤田伝三郎など、弥之助人脈とも重なっている。

かつて多度津藩（現香川県）藩主の江戸屋敷があった鳥居坂の土地に井上が邸宅（和館と洋館）を新築したのは明治十三年である。そのころの地図（明治十六年作成）を見ると、井上邸の周囲は蜂須賀邸などの広大な屋敷があるものの畑などもあり、静かな一帯だったのだろう。十七年には鳥居坂に面した立地に東洋英和女学校（現東洋英和女学院）が開校した。

明治二十年二月、茶会をしばしば催し茶道具蒐集でも知られた井上の邸宅に移築されたのが「茶祖珠光の遺物という東大寺塔頭四聖坊の茶寮」と伝えられる「八窓庵」である。同年四月、井上邸で茶室移築披露の記念行事として、明治天皇の行幸を仰いだ。天皇は茶室に入ったあと、歌舞伎を楽しんだ。市川団十郎による「勧進帳」「北条九代名家功」の一幕目「高時」などが演じられたといい、天皇と井上の近さを示す出来事だった。

この天覧歌舞伎から五年後、井上邸を宮家の久邇宮家が買い上げ、京都から移住することが決定したという記事（『東京朝日新聞』明治二十五年四月十六日、五月二十四日付）があり、二十七年、井上は近隣の通称「内田山」（宮村町）の約六千坪の敷地に贅を尽くした屋敷を建て、転居する。

旧井上邸敷地は一時期久邇宮家所有となったようで、洋館があったという説もある。赤星弥之助が市谷加賀町から鳥居坂に転居したのは明治三十二、三年ごろだと考えられる。「邸内に久邇宮家より二万円にて譲受けたる彼の珠光が八窓庵となん呼べる茶室さえ設け」（『読売新聞』明治三十六年十一月一日付）という記事があった。

弥之助邸になったいきさつは不明だが、当主の久邇宮邦彦《くによし》王が明治三十二年に結婚した相手が旧薩摩藩主の島津忠義の八女俔子《ちかこ》であることから、皇室や華族に近しい薩摩閥の人物が何らかの関与をしていたのかもしれない。

弥之助が敷地全体をいくらで購入したのかはわからない。茶室の金額から類推するしかないが、弥之助はこの八窓庵にこだわって旧井上邸を求めたとも思われる。すでに彼は茶道具や書画骨董の蒐集でも知られており、還暦を迎えたら八窓庵の茶室開きをすると周囲に語っているのだ。

なお久邇宮家は、赤星邸と鳥居坂をはさんだ敷地（東鳥居坂町）に別邸をかまえたことが地図や地籍台帳から確認できる。以前からここに屋敷があったのか、旧井上邸を弥之助が購入したことと関係するのかは不明だ。この数年後、「明治三十六年三月六日、東鳥居坂町なる久邇宮邸に於ては良子《ながこ》女王の誕生を寿いだ」（『麻布区史』）とある久邇宮邦彦王の第一女子は、のちに皇太子妃、香淳皇后となる。

さて弥之助の新居は二階建て、木材と石を使用したイギリス様式の洋館だ。傾斜のある屋根、一階左手のエントランス三連アーチが印象的で、右手の六角形に張り出した部分には客間があったのだろう。堂々とした構えの建物だが装飾は抑えられていて、全体にすっきりとした印象を与える。

その内部は弥之助の初孫小森新一（明治三十四年生）の証言によれば「一つ一つの部屋がバカに大きかった。畳敷きの日本間だが、厚い絨毯が敷いてあり、洋式の家具が置いてあった」。

この小森新一は、弥之助の次女てると小森雄介（薩摩出身。台湾銀行勤務、後藤新平秘書官などを経て政治家。大川周明・北一輝らとの交友でも知られる）夫妻の長男だ。父と対立したこともあったという新一は独自の人生を歩み、「昭和最後の数寄の巨人」といわれる茶人・陶芸家小森松菴《しょうあん》として名をのこすことになる。

鳥居坂の弥之助邸の広々とした庭園には木が茂っていた。橡《とち》の木の実がなると、久邇宮家の子どもたちがお付きの者たちとやってきて実を拾い集めることがあったという話を聞かせてくれたのは、弥之助の四男四郎の次女隅田光子（大正十四年生）である。

「赤星の家はやんちゃな男の子ばかりでしたから、久邇宮のお子さま方がおいでになるおりには、母親の静が息子たち全員を一部屋に閉じ込めて、おとなしくしているように厳しく言われたと、父が申しておりましたね。ずいぶんあとになって父は、久邇宮朝融《あさあきら》王とゴルフ仲間になるというご縁もございました」
赤星邸の庭園には石灯籠が配され、池には噴水が備えられており、弥之助はしばしば茶会を開いた。

道具界の鰐魚

茶文化はそもそも武家文化とともに発展した。茶室や道具は政治的権威を象徴し、茶室の閉鎖性は密議をする政治的空間ともなったが、明治維新により武士層は崩壊し、茶文化は危機にさらされた。その状況を一変させたのが、先述した井上馨邸における天皇行幸だとされる。

明治期、茶文化の担い手は新興実業家たちが中心となっていった。その初期の茶人を代表する実業家の益田孝（鈍翁）は、井上馨に見出されて三井財閥の繁栄に貢献。茶道具、美術品蒐集でも知られた彼は、明治二十八年に品川御殿山の自邸内に茶室「大師堂」をつくり、その翌年から多彩な人物が集う「大寄せ茶会」（大師会）を催した。政界、官界、実業界の名士を招待し、近代茶人たちのネットワークが形成され、社交の場ともなったのだが、大師会初期の招待者リストに三井一族、三菱財閥の岩崎弥之助、安田財閥の安田善次郎とともに、赤星弥之助の名もある。

赤星弥之助は「道具界の鰐魚《がくぎょ》」として名を馳せていた。

明治二十四年頃より突然擡頭して、名器と云ふ名器を呑み尽さずんば已まざる、鰐魚［ワニ］の如き威力を発揮した者は赤星弥之助氏である、（略）所謂《いわゆる》当時の大砲成金と成り澄ました、然るに彼は一見甚だ粗豪で道具などに趣味を持つやうには見えなかつたが、同国［薩摩］出身で当時唯一の茶人であつた伊集院兼常［海軍省、工部省を経て鹿鳴館建築に従事］の勧誘もあつたらしく、前条の理由［アームストロング社との取引］で資力の潤沢なるに任せ、当時何方へ持参しても容易に売れざる大口物は、赤星の外に買手なしと云ふ有様で、氏は鰐魚が口を開いて、坐ながら名器の流れ込むのを呑むが如くに、鰐腹呑み込む事が出来たのは、道具買収の最も好機会に向つて居た好運児と謂《い》つて宜からう

（高橋義雄『近世道具移動史』）

こう記した高橋義雄は、茶人高橋箒庵《そうあん》である。水戸出身で、弥之助の八歳年下。慶応義塾で学んだのち新聞記者を経て三井呉服店に転じて経営改革を断行し、百貨店三越誕生のレールを敷いた。五十歳（明治四十四年）で実業界を引退して茶道三昧の日々を送り、多くの著作を著す。弥之助本人を知る彼の記述はリアルだ。

幕末から明治初頭、旧大名家や武家が手放した茶道具や美術品、さらには廃仏毀釈による影響から仏像などが海外へと流出した。明治十年代から日本国内の新興勢力がこれらの品々に着目し、自らのコレクションとしていくのだが、明治半ばまでは比較的安価で売買されて

いたといわれる。美術市場が形成され、価格が一気に高騰するのは大正期になってからだ。

　東京の道具商のこんな証言がある。

「私の親父が二十代に京都、奈良へ［弥之助の］お供をしたことがある。その時に、奈良方面に行って、このうちの一番よいものを見せて貰いたい、と。それで値を訊いて、気に入ればば一文も値切らずにありがとう、といわれて買う。そういう買い方だったそうだ」（『東美六号』『東京美術市場史』所収）

　弥之助は茶道具の名品の数々、書画、典籍を手に入れていき、なかには現在は国宝となっている「雪景山水図」（梁楷）や、鎌倉時代の逸品「那智瀧図」もふくまれる。新聞が伝えている。

［弥之助が］目下所持して愛翫措かざる書画骨董茶器等の珍品ハ総計二十余万円に越えぬとぞ。これぞ三井岩崎両家も其真似出来ざる処なりとて、斯道《しどう》の者等ハ密に其数寄者なるを賞賛し居れりとか。

（『読売新聞』明治三十五年十二月二十三日付）

　だが、弥之助の豪快な買いっぷりを快く思わない者たちも少なからずいたのである。

　随筆家の薄《すすき》田《だ》泣菫《きゅうきん》がこんなエピソードを書いている。大阪の名家から弥之助が六千円で買い取った香炉は贋物だという噂が立ち、目利きを自認する者たちが銀の金槌を弥之助に送り付ける。茶会の席でこの香炉を叩き割ってしまえという嫌味であり、弥之助の鼻っ柱を叩くという意味も込めていたのだった。この香炉は道具商の判定により、「名器に寸分の違いなく」とのお墨付きを得るのだが、弥之助が道具相場を吊り上げたという批判の声は消えなかった。

弥之助のコレクションの全貌が知られるのはのちのことである。それらは鉄馬によって売却され、その一部が「啓明会」創設資金となるのだ。

大磯の別荘

この時代、一代で富を築いた者たちの多くは茶道具・美術品の蒐集に熱心だったが、同時に彼らはかつての大名や武家などが手放した土地や、別荘地なども手に入れていった。自らの邸宅をかまえる敷地だけではなく、資産として複数所有し、政財界人脈の間で売買されてもいる。

「日本全国長者番付」（明治三十四年、五十万円以上の資産家四百四十一名）に名を連ねる弥之助も同様で、東京市内には鳥居坂のほか、複数を所有し、さらに鹿児島市平之馬場町にも土地（樺山資紀所有の土地の隣地）を持っている。

弥之助が大磯町（神奈川県）東小磯の別荘地を購入したのは明治三十一年。

大磯町は明治十八年に海水浴場が開設され、二十年に鉄道駅が設置されたのを契機に別荘地として発展していった。三十年代初頭、大磯に別荘をかまえていた政治家は、伊藤博文・

大隈重信・陸奥宗光・山県有朋・西園寺公望、そして樺山資紀もいる。

大磯は「政界の奥座敷」ともいわれ、根回しの舞台となり、伊藤博文の別荘には井上馨がしばしば訪れていた。実業家では三菱財閥の岩崎家、三井財閥の三井家、浅野財閥の浅野総一郎らの別荘があり、大磯ではビジネスの会話が繰り広げられたであろうし、さらには子女たちの交流の場ともなったのである。

鉄馬はのちに吉田茂（外交官。のち総理大臣）と交友を結ぶことになるが、その養父吉田健三（福井出身）は明治十七年、大磯に別荘をかまえた。しかし二十二年に四十歳で他界し、当時十一歳の茂が遺産五十万円を相続したといわれる。吉田健三は若き日にイギリスへ密航し、二年後に帰国。横浜のジャーディン・マセソン商会の支店長を経て起業し、財を成したのだった。四歳年下の弥之助の来歴とも重なるところがあり、ふたりには接点があったのではないかと探ってみたが、突き止めることはできなかった。

鉄馬は幼少時から大磯で釣りをし、薩摩男児が好む狩猟も十二、三歳のころから始めたと回想している。弥之助が別荘を手に入れる以前から父に連れられて大磯に行き、政財界の人々やその子弟と会う機会があったのだろう。

弥之助が購入した海側の土地に建てた別荘の図面（明治三十一年）が資料からわかった。豪壮な和館で部屋数は十を超え、別館もある。さらに弥之助は明治三十七年、山側に約五千坪の土地を買い求めた。

明治三十年代の弥之助は、鳥居坂に豪邸をかまえ、大磯には別荘を持ち、我が世の春を謳歌していたにちがいない。武器ビジネスから離れたあと、どんな事業をしたのだろうか。『人事興信録』（明治三十六年）で彼の職業は「金貸業」とされており、銀行を創設したという説があるものの実態は不明である。そこで当時の新聞記事や、社史などをつぶさに調べたところ、鉄道会社・保険会社・ビール醸造会社などに出資し、複数の企業の役員に名を連ねていたこと、日本郵船の大口株主であることなどが確認できた。しかしそれも彼の事業や資産の一部にすぎなかったはずだ。

そんな弥之助を妻静はどう見ていたのだろうか。彼女の人柄を伝える新聞コラム「夫人評判記」がある。

［静は］経済向も締るところハチヤンと締り、小遣ひの如きも、一々帳簿に記入して、月末の収支決算一目瞭然である、凡て物事が綿密過るので、雇人等も少しく閉口する事もあるが、人の使ひ方も上手で、出替り［入れ替わり］などハ甚だ少ない、服装《みなり》ハ茶人の細君だけに、大概丸髷に地味な衣服、灰売《ハイカラ》風《ふう》ハ大嫌ひ、子供の教育も能く行届いて、良人《おっと》の赤星が芸妓を引連れ、出養生と称し、大磯辺りに浮かれて居る事があつても、微塵も嫉妬《ちんちん》気《け》無し、こゝらハ一寸普通の婦人に出来ないところで、慎み深い性質《たち》と見える。

（『読売新聞』明治三十七年十月三十日付）

芯が通ったしっかり者「薩摩おごじょ」の典型的な女性だったようで、鉄馬ら子どもたちは終生この母を敬愛するのだ。静の躾《しつけ》は厳しく、「武士の子」は家で足袋を履くものではないと、男の子は冬でも裸足で過ごさせ、湯たんぽも使わせなかった。

巨万の富を得た弥之助の妻であっても、無駄遣いをせず、息子たちにもお金はきれいに使うように諭していた。弥之助が死去したあと彼女は、「お金儲けはもうたくさん！」と息子たちに言ったといい、夫の猛烈な事業欲には内心呆れていたのかもしれない。

静をたびたび訪ねてきたのが樺山愛輔（当時は父資紀の私設秘書）である。愛輔は静の従弟で、彼が薩摩にいた幼少時には静とともに暮らしていた時期があったという。四歳上の静を「あねさん」と呼び、薩摩弁で親密に語り合っていた。のちに愛輔が実業界に入ったときには、静が「愛輔も仕事をはじめるようになったか」とたいそうよろこび、初月給を神棚にあげた様子を静の四女ふさが語っている。愛輔は鳥居坂の家にいつも馬車に乗ってきたといい、彼の来訪を赤星家の子どもたちは楽しみにしていた。

多忙な弥之助に代わって静や子どもたちのよき相談相手となり、面倒を見たのも愛輔だ。ゆっくり父と語り合う時間もなかった鉄馬にとって、十七歳ちがいの愛輔は誰よりも頼りになる兄のような人だった。年長者を敬う薩摩の慣わしでは「愛輔兄さん」と呼ぶべきだが、鉄馬兄弟は「愛輔さん」と呼んで慕っている。海外生活が長かった愛輔がそう呼ぶように望んだのだろう。

十九歳の鉄馬がアメリカ留学のために旅立っていったのは、二十世紀を迎えた明治三十四年である。留学は弥之助の意向でもあったのだが、愛輔がつよく勧め、準備をととのえてくれた。

なお同年七月、愛輔の岳父川村純義は、誕生して間もない迪宮《みちのみや》裕仁親王（のちの昭和天皇）の養育主任となり、麻布狸穴の川村邸で養育した。川村は死去する明治三十七年八月まで任にあたり、没後、海軍大将に昇進する。

第三章　米国留学

新婚旅行中の鉄馬と文。サンフランシスコで撮影された

鉄馬、アメリカへ

赤星家の息子たちが米国留学するにあたって、樺山愛輔はどんな準備をしたのだろうか。鉄馬の弟四郎が回想している。

一九一三年〔大正二〕、私が〔麻布〕中学を出てアメリカに遊学する時には、むこうの学校の事をはじめ、その支度の為にわざ〳〵横浜迄一緒にいって、洋服からシャツに至るまで面倒をみて下さった。樺山家赤星家の出身地たる鹿児島に於いては、年長者は若年の人を子供扱いにする風習があるに拘らず、愛輔さんは中学出たての私を、一個の大人として扱われた。そして私を当時有楽町〔正しくは麹町区三年町。現千代田区霞が関〕にあった東京倶楽部につれて行かれ、自身の友達である末延〔道成。実業家・政治家。鳥居坂赤星邸のすぐ近隣に自邸がある〕氏、須田氏、田中銀之助氏などと云うお歴々に紹介し、食事をさせて下さった。他からみれば何でもない事かもしれないが、私自身にとっては、自分が一個の大人として扱われた最初の事なので、殊に感銘を深くした。そしてこの事が在米中、一日本人として責任を持って過ごす事の出来た原因かと思う。

（赤星四郎「愛輔さんを偲びて」）

後年、日本ゴルフ界草創期を築くことになる赤星四郎は、米国留学時代にゴルフに出会うのだが、留学前に愛輔がアメリカでのふるまいを教えてくれたので臆せず米国生活を楽しむことができた。愛輔は鉄馬にも同じことをしたのではないだろうか。

四郎が食事をしたという東京倶楽部の設立経緯は第二章に述べたとおりで、明治十七年に井上馨の発案により設立され、創設時の約百人の会員には樺山資紀ら薩摩閥の多くが名を連ねた。それから間もなく倶楽部の入会希望者が殺到し、明治二十一年のメンバーリストには日本人百三十六人・外国人二百五十二人の会員名が掲載されている。

当初鹿鳴館内にあったクラブハウスは明治二十三年に内幸町（現港区新橋）に移転し、さらに大正元年、三年町（現千代田区霞が関）に煉瓦造二階建ての建物を新築する。欧米留学から明治二十四年に帰国した愛輔も倶楽部の主要メンバーとして活躍し、やがて鉄馬と弟たちも会員となる。

鉄馬が倶楽部を通じて兄のように慕うのが、四郎が食事をしたという田中銀之助（明治六年生）である。生糸などによる巨利を得て「天下の糸平」と称された田中平八の孫で、英国ケンブリッジ大学に留学し、ラグビーを日本に伝えたことで知られる。ちなみに銀之助の弟釜吉は、高田慎蔵の娘雪子と結婚して高田姓となり、大正元年に「高田商会」を継いだ。

四郎の回想で興味深いのは、愛輔が洋服をととのえてくれたというエピソードだ。欧米の上層社会では身なりが重視されることを愛輔は身をもって知っていた。愛輔の親族が語っている。

「お洋服も英国のヘンリー・プール一点張りで、他の物はお買いになりませんでしたが、あんなになすったのも、若い者が色々作りたがるでしょう。それにお手本を示そうとなすって、古い物を召していらした」（「家人の語る面影」）

ロンドンの紳士服テーラー「ヘンリー・プール」（一八〇六年創業）で仕立てたスーツを愛用した愛輔は、夏でもネクタイをはずすことはなかった。四郎の弟五郎は、子どものころに横浜の「レーン・クロフォード商会」（横浜居留地随一の英国系百貨店。明治五－大正十二年）で愛輔が服を作ってくれたと述懐している。もっとも当時の子どもたちが学校に通う服装は「股引に羽織」という時代だったので、愛輔が布地から選んだイギリス風のステンカラースーツと、それに合わせたハンチング帽を身に着ける度胸はなかったという。愛輔は鉄馬にもレーン・クロフォード商会でスーツやシャツなどをととのえてくれ、そして鉄馬はアメリカへ向かう船に乗ったのだろう。

鉄馬と、やがては弟たちも留学するのは東部ニュージャージー州にある全寮制の「ローレンスビル・スクール」（一八一〇年設立。一九八七年まで男子校）だ。米国内でとくに有名なボーディングスクール（私立寄宿学校）十校のうちの一つである。七百エーカー（約八十五万坪）の広大な敷地に煉瓦造の施設などが点在し、テニスコートやゴルフコースなどもあり、スポーツが盛んなことでも知られる。

この学校を留学先に決め、準備をすすめたのも愛輔だ。鉄馬の入学許可証には「本校を留学先として推薦した紳士的人物である樺山氏から、赤星氏の学力及び性格、人となりについて推奨する非常に好意的な書簡を受領しています」と記されている。

愛輔は自身の米国留学中から教育制度につよい関心を持っており、移民社会のアメリカが「緊密な統一を完成」させた背景には教育機関が充実し、時代に応じた変化を受け入れる柔軟性があると指摘しており、ローレンスビル・スクールについては講演でも述べている。少人数のクラスに担当教師がおり、生徒たち個々が自由に才能を伸ばしていける環境が整備され、施設も充実していることなどを紹介し、学校の目的である「生徒の独学創造の思想養成」が成功していると語った。

同校はアメリカを代表する名門校の歴史を誇り、政財界を中心とする富裕層の子弟が学んだ。今日でも一クラスに生徒は十二人、生徒と教師の比率は八対一という恵まれた環境だ。

さて鉄馬は、アメリカ行きの船に乗るために横浜港に立った。彼ひとりではなく、愛輔がアメリカまで同行したと思われる。

当時の横浜港では毎日のように海外へと出航する船舶があった。香港、上海、台湾、マニラ、インド・ムンバイ、仏マルセーユ、オランダ・アントワープ、独ハンブルク……。アメリカへは、タコマ（ワシントン州）と、サンフランシスコに向かう船がある。

鉄馬はサンフランシスコ行きの船に乗った。親族に伝えられている話として、鉄馬と弟たちが留学する際に現地での保証人になったのが長沢鼎であることから、留学の際には、まずカリフォルニア・サンタローザに暮らす長沢を訪ねて挨拶をし、留学中の長期休暇も彼のもとで過ごすのがしきたりだったのだ。

サンフランシスコ航路は、すでにオクシデンタル・アンド・オリエンタル汽船会社（アメリカ）が就航しており、明治三十二年に東洋汽船（浅野総一郎設立）が、日本で初めてハワイ・ホノルルを経由する航路を開始した。

鉄馬がアメリカ、日本どちらの船会社の船に乗ったのかは不明だ。東洋汽船だとすれば、明治三十一年にイギリスで新造した三隻の大型客船のうちの一つ「香港丸」だと「定期船出入日時一覧表」から推測できる。東洋汽船はアメリカのパシフィック・メイル社と提携していたため大陸横断鉄道との連絡がよく、上陸後、東部へと向かうのにも便利だった。

東洋汽船の新造船の豪華さはこのように描かれている。

> 船内上等客室は船橋甲板及び上甲板に在りて善美を尽し空気の流通光線の透射最も宜し食堂は上甲板に設けあり其装飾頗る美麗を極め其他談話室、図書室、喫烟室、婦人室等旅客の快楽を資《たす》くる諸般の設備は悉く具《そな》はれり……　（一柳松庵編『渡米の栞』明治三十七年）

船客の収容数は、一等百六名、二等十四名、三等三百十三名で、三等の船客はアメリカ本土、ハワイ（明治三十一年、アメリカに併合）への移民が多数を占めた。運賃は一等片道が三十一ポンド（当時のレートで三百十円）、三等は十八ポンド（百八十円）、鉄馬はもちろん一等の切符を手にした。当時の給与所得者の平均年収が二百七十四円という時代だから、三等船客にとっては財産をなげうっての船出であっただろう。ハワイ移民は準備金二百円、税関への用意金九十円も必要だった。

それでも移民たちは新天地、自由の国アメリカに新たな可能性を感じたのである。彼らと鉄馬の懐具合には大きな格差はあるが、相通じるのは日本でのさまざまなしがらみから解き放たれるという気分である。鉄馬にとってそれは絶大な力を持つ父弥之助の存在にほかならない。船客が目指すのは、明治日本とは異なるまばゆいばかりの「新世紀」の世界なのだ。

さて、船は横浜港を出航した。横浜からホノルルまで十昼夜、そこで一昼夜停泊し、さらに六昼夜でサンフランシスコに到着する。

一等船客の一日の様子が、渋沢栄一をはじめ根津嘉一郎、松方幸次郎ら五十人の実業家たちの渡米（明治四十二年）を記録した『米国見物』（正岡藝陽《げいよう》著）に描かれている。鉄馬が体験したことでもあるので紹介しておこう。

朝、ボーイが部屋に紅茶を運んできて一日が始まる。ヒゲを剃り、身なりをととのえて食堂で朝食をとる。ポーカーゲーム、輪投げなどを楽しみ、午後一時に昼食。この記録にはメニューが書かれていないのだが、日本人は西洋人に比べて食べるのが早すぎて「不体裁を演ずる事になる」。午後は喫煙室での談話やゲームに興じる。午後七時、銅鑼《どら》の音が夕食を伝える。タキシードに着替え、食堂へ。その後は談話室で深夜一時半ごろまで語り合うか、またはゲームをして過ごす——。

初めてアメリカ行きの船に乗ったときの鉄馬の逸話が親族に語り継がれている。

横浜を出航した夜、一等船客専用の食堂でのディナーに鶉《うずら》をまるごとローストした料理が供された。ともにテーブルを囲んだのはアメリカ人ばかりだった。鉄馬はすでに洋食のマナーを心得ていたのだが、ナイフを入れたとたん、鶉がテーブルに転がってしまった。同席するアメリカ人紳士は、まだ少年のような鉄馬に「心配しなくていいよ。鶉は羽が生えて飛んでいってしまったのさ」とユーモアを交えて場をなごませ、給仕を呼んで新しい鶉を持ってくるように言いつけた。

鉄馬はこのとき以来、生涯にわたって鶉を食べることはなかった。初渡米の緊張や気恥ずかしい記憶として胸に刻まれたのだろうか。それとも、場をなごませる紳士のふるまいを学んだ機会を忘れないためだったのだろうか。

サンフランシスコに到着した鉄馬は、鉄道に乗って約九十キロ離れたサンタローザのファウンテングローブへ向かった。伯父長沢鼎との四年ぶりの再会である。

すでに新生兄弟社の教主トマス・レイク・ハリスは当地を去っており、ヴィクトリア朝様式二階建ての屋敷の主は長沢である。鉄馬は広大な葡萄畑が広がる一帯をどんな思いで見つめたのだろうか。

このころファウンテングローブをたびたび訪れ、長沢を取材した日本人がいる。

葡萄園は面積二千何百エーカー即ち我が一千町歩を越える。平地もあれど隅の方には丘陵あり谿間あり。葡萄といつても日本のやうに蔓を延ばして棚に這はせる訳でなく、苗木は地上数尺の所で心を留め八方に円く芽を延ばさせるので、いはゞ緑門の柱をブツ截りにして縦に行義善く並べたやうだと形容すれば早分かりかも知れぬ、而して夫が一千二三百町歩も続いて居るのだから、見渡す限り総て是れ葡萄で肉眼を以てしては其端が見えぬ。馬車を驅つて園内の小路を馳せても一時間やそこらでは到底廻はり切れぬ。

（桜府隠士『在米成功の日本人』明治三十七年）

在米歴十四、五年になるという桜府《おうふ》は、信仰生活を貫く長沢の質素な生活ぶりも描いており、その身なりは「時として其の畠に使役する人夫と見紛うことがある」という地味なものだった。資産家であることは確かだが、それを自慢することもなく、「公共のためにドシ〳〵寄附をする所は全く亜米利加流だ」と称えている。

この『在米成功の日本人』は当初『大阪毎日新聞』で連載され、大きな反響があって単行本化された。著者は「米国は世界中の諸人種が飛入り勝手の土俵である」といい、出自に関係なく成功の可能性がある国だと述べている。アメリカで成功した日本人は少なくなく、今こそ人口過剰の日本を飛び出せと煽り、在米成功者の筆頭として長沢を取り上げ、最もページを割いた。

実際、アメリカにおける日本人は急増している。明治十三年には百四十八人にすぎなかったが、二十三年には二千三十九人、さらに鉄馬が留学した時期の三十三年（ハワイ併合後）に三万四千三百二十六人と跳ね上がり、四十三年になると七万二千百五十七人を数えることになる（米国国勢調査）。

さて鉄馬は長沢と再会したあと大陸横断鉄道に乗り、四日ほどかけて東部へと向かったと思われる。彼に付き添った樺山愛輔は、鉄馬にニューヨークを散策する時間を充分に与えなかったようである。愛輔の次女正子（のち白洲次郎と結婚）が大正十三年、十四歳で名門女子校ハートリッジ・スクール（ニュージャージー州）に留学したときのことを語っている。

> ［アメリカに］行く時は、自分［愛輔］で連れて行ってくれましたが、お昼頃ニューヨークに着いて、午後にはもう、郊外の寄宿舎にぶち込まれて了いました。私は大いに不満でした。が、父の考えでは、物見遊山に来たのではない、ニューヨークなぞお転婆娘に見せたら、碌な事はない、と思ったからに違いありません。
> そうして私が安全に「隔離」されたのを見届けると、その足で日本に帰って了いました。四年間の滞在中に、たった一度訪ねてくれましたが、ほんの二、三時間会っただけです。最初別れる時、
> 「これから四年間、日数にすれば僅かに千五百日足らずだ。一日でも日本人に会っては無駄だぞ」と言われましたが、父は身を以て範を示したという訳です。
>
> （白洲正子談「父を語る」）

厳しい父親だと思わせるエピソードだ。しかし『白洲正子自伝』ではこのときのことを、

ニューヨークに着いたあと、愛輔の年来の友人であるというサンタフェ鉄道のオーナーの屋敷に一泊し、翌朝ニュージャージーに向かったと書いている。いずれにせよ、ニューヨークの街で遊ばせなかったのは事実で、愛輔は鉄馬も早々にローレンスビル・スクールの寄宿舎に「ぶち込んだ」のだろう。愛輔自身、さかのぼれば長沢鼎もスコットランドで日本人と接触せずに過ごし、苦労はしたものの、西洋を肌で知っていったのだ。

ローレンスビル・スクールに保管されている史料から、鉄馬は渡米の年に同校に入学したことが確認できた。彼が受けた授業科目を見ると、フランス語やラテン語、代数や幾何、聖書のほか、未来のエリートに役立つ雄弁術もある。始業は朝八時二十分、曜日によっては夕方五時五分からの授業もあり、ハードな毎日だった。

こうして鉄馬は富裕層の子弟とともに「隔離」された世界で過ごす。当時のアメリカ社会、そこに生きる日本人をつぶさに記録したのが作家の永井荷風である。

荷風は鉄馬渡米の二年後、明治三十六年秋にアメリカへ向かった。日本郵船幹部の父親が文学にうつつをぬかす息子に世界を見聞させるために送り出したのだった。当時二十三歳の荷風はワシントン州タコマのハイスクールに入学し、ミシガン州のカレッジの聴講生となり、約四年の滞米生活ののちフランスへ渡ったが、滞米体験を『あめりか物語』（明治四十一年）で描いている。

荷風は米国全土に広がる鉄道を使い、西部・中西部・東部の各地を歩き、二十世紀初頭のアメリカを自身の眼で見るなかで幅広い階層の日本人に会っていた。アメリカには「金のなる木」があると聞いてやって来た出稼ぎ労働者。「資産ある伯爵家の長子」という男は名門大学に入学したが勉学は続かず、いまではセントラルパークに面する高級アパートで「安逸無為に時間を消費」している。単身赴任のビジネスマンは混雑する通勤列車に乗る毎日だ。その一方、日本人相手の安酒場や売春宿にたむろする男や女がいる。渡米前の夢はあっけなく砕け散ってしまい、アメリカをさまよいながら日本人と会えば話し込む。「ジャップ」と見下されることもこの国で知ったのだ。日本人排斥の声も上がりつつあった。

ブラックバスとの出会い

鉄馬は、荷風が出会ったような日本人とすれ違うこともなく、アメリカでの日々を謳歌した。日本からの仕送り額は月二千円だったと親族には伝えられている。当時の総理大臣の月給は八百円だが、弥之助の莫大な資産からすれば何ということもない二千円だろう。弥之助にとって鉄馬への仕送りは投資であり、息子がアメリカで築く人脈がやがては利益を生むと踏んでいたはずだ。

当時の鉄馬のアメリカ生活の一端を本人が回想している（なお、原稿が彼の没後に印刷物となったものが三種あり、細かい部分の記述が異なる）。

その頃アメリカに留学中だった私は、年齢も二十歳をいくらも出て居らず、何かと血気盛な時代で、随分思い切った乱暴もやって見た。一九〇三年［明治三十六年。渡米三年目］の夏には休暇を利用してキャンピングを企て、彼の地の校友五名を語らい遥々カナダへ遠征して、ヒューロン湖の辺りのジョージアン・ベイで約二ヶ月［三ヶ月としているものもある］を過ごした。（略）

私達六人は、まず三隻のカヌーと三張のテントを用意し、炊事道具、食料等を十分に備え、猟銃や釣り竿も忘れずに携えた。時には重いカヌーを担いで数々の丘を越え、又は次々とラピッド（急流）を漕ぎ下るという難行も敢えてして、次から次と幾多の小湖をパアドリングしながら、愉快に遊んで回ったのである。

このような全く人跡のない原始的な森林湖沼地帯のことであるから不便もまた一入《ひとしお》で、ぜいたくな食物等は勿論手に入る筈もなく、近くに寒村がある時はそこに出向いて、雑貨店で食料を仕入れるのみであった。主食のパンだが、これは難しくて誰も焼くことが出来ず、ビスケットやマフィン、パンケーキ等を焼いたものである。持参した米、ベーコン、ハム、鶏卵以外は、野鳥や兎を撃ったり、魚を釣ったりして間に合わせたのであるが、この野鳥獣と魚はいくらでも獲ることが出来、我々は驚きかつ大いに愉快と思ったものである。

（赤星鉄馬『ブラックバッス』）

弥之助同様、鉄馬も自身についてほとんど語っていないのだが、これはまれな文章である。さらにこうつづく。

この地方の湖沼は、さすがに大湖に接続しているだけに、大型のマスケランジ、歯の鋭いパイク、トラウトを始めとして、ブラックバッスも夥《おびただ》しく棲息していた。我々が釣ったのもやはりそういった種類の魚で、私がブラックバッスという魚を知ったのも実にこの時だったのである。我々はその獲物を、バターで揚げたり、フライにしたり、塩焼きにしてみたりして料理としてはすこぶる不手際なものであったが、ともかく他に食料のないことであるから、実質的に無上の珍味と心得て食べて過ごしたことを、今も懐かしく記憶している。

後年、鉄馬が日本に移入するブラックバス（オオクチバス）と出会ったのだった。ブラックバスは彼にとって輝ける青春時代の象徴でもあったのかもしれない。それにしても豪勢な夏休暇だが、本人は特別だとは思っておらず屈託がない。

鉄馬が大いに羽を伸ばしていたころ、弥之助はどうしていたのだろうか。

明治三十七年二月、日露戦争が勃発。アームストロング社からは離れていたものの、戦争は弥之助にビジネスチャンスをもたらしたことだろう。開戦の翌月、松方正義と井上馨が主導して結成された「帝国軍人援護会」は関東・関西の有力財閥の錚々たる人物が役員に名を連ねており、岩崎久弥・三井八郎右衛門・大倉喜八郎・渋沢栄一・藤田伝三郎らとともに、弥之助も評議員になっている。援護会には多くの義捐金が寄せられ、最も多額の一万円を出したのはアームストロング社日本代理店の地位を得たとされる高田商会の高田慎蔵だった。その年の四月、弥之助は根津嘉一郎らとともに、山陽鉄道・九州鉄道などの鉄道会社合併のために動いている。しかしこのとき、彼にのこされた人生はわずかしかなかった。

弥之助死去

赤星弥之助儀予而病気之処本日午後五時三十分死去致候間此段生前辱知諸君に謹告仕候
葬儀は来る廿三日午前九時麻布区鳥居坂町三番地自宅出棺青山墓地に於而神葬相営申候

明治三十七年十二月十九日

親戚　伯爵樺山資紀
折田平内
小森雄介
友人　子爵高島鞆之助
伊瀬地好成

(『東京朝日新聞』明治三十七年十二月二十二日、二十三日付)

弥之助は五十一歳の誕生日を迎える一週間前に死去した。まさに明治の時代を駆け上がり、その絶頂期に世を去ったのだった。誰よりも本人が無念であったにちがいない。死因は諸説あるが、がんであったといわれる。死去の数ヵ月前まで精力的に動いていたが、病状が急速に悪化したのかもしれない。葬儀を鉄馬が喪主として取り仕切っているので、弥之助死去以前にアメリカから呼び寄せられていたようだ。

鉄馬は二十三歳になる直前である。アメリカで自由を謳歌していた彼は、父の葬儀にあたって濃密な薩摩の世界に引き戻された。多忙な弥之助と語り合う時間はなかったはずだが、父は自らが生まれ育った薩摩の人間関係があってこそ財を成すことができ、鉄馬の米国留学を可能にしたことをあらためて実感しただろう。

死亡広告に親戚とある折田《おりた》平内《へいない》は開拓使大書記官を経て警視総監、栃木・広島・滋賀の県知事、貴族院議員などを歴任した。小森雄介は弥之助の次女てるの夫で（第二章）、台湾銀行に在職しており、この翌年に米国ハーバード大学に留学。帰国後は台湾銀行本店副支配人を経て、逓信大臣（当時）後藤新平秘書官となる。友人の高島鞆之助《とものすけ》は薩摩出身で、陸軍軍人、台湾副総督を経て枢密顧問官となっていた。彼とともに名を連ねた「伊瀬地好成」は、正しくは伊瀬知《いせぢ》好成《よしなり》で薩摩出身の陸軍軍人、当時は留守近衛師団長であった。

弥之助は鳥居坂に邸宅をかまえて数年もたたずして自らの棺がここを出てゆくとは想像すらしなかっただろう。還暦を迎えたら「八窓庵」の茶室開きをするのを楽しみにしていたが、それもかなわなかった。この茶室は鉄馬ら遺族が申し出て、もとの所有者の井上馨邸（内田山）内に移築されることになる。

弥之助の葬儀は神式に則った神葬祭が営まれた。薩摩出身者は神道が主流となっており、鉄馬も継承していく。弥之助の亡骸は東京・青山墓地（現青山霊園。港区）に埋葬される。

青山墓地（旧美濃国郡上藩主青山家の下屋敷跡地）は、明治五年に神葬墓地として定められ、二年後に神仏一般の共葬地として設置された。設置当時、墓所の坪数に応じて使用制限及び使用料が定められ（一等から四等）、赤星家墓所は一等でも上限の十六坪あった（現在は当時の三分の二に縮小したという）。墓地の中央を貫く桜並木に面した一等地で、すぐ近くに大久保利通（薩摩出身。明治十一年に暗殺）の墓所がある。青山墓地は明治維新の功労者や政治家、軍人、著名人の墓が数多くあるが、赤星家墓所はひときわ広い。弥之助が生前に用意していたものと思われる。

葬儀は無事執り行われた。「亡父弥之助葬送之節御繁用之際遠路態々御会葬被成下難有御礼申上候敬具　明治三十七年十二月二十四日　男赤星鉄馬」の新聞広告がある。

こうして家督を継ぐことになった鉄馬は、遺産整理をはじめとするさまざまな手続きのため、しばらく日本にとどまり、鹿児島にも赴いた。

弥之助の死去から三ヵ月後の明治三十八年三月、旧藩校の名を継承した県立第七高等学校造士館（明治三十四年創立。現鹿児島大学の前身の一つ）に、鉄馬が「亡父弥之助の遺志」として千五百円を寄付している。寄付を受けた七高では利子を充当して「赤星奨学金」制度を設け、成績優秀・品行方正な生徒三名を選び、卒業時に授与することとする。さらに鉄馬は、鹿児島県私立教育会附属図書館（明治三十五年創設）に千円ほどの「活動写真器械」を寄付しており、同館はこの器械を利用して鹿児島県内で活動写真の巡回をして活況を呈し、その収益は書籍購入にあてられた。のちに鉄馬はさまざまな寄付をするのだが、このときが初めての高額な寄付だと思われる。財力のある者が教育関係に寄付をすることをアメリカで知ったのだろう。

　こうした仕事を終えた鉄馬はアメリカに戻り、同年にローレンスビル・スクールを無事卒業し、再び日本に帰国した。

　その年の七月、鉄馬は本籍地をそれまでの鹿児島市下荒田町から麻布区鳥居坂に転籍する手続きを済ませた。新たな家長としての決断であり、鹿児島と距離をとるという意味ではないだろう。弥之助が汗水たらして働いた結果として得た屋敷がある鳥居坂の地を、赤星一族のあらたな出発点にするという思いだったのではないか。鉄馬は数年間の滞米生活で身に付いた感覚と、薩摩の気風との折り合いをつけるのには戸惑いもあったのかもしれない。父の葬儀は、アメリカと薩摩、ふたつの世界をまたがって生きることを自覚する機会でもあっただろう。

　この間にも進行していた日露戦争には、多額の戦費が投入された。国家財政に占める軍事費の割合は明治三十七年度に八十一・九パーセント、三十八年度には八十二・三パーセントにも達する。動員された兵力は百九万人に達し、あまたの犠牲者が出た。日本の国力は疲弊しており、三十八年九月五日、ポーツマス条約により講和した。

神道では、故人が亡くなって一年後に「一年祭」という祭祀が行われる。故人と親しかった人を招き、神職による祭詞の奏上、玉串奉奠《ほうてん》（紙や木綿を結んだ榊を神前に捧げ拝礼すること）などにつづいて参列者が玉串奉奠をする。一年祭を区切りとして、故人は家の守り神として祀られることになる。明治三十八年十二月十九日、鉄馬は弥之助の一年祭の日に合わせて墓碑を建立した。台座をふくめ高さ四メートルちかくにもなる巨大な墓碑は、仰ぎ見る父への敬意をかたちにしたものだった。こうして鉄馬は一年祭を滞りなく済ませ、忌明けとなった。

弥之助の土地資産は鉄馬が相続した。

確認できるかぎりで東京市内には、麻布区に鳥居坂町と南日下窪町、赤坂区台町（以上現港区）、麴町区紀尾井町（現千代田区）。これらの総面積は五千五百坪にも達する。赤坂区台町の土地には、のちに鉄馬邸が建てられることになる。麴町区紀尾井町の敷地（四百二十坪）には二階建ての和館が建っており、赤星家別邸とされたが、実際の居住者は鉄馬の従兄の磯長鉄之助（タイの写真師磯長海洲の弟）であった。

磯長鉄之助は破天荒な兄とは異なる着実な人生を歩んでいる。明治十一年に十六歳で上京し、印刷局、御料局の技手となり、二十八年には「東京人造肥料会社」（現日産化学）に転じた。同社が製造する肥料や硫酸の実情調査のため欧米出張をして会社に貢献するなど、有能な技術者だった。

明治三十年秋、長沢鼎の初帰国の際に市谷加賀町の弥之助邸で撮られた一族の写真のなかに、鉄之助と妻ツル、長男紀一（明治二十九年生）の三人も写っている。紀一は大正六年から長沢のファウンテングローブに加わり、アメリカで生涯を終えることになる。どこかはかない印象を与えるツル（明治七年生）は、薩摩出身の洋画家藤島武二の妹だ。

藤島は慶応三年（一八六七）生まれ。十八歳で上京し、二十歳のころから展覧会で入選するなどして才能をあらわし、めざましい活躍をしていた。明治三十七年にはアメリカ・セントルイス万国博覧会に出品を果たしている。この博覧会に、タイ在住中の磯長海洲が「写真界の実況を視察」するために訪れたことは第二章に述べたとおりで、セントルイスへの旅は藤島作品を見るという目的もあったのかもしれない。赤星家にとっても藤島は縁戚であり、鉄馬が藤島作品を多数購入して支援したことも資料からわかった。

藤島の妹、鉄之助の妻ツルは三十四歳で没し（明治四十一年）、鉄之助が鹿児島に隠居したあとの大正三年、紀尾井町の赤星家別邸は創立されたばかりの上智大学に五万円で売却。贅を尽くした和館は同大学初の学生寮「聖アロイジオ塾」となり、のちには大学敷地内に移築され、昭和三十六年に解体されるまでのこっていた。

時を明治三十八年に戻す。

弥之助がのこした土地資産のなかに大磯の別荘がある。すでに述べたように弥之助は明治三十一年に海側の土地を購入し、十数室ある和館を建て、さらに他界する年の三十七年には山側の土地五千坪を買い求めていた。弥之助が没した翌年、鉄馬は海側の土地を古河財閥の三代目当主になった直後の古河虎之助に譲渡した。山側の土地は自身が相続し、この敷地に建つ洋館をジョサイア・コンドルが設計することになる（明治四十年竣工）。

その洋館は一階が煉瓦石造積み、二階はハーフティンバー様式の建坪約七十坪。一階にホール兼居間・応接室兼書斎・食堂・召使室など。二階は寝室がふたつ、ジム（体育室）もある。別荘らしい特徴のある洋館は渡り廊下で和館と接続されていた。和館は薩摩の伝統的な建築様式だったと伝えられている。

コンドルに設計を依頼すると決めたのは、樺山愛輔だった。鉄馬の弟五郎が語っている。

「愛輔さんには、家を設計するという面白い趣味があってね。私のうちでも、三つ手がけてくれました。コンデル［コンドル］という建築技師と相談してね。最初大磯の別荘、次に［赤坂］台町の家［鉄馬邸］、箱根の別荘と三つ。うちの母は全部愛輔さんに任しちゃう。すると、事細かにコンデルと打ち合わせて、一応の設計つくって母に見せる。それから母を敷地予定地まで連れてってくれるんです」（「古い近親者は語る」）

家具や調度品も愛輔が横浜のレーン・クロフォード商会で見立ててくれたという。

愛輔は建築につよい関心をもっていた。コンドルとの縁は、父資紀が海軍大臣当時に竣工（明治二十五年）した海軍大臣官邸の設計をしたのがコンドルだったことにさかのぼる。その後、資紀は麴町に洋館（明治二十六年落成。薩摩出身の山下啓次郎設計。山下は監獄建築の第一人者となる）をかまえた。

ロンドン出身のコンドルは、明治十年「お雇い外国人」として来日し、日本人建築家を育成したことで知られる。鹿鳴館をはじめ、東京帝室博物館など明治新政府の建物のほか、政財界人の邸宅を数多く設計した。コンドルは紳士社交クラブ「東京倶楽部」創立時からの会員であり、ここを舞台に顧客を得ていったのだろう。同じく倶楽部創立時からのメンバー高田慎蔵の邸宅（湯島。明治三十五年竣工）も設計しており、コンドルの仕事には建築と、政治・経済の深い関係を感じる。

　資紀邸が麹町から高田豊川（現豊島区上高田）の広大な敷地に転居したのは、趣味の狩猟を敷地内で楽しむためだった。当時は「武蔵野の原野そのままでした。大木が鬱蒼と茂っている間に、雉だの鴨、鶉、狐、兎などが棲んでまして、山鳥の猟小屋なんども建っていました」（「古い近親者は語る」）。毎年秋には親類や鹿児島出身の学生などを招いた。模擬店が出て、にぎやかな宴が繰り広げられたといい、鉄馬の弟妹らも楽しい記憶として語っている。

　この高田豊川の家に愛輔と妻常子も同居したが、明治三十五年になって愛輔は、永田町（現千代田区）にコンドル設計の邸宅を建てて移り住んだ。同時期に高田豊川の資紀邸は売却され、資紀は大磯の別荘のほか、敷地二十数万坪ともいわれる御殿場（静岡県）に茅葺きの家を移築し、悠々自適の日々を送るのである。

　一方鉄馬は、父の葬儀と一年祭を無事に執り仕切り、土地資産の相続などの手続きを済ませ、また大磯の洋館設計を愛輔に託すなどして、一仕事を終えた気分だっただろう。

　弥之助は多くの土地資産、多数の企業の株などを鉄馬にのこした。のちの「大日本百万長者一覧表」（明治四十三年）によれば、二十代の鉄馬の資産は三百万円。同額で名を連ねるのは、三井元之助・浅野総一郎・森村市左衛門ら、財閥を形成した人々だ。鉄馬の肩書は「土地持」とされている。

しかし母静は、弥之助の遺産をさらに増やすことを望まず、子どもたちには「自分の人生を生きなさい」と語ったといわれる。この母の言葉に背中を押された鉄馬は再びアメリカへと旅立っていった。

ペンシルベニア大学の日々。野口英世、有島生馬

明治三十九年（一九〇六）のアメリカ入国者リスト（Passengers Lists of Vessels Arriving at Honolulu 入国月日不詳）に赤星鉄馬の名がある。パシフィック・メイル社の新造大型貨客船モンゴリア号でハワイ・ホノルルに立ち寄り、サンフランシスコへと出航した。サンフランシスコ到着後はファウンテングローブを訪れ、長沢に弥之助の墓地のことなどを報告したと思われる。それから大陸横断鉄道に乗り、東部へと向かった。

この年、鉄馬はアイビー・リーグの一校ペンシルベニア大学（ペンシルベニア州フィラデルフィア）のビジネススクール、ウォートン校（明治十四年［一八八一］設立）に入学し、学生寮で暮らした。年次ごとの学生寮の名簿「イヤーズ・ブック」の一九〇六年から一九〇八年に赤星鉄馬の名が記載されている。

ペンシルベニア大学の日本人留学生の歴史はふるい。

同大学初の日本人学生は、福井出身の今立《いまだて》吐酔《とすい》（安政二年［一八五五］生。外交官などを歴任）である。明治三年に入学した明新館（藩校）で、フィラデルフィア出身のお雇い外国人、ウィリアム・E・グリフィス（『ミカドの帝国』の著者）に学んだ。さらにグリフィスが教鞭を執る大学南校（東京大学の前身の一つ）で学び、彼の帰国に伴って渡米。八年にペンシルベニア大学カレッジ（理化学）に入学、十二年に卒業して帰国した。

今立と入れ替わりにアメリカへやって来た柴四朗（筆名東海散士《とうかいさんし》。嘉永五年［一八五二］生）は日本人初のウォートン校入学生である。会津藩士の息子で、戊辰戦争に従軍し、会津落城に際して兄をはじめ一族を失うという悲運を体験。その後西南戦争に参戦した際に、熊本鎮台司令長官谷干城《たてき》（土佐出身。戊辰戦争では新政府軍）に見出され、谷の紹介で三菱財閥の岩崎家の援助を得た。二十七歳になった明治十二年に渡米し、十五年からウォートン校に学んで十八年に帰国。その年に空想的政治小説『佳人之奇遇』初編を発表（明治三十年に全八編完結）。のちには衆議院議員になった。

『佳人之奇遇』は小国日本がヨーロッパ大国の侵略に対していかに抗すべきかなどを説いているのだが、スペインやアイルランドの美女も登場する血湧き肉躍る構成で、当時の日本の若者たちの心をとらえてベストセラーとなった。

三菱財閥三代目総帥の岩崎久弥は明治二十一年にウォートン校に入学、二十四年に卒業した。岩崎家と縁が深い「グラバー商会」のトマス・ブレイク・グラバーと日本人女性との子倉場《くらば》富三郎《とみさぶろう》（明治三年生）も学習院を経て、二十四年から同大学カレッジに在籍し、生物学を学んだ。ナイーヴな性格で父との仲がうまくいかなかったとされる富三郎は、時代に翻弄された人生を歩むことになる。ほかに、三菱銀行の串田万蔵や、松方正義の四男正雄もウォートン校卒業生だった。

鉄馬在学時期、ウォートン校に在籍した日本人を四人確認できるが、なかで鉄馬が親しくし、その後も友人関係がつづくのが川崎肇（明治十七年生。のちに保険業界で活躍）と、高木隆吉（明治十九年生。のちに三井銀行勤務）だ。川崎とは日本でのゴルフ仲間ともなる。

鉄馬は煉瓦造の学生寮で多くの友人を得ていった。学生寮メンバー百数十人との集合写真がある。全員ビシッとしたスーツにネクタイ、特権階級の子弟であることが一目でわかる写真のなかに鉄馬の姿を探してみたが、彼を特定することはできなかった。当時の鉄馬について親族に伝えられているのは、成績優秀で表彰されたこともあること、ボート部では主要メンバーとして活躍したほか、ゴルフや乗馬も楽しんだということである。

このころフィラデルフィアの地元紙に掲載されたとされる記事（掲載紙、年月日不明）のコピーがのこっている。鉄馬の孫が当地を訪ねたときに発見したものだ。記事は、ペンシルベニア大学の学生赤星鉄馬が車を運転中に十五マイル（約二十四キロ）のスピードオーバーにより警官につかまったのだが、素直な態度で取り調べに応じ、反省の色も濃かったので、罰金五十ドルのところ十ドルで済んだという内容である。彼は学生の身分で車を所有していたのだった。

鉄馬が大学生活を謳歌していた時期、ペンシルベニア大学やロックフェラー医学研究所

（ニューヨーク）の助手として研究生活を送っていたのが、野口英世（明治九年生）だ。野口は明治三十三年に渡米し、その翌年から親しくしたのがコロンビア大学在学中の星一《はじめ》（明治六年生。のちに星製薬・星製薬商業学校［現星薬科大学］創立者。作家星新一の父）である。ふたりはフィラデルフィアの親日家夫人の家で出会い、ともに福島県の生まれであることから意気投合した。星は明治三十九年に帰国するのだが、その後も野口に資金援助していた。

東部にいた日本人留学生らが集まる会があり、そこで鉄馬は野口、星らと会っていた可能性はあるのだが、具体的なことは不明だ。鉄馬と野口に交流があったことが判明するのは、関東大震災（大正十二年九月一日）のおりだ。その二日後にニューヨークの野口が日本の恩師へ送った書簡がある。

> 今度の天災ニ東京の星、宮原、奥田、赤星鉄馬、古河虎之助［コロンビア大学留学］、葛《くず》原《はら》猪平《いへい》［実業家・政治家。ペンシルベニア大学・コロンビア大学などに留学］等の友人及血脇［守之助。歯科医］恩師の一家は如何ニなり行きしや早速承り度候

野口がまっさきに案じた「友人」のなかに鉄馬がいたのは、古河や葛原とともにアメリカで親交があったからだと思われ、帰国後の彼らは野口に資金援助をしていたのかもしれない。野口は昭和三年、英領ゴールド・コースト（現ガーナ）で黄熱病により死去。五十一歳。滞米生活は二十八年におよび、ニューヨークの墓地に埋葬される。

さて、大学生活にもなじんでいった鉄馬が夏休みにヨーロッパを旅していたことが、意外な人物の書簡から判明した。画家有島生馬（鉄馬と同じ明治十五年生）である。生馬の父有島武は薩摩出身の武士で、幕末には苦労をしいられたのだが、明治維新後は薩摩閥の支援もあり、官僚・実業家となって活躍。武が役職を務めた鉄道会社には、存命中の赤星弥之助（武の十一歳年下）がかかわった会社もあり、ふたりには接点があったとするのが自然だろう。

武の長男武郎（作家）についで誕生した生馬、四男の里見弴（作家）がともに学習院で学び、雑誌『白樺』に参加したことはよく知られる。生馬は肋膜炎を患った十八歳のころ、父の郷里の薩摩・川内《せんだい》で療養生活を送った。そこで日本人カトリック神父に出会い、イタリアの美術や言語の魅力を聞いて心ひかれ、東京外国語学校（現東京外国語大学）伊太利語科に進学。卒業後の明治三十八年よりイタリアを経てパリに留学した。四十年夏、スイス・ローザンヌにいる友人岩下家一《かいち》を訪ね、七月から二ヵ月ほど滞在している。この体験をもとに小説「獣人」（明治四十四年『白樺』に発表）を書くのだが、スイス滞在中に学習院以来の友人、志賀直哉にハガキを送っていた。

> 此十六日から十八日迄舜三、清彦、赤星といふ連中が巴里から来て居て家一がご案内役と云う訳で伊太利へ立って行った。（後略）　（明治四十年八月二十三日付）

スイスにいた岩下家一（明治十二年生）のルーツも薩摩で、祖父方平《まさひら》・父長十郎ともに渡欧経験があり、幕末維新期に活躍した。家一は学習院中等科で生馬、志賀と親しくしており、東京高等商業学校（現一橋大学）卒業後、ホテル経営を学ぶためにスイスに留学していたのだった。のちに日本のホテル業界に足跡をのこすことになる。

家一と生馬はかねてよりの友人だが、鉄馬も在京薩摩二世グループとして、以前より知る仲だったのではないだろうか。彼らは薩摩をルーツとしながらも父の世代とは異なる人生を歩もうとし、それを可能にする資産に恵まれたという共通項がある。ハガキにある「舜三」「清彦」は学習院同窓生だというが、くわしいことはわからない。

彼ら三人はパリからスイスにやってきた。当時パリには鉄馬の縁戚の画家藤島武二がいた（明治三十八年十一月－四十年十二月。その後イタリア留学）。生馬は留学前に日本で藤島の門下生となっていてパリでも交流を重ねている。鉄馬は藤島に会う目的もあってパリに立ち寄ったのかもしれない。

そうして鉄馬らは、家一と生馬がいるスイスを訪れて三日滞在し、さらには家一と連れ立ってイタリア旅行へと出発し、最後にイギリスを訪れた。裕福な青年たちの夏休みであった。

明治四十年九月七日、客船「ルシタニア号」がイギリスのリヴァプールからニューヨークに向けて初航海に出て同十三日に到着し、大西洋横断の最速記録を打ち立てた。この乗船客に鉄馬がいたことが記録（Arrivals at Ellis Island Names）からわかった。ファーストクラスのダイニングはヴェルサイユ宮殿をイメージしたインテリアという豪華客船である。鉄馬はルシタニア号の初航海に合わせてヨーロッパ旅行を組んだのだろう。この三年後、彼は再びこの船に乗ることになる。そのときには美しい妻をともなっていた。

ペンシルベニア大学の在日本同窓会名簿によれば、鉄馬は明治四十二年（一九〇九）、経済学の学位を取得して卒業したと記載されている。しかしその前年夏には日本に帰国していたことが後述の新聞記事などからわかる。すでに必要単位を満たしており、のちに手続きをしたのかもしれない。

まさに青春を謳歌したアメリカを去るときの鉄馬はどんな思いだったのだろうか。

鉄馬の孫の足立京子（昭和十八年生）は八歳のときに鉄馬が他界するまで大磯でともに暮らしており、彼の思い出を語ってくれた。

「鉄馬は薩摩の気風を継ぐ人で、威厳がありましたが、孫たちへの躾はまったくアメリカ流でした。クリスマスプレゼントはシアーズ［アメリカのカタログ販売］で選んでくれたのですが、お年玉をもらったことはなかったのですよ。働かずしてお金を得るべきではないというのです。欲しいものがあるときにはその理由を説明して、理にかなっていれば買ってもらえました」

そして鉄馬が晩年まで好んだ料理がアメリカの郷土料理ポーク・アンド・ビーンズ（豚肉とインゲン豆をトマトソースで煮込んだもの）だったと振り返る。

「家にはお手伝いさんもおりましたし、鉄馬が台所に入ることもなかったのですけれど、ただ一つ、ポーク・アンド・ビーンズだけは誰にも任せず、ときおり自分で作っていたのです。

ブラウンシュガーをたっぷり加えるのがポイントで、アメリカ留学時代の味でした。無性に食べたくなるときがあるようで、思い出がつまった料理だったのかもしれません。その一方、正月には薩摩の郷土料理、酒寿司が必ず出ました。ご飯と季節の魚や野菜などの具材を交互に重ね、焼酎をふりかける寿司です。彼は東京生まれですが、酒寿司は弥之助との思い出をつなぐものだったのでしょうか。ポーク・アンド・ビーンズと酒寿司は、鉄馬という人の内面を物語っている料理なのかもしれませんね」

父弥之助があれほど早く世を去らなければ、鉄馬には別の人生もあったかもしれない。けれども彼にはアメリカか日本かを選択する自由はなく、ましてや自分の思いどおりの人生を歩むことなどとうてい許されず、帰国するしかなかった。たくさんの楽しい記憶と、捨てざるを得なかった可能性をアメリカに置いたままにして。

帰国、兵役

大学で多くの友人を得て帰国した鉄馬だが、ほどなく日本にやって来た学友らと再会していたことが、赤星家が所蔵する写真から判明した。

アメリカ人男女グループが日本を旅した際の写真の中に、鉄馬が写っている。樹々が茂る庭園を背景にして、白人男性たちは蝶ネクタイにスーツ、女性たちはゴージャスなパフスリーブのロングドレスに飾りも華やかな帽子。富裕層だと一目でわかる装いで、鉄馬もスーツ

来日したアメリカ人の学友らと肩を組む鉄馬

姿で立っている。この写真が撮られたのは鳥居坂の赤星邸である。赤星邸洋館の全体や、玄関前にいる鉄馬の妹たちの写真もある。このほか、横浜のホテル、箱根あたりかと思われる旅館の庭で浴衣姿の白人男性ふたりと肩を組む鉄馬や、彼らとともに東京市内を散策している様子の背景には、人力車や「牛肉」の看板も写り込んでいる。プロの写真家によるものではなく、アマチュアが小型カメラで撮影したものだろう。

この写真が赤星家子孫に届けられたのは、写真撮影からちょうど百年後、平成二十年（二〇〇八）のことだった。ニューヨークに暮らす未知のアメリカ人から連絡があり、彼の曽祖父と鉄馬に親交があったといい、手元にある曽祖父の日本旅行の写真を日本出張のおりに届けたいという申し出だった。その人はインターネットでAkaboshiを追ったところ、大磯の鉄馬の子孫にたどり着いたということだった。赤星家は彼を歓待し、それまで一枚ものこっていなかった鳥居坂赤星邸全体をとらえた写真を目にしたのだった。

この写真がいつ撮られたのか、写真の持ち主も判然としなかったのだが、その後時期が特定できたのは、「赤星鉄馬氏の園芸場を観る」という新聞記事を見つけたからだ。記事は、大磯にある豪邸の中でもとくに見事な鉄馬邸庭園は、専門の庭師がよく手入れをしていて花々が咲き誇っている様を報じているのだが、中にこんな一文があった。

〔鉄馬はアメリカの大学を卒業した〕新帰朝者のハイカラ文士である。〔記者が訪ねた時は〕彼地より学友六七名と教師が観光の為め来賓とかで主人は不在であつたが……

（『読売新聞』明治四十一年八月十九日付）

あの写真はおそらく、この学友らの日本旅行の際に撮られたのだろう。とりわけ目を引くのは鉄馬の表情である。はじけるような笑顔は、アメリカ人が見せるそれのようで自信に満ちている。この十一年前に長沢鼎が帰国した際の一族の写真にある十五歳の鉄馬とは様変わりした印象だ。

彼のアメリカでの暮らしぶりが日本でも変わらずつづけられている様子をうかがわせる新聞記事（『読売新聞』明治四十一年十一月八日付）がある。有栖川宮威仁《たけひと》親王（四十六歳）が発案して開催された「自動車遠乗会」（二回目）に参加した「十四五台」のなかに鉄馬がいたのだ。

有栖川宮は英国留学をした海軍軍人で海軍大将となるのだが実戦経験は少なく、皇太子・

嘉仁親王（のちの大正天皇）の教育係（明治三十二―三十六年）を務めた。「自動車の宮様」といわれるほどの車好きで、国産車開発に尽力した。

当時の東京の自動車台数は、外国人所有も含めてわずか六十一台（明治四十二年、警視庁登録。全国では六十九台）である。所有者は皇族・華族・実業家ら、大半が個人名義であった。ちなみに「自動車番号」の一番は磯野長蔵（明治屋社長）、二番は日比谷平左衛門（綿糸・綿花を扱う日比谷商店設立者）、三番は三越呉服店で、鉄馬は二十一番を得ている（『生活』大正三年二月号）。

自動車遠乗会は世間の耳目を集める大イベントで、さきの記事は参加者の氏名、自動車とその価格も紹介。有栖川宮は、明治四十年に実用化された純国産初のガソリン車（四千円）で先頭を走った。つづいて、国産車に乗ったのは実業家の有村信清の車（千五百円）だ。ついちかごろ馬車から自動車に乗り換えたと紹介されているのが、森村財閥（紡績・陶器などの貿易企業。現ノリタケカンパニーリミテド）創設者の六代森村市左衛門（国産車、四千円）と、フランスのオチキス（価格不詳）に乗車した大隈重信である。

高名な実業家らの名前もある。証券業者の小布施新三郎はローバー（英国製二千五百円）、米穀商で投資家の原六助と、渋沢栄一はともにハンバー（英国製六千円）、三井高保は米国製蒸気式車（七千円）で、大倉喜八郎の長男喜七郎はフィアット（イタリア製二万円）、古河虎之助は七人乗りの「マセソン号」なる車（一万五千円）で参加した。また、やがて飛行家として名をはせる小栗常太郎（小栗銀行頭取の息子）の顔もある。彼は鉄馬と同時期にペンシルベニア大学ウォートン校に在学（明治三十八―四十年）しているので、留学中から親しくしていたのではないだろうか。小栗は自ら輸入した米国製フォード（七千円）のハンドルをにぎった。これが日本に最初に入ったフォードといわれ、小栗は自動車輸入販売事業を始めた。

そして鉄馬の車は米国製パッカード（一万円）で、記事に「本車は同氏が北米より齎《もた》らせし四十馬力の逸物快走五十哩《マイル》を出す」とある。鉄馬は二十六歳の若さだが、これが日本に初めて入ったパッカードだろう。パッカード社は創業十年目で、日本に数少ない自動車愛好家と親しくなったことは、その後の彼の交遊関係に大きく影響する。

遠乗会は朝九時、日比谷公園を出発して、大宮公園（埼玉県）へと、颯爽と風を切っていった。この日のドライブは鉄馬にとって晴れ晴れとした時間であっただろう。彼には兵役が控えていたのだ。

明治四十一年十二月、鉄馬は「一年志願兵」として騎兵第一連隊（麻布）に入営した。

徴兵制は明治二十二年の「徴兵令」により、国民皆兵（十七歳から四十歳までの男子すべて兵役に服する）が義務付けられたが、優遇規定として「一年志願兵制度」（のちの幹部候補生制度）が定められていた。この資格を持つのは中等学校以上の卒業生で、満年齢十七歳以上二十六歳以下。鉄馬はぎりぎりの年齢だった。徴兵令では在外中の者への徴集を三十二歳まで猶予する規定があるのだが、一年志願兵はこれに該当せず、鉄馬がこの年に帰国したのは、その時期を逃してしまうと一般の兵役に就かねばならなかったからだろう。父弥之助から引き継いだ薩摩人脈に軍高官も多数いる鉄馬が、一年志願兵となるのは当然のことだった。

通常、一般の陸軍兵卒が三年間の現役、四年間の予備役を課せられるのに対し、一年志願兵は軍隊在営中の食費・被服費そのほかの費用、さらに鉄馬が入営した騎兵は馬と馬具の費用を自己負担（前納）することによって、現役一年、予備役二年に短縮された。費用総額は給与所得者年収の約半分に達しており、富裕層への優遇策ともいえる。鉄馬は自宅近くの麻布に入営したが、外出制限もゆるやかだったとされる。一年志願兵は入隊半年で上等兵に進級し、さらに現役期間後は予備役として、将校もしくは下士官に任命された。一般の入営者の身分とは大きな違いだった。

鉄馬は入営一年後の明治四十二年十二月に予備役となった。翌年に三ヵ月の教育召集を受け、終末試験の合格者が少尉となるのだが、この試験は学力のほか、人物考査（良家の子弟としての人柄など）も考慮されたとされる。鉄馬はこの試験に合格して予備役騎兵少尉となり、のちに後備役騎兵中尉（大正十一年）となる。もっとも彼が実戦を経験することはなかったのだが、昭和初期までの紳士録や名簿では、鉄馬の肩書を「後備役騎兵中尉」としたものが複数あり、本人が誇りにしたのかもしれない。

結婚と世界一周旅行

兵役義務を終えた鉄馬は、清《きよ》野《の》文《ふみ》（文子）と結婚する。

ふたりの出会いについて、「文は姉たちの縁で鉄馬と会ったそうです。長姉は以前から鉄馬の友人だった福島行信に嫁いでいました」と孫は言う。実業家の福島行信（明治七年生）と鉄馬の関係も父の代にさかのぼる。

福島の父、良助は薩摩出身で、赤星弥之助とともに「日本土木会社」（明治二十年設立）に参画したメンバーだったのだ。良助は九州の炭鉱事業や鉄道事業に携わったのち、貿易業「福島合名会社」を設立。その長男として誕生した行信は、慶応義塾から第三高等学校（京都）に進学し、卒業後の明治二十九年にロンドン大学に留学。三十二年、ドイツ・オーストリア・フランス・イタリアを歴訪して帰国。福島合名会社に入社し、三十五年の父の死により家督とともに事業を継いだ。彼は、大倉喜八郎の婿養子大倉粂《くめ》馬《ま》らと、イギリスのミュージック・ホールにならった「高等演芸場有楽座」を設立（明治四十一年、有楽町）するなど、文化活動に力を入れたことでも知られる。

福島行信は鉄馬の八歳上だが、裕福な薩摩二世としての背景や経歴もよく似ており、気が合ったのかもしれない。その福島邸は赤星邸にも近い麻布区六本木にあり、彼の屋敷（明治四十年竣工、武田五一設計）は、日本初のセセッション（ウィーン分離派）式住宅として建築史に名をとどめる。カラフルな色タイルを用いた外壁、ステンドグラスも鮮やかで、日本風居間のふすまの引手はアール・ヌーヴォー調のデザインという、凝りに凝った邸宅だった。この本館の脇には平屋建てのビリヤード室も建てられている。

　福島の妻は、シン（進子、明治十四年生）である。彼女は十五歳のときに福島と婚約したのだが、その年に彼が英国留学をしたため、帰国後の明治三十二年に結婚した。

　シンの父清野勇（静岡出身）は、岡山県立医学校教頭兼病院長、のちに大阪府立大阪医学校校長、大阪府立大阪病院長などを歴任し、大阪医学界の礎をつくった人物である。九人の子どもがおり、シンは長女で、その弟妹たちはそれぞれの世界で名をのこすのだ。

　次女のやす（やす子、明治十六年生、大阪の医家高安道成と結婚）は、斎藤茂吉に師事し、アララギ派の歌人として名をはせた。長男の謙次（明治十八年生）は京都帝国大学医科を卒業後、ドイツ・フライブルク大学に留学し、生体染色を研究。さまざまな論争を巻き起こした医学者・人類学者・考古学者として知られる。

　さらに次男の主《つかさ》（明治二十一年生）は、岸和田中学校卒業後の明治三十九年、単身渡米していた。テキサス州ヒューストン周辺で語学と農業を学び、「サツマ・オレンジ」と呼ばれた柑橘類の農園を営む。のちにアラバマ州モビルに移り、日本人移民から譲り受けた苗木園でツツジやツバキの栽培と新種の育成で大成功をおさめた。アメリカの雑誌『ライフ』が彼を「カメリア（ツバキ）・キング」と称賛し、日本人移民の成功者として知られることになる。清野家の人々も赤星家によく似て、ダイナミックな人生を歩んでいるのだった。

鉄馬の妻となる文（明治二十二年生）は、四女である。父の清野勇が大阪に赴任した時期に誕生し、育った。彼女の美貌は大阪でも評判だったといわれる。

結婚のいきさつを文自身が書いていた。

九人の兄弟の一番上の姉様［シン］、よく下の兄弟達を世話して下さつた中でも、私は女学校卒業後一年余り姉様の御手元に置いて頂き色々と実にやさしく親切に導いて戴きました為か、私には姉様と同時に若い御母様と云ふ気が致して居りました。赤星へ嫁ぐ様になりましたのも御兄様［福島行信］姉様の御世話でしたし、其折などは支度から万事すつかり親がわりになつて御世話して下さつたのでした。（赤星文子「思ひ出づるまゝを」）

こうして明治四十三年初頭、二十八歳の鉄馬と二十一歳の文は結婚。福島夫妻と鉄馬夫妻はよく行き来をしていたようで、大正九年には大磯の赤星家別荘のすぐそばに福島家別荘を建てるほどの親密な仲だった。

鉄馬夫妻は新婚旅行に旅立つ。窮屈な兵役の一年間から解放された鉄馬の新婚旅行は、なんと世界一周であった。

この旅行を手配したのは、明治二十七年に横浜の外国人居留地に支店をかまえたイギリスの旅行代理店「トマス・クック＆サン社」（のちのトマス・クック・グループ）だと考えられる。

「近代ツーリズムの創始者」、トマス・クックは労働者階級の出身で、青年期から禁酒運動に打ち込んでおり、「労働者をパブから遠ざける」ために思いついたのが、鉄道を利用する団体のエクスカーション（小旅行）だ。一八四一年のことで、おりしもイギリス国内の鉄道網が整備されるのと機を一にしていた。日本では天保改革が始まる年である。その後クックは、ヨーロッパ大陸に団体旅行客を送り出すようになり、顧客の中心は中産階級、富裕層へと広がっていった。

鉄道網の発達や航路の充実、さらにスエズ運河の開通（明治二年）により、短縮直行の世界周航旅行が可能になった。トマス・クックがビジネスパートナーを得る意図もあって、世界一周旅行に出発したのは明治五年（一八七二）である。アメリカを経て日本にも立ち寄った彼は、「魅惑の帝国」日本に魅せられたといい、横浜の「純英国風」のホテルに宿泊し、故国を出て以来「最も美味しい牛肉」を食べ、人力車が気に入り二台買っている。大阪や瀬戸内海にも足を延ばし、美しい自然を称えた。この年、フランスの作家ジュール・ヴェルヌは『八十日間世界一周』の新聞連載を開始し、ほどなく日本にも「世界漫遊家」たちが訪れることになる。

クック社は世界各地に支店網を拡大していくが、横浜では代理人が業務を担っていた。トマスの没後、息子ジョン・メイスン・クックが明治二十六年の世界一周旅行の途上、日本で伊藤博文首相に面会して交渉し、その翌年に横浜支店を設立。ビジネスセンスに長けたジョンは、父が手がけたエジプト観光開発を成功させており、ヨーロッパの上流階級の間では寒い季節をエジプトで過ごすのが大流行していた。

クック社は団体ツアー客のため、今日のホテル・クーポンなどさまざまな方式を開発したが、さらに富裕層の個人客に向けたシステムも作り上げていた。個々の要望に沿った詳細な日程を事前に準備し、ホテルや交通機関を手配した。これまでの実績と、世界各地約百五十の支店網がそれを可能にしたのだった。こうして「二〇世紀の最初の十三年間〔明治三十四―大正二年〕に、トマス・クック&サン社は同社始まって以来の繁栄を享受することができた」（ピアーズ・ブレンドン『トマス・クック物語』）。まさにこの時期、鉄馬夫妻は世界一周旅行に出ようとしていたのである。

ところで、この二年前の明治四十一年、日本の一般人による海外への初の団体旅行がクック社の手配で実現していた。東京・大阪の両朝日新聞社が主催する「世界一周会」で、五十四名の参加者（うち女性は三名）に、記者二名が帯同した。横浜からハワイ経由でサンフランシスコに上陸し、シカゴ・ナイアガラ・ボストン・ワシントン・ニューヨーク。そこからイギリスに渡り、さらにパリ、イタリア各地をまわり、ドイツを経由してモスクワへ。さらにシベリア鉄道で中国東北部に、そしてウラジオストックから船で帰国。まさに駆け足の旅で、総日数は九十六日、費用は二千三百四十円だった。帰国後、同行記者が『世界一周画報』（明治四十一年）を刊行し、旅行中撮影した「活動写真」の上映会が日本各地で開催され、大人気を博した。旅費は当時の給与所得者年収の八倍近くに達し、参加者の大半は関西や関東の実業家たちだった。世界一周会の第二回目は翌年に開催され、旅程はほぼ同じである。

けれども鉄馬夫妻の旅はこれよりも豪勢だ。

というのは、世界一周会では訪れていないエジプトにも行ったことが、ギザのスフィンクスとピラミッドの前で撮影された写真からわかるからだ。

夫妻の世界一周旅行は、政府関係者もしくは実業家の視察団に加わったという説もあるのだが、当時の新聞や雑誌で報道された形跡がない。この前年八月から十二月、渋沢栄一や根津嘉一郎ら実業家がアメリカへ視察旅行に出たことが新聞報道され、『米国見物』にまとめられて反響を呼んだのに、鉄馬らの旅が報道されていないのはなぜなのだろう。

あらためてピラミッド前の写真を見ると、鉄馬ら男四人が駱駝に乗っていて、その表情から親密な関係を感じさせる。この写真から推し量ると、親しい実業家や富裕層の子息とその妻らとの私的なオリジナルツアーを組んだのではないだろうか。イギリス風の身なり、旅慣れた雰囲気からしても、すでに海外渡航経験のあった人たちだと考えられる。彼らのリクエストに応えたクック社が旅程をアレンジし、すべてを手配したのだろう。

思い返せば、鉄馬の伯父長沢鼎が薩摩の漁村から旅立ったのは四十五年前のことだ。日本からイギリス、そしてアメリカへと渡り、日本に一時帰国するまでには三十二年を要した「世界一周」の旅だった。鉄馬はその話を彼から聞かされていたはずだから、結婚という人生の新たな船出を世界一周の旅にしたのは、長沢への思いもあったのかもしれない。十三歳の長沢が見たのは、建設工事中のスエズ運河だったが、鉄馬はその水路をクック社のクルーズで渡ってゆくのだ。

旅慣れていた鉄馬だが、文にとっては初の海外旅行で、まず横浜でドレスや帽子などをととのえた。夫妻らの世界一周の旅程はわかっていない。子孫に断片的に伝えられているエピソードとわずかな資料をもとに、大まかな旅程を想像してみる。

横浜港を出航した豪華客船は、まず香港へ向かう。そこからシンガポール、さらにスリランカ・コロンボ、インド・ボンベイへ。アラビア海を抜けてアデン湾に入り、アデンに到着する。ここまでの間にも各地に数日間滞在し、鉄道などを使って周辺も旅したと思われる。各地でクック社の現地社員が出迎え、ホテルの案内や観光の手はずが整えられていた。さらに一行はアデンから紅海を渡ってスエズに到着。そしてスエズ運河をクルーズしてイスマイリアに着くと、エジプト鉄道に乗り換える。かつて、十三歳の長沢鼎が乗車した鉄道は砂漠地帯を走り、カイロに到着した。

鉄馬の新婚旅行の十四年前（明治二十九年）のことだが、鉄馬とは逆のルート（アメリカ・ヨーロッパ・アジア・日本）の旅の最中にカイロに立ち寄り、旅の日記をのこしたのが東洋美術史家アーネスト・フェノロサの妻メアリーである。フェノロサ夫妻もクック社の手配で旅したのだった。

夫妻はカイロに到着すると、名門ホテル「シェパード・ホテル」の出迎えを受けた。この五年前に建て替えられたばかりで、オリエンタル風の豪華な内部装飾、エレベーターや電灯など最新式の設備を誇った。ホテル敷地内にクック社の支店が設置されて二十年以上になるが、その当初からイギリスの食品類（イングリッシュ・ハム、ヨークシャー・ベーコン、瓶詰のサーモンやマーマレードなど）を運び込んだという。イギリススタイルの食事を朝食からディナーまで提供し、ティータイムを楽しむこともできた。クック社は現地の人材とチームを作り、観光客のあらゆる要望に応えた。エジプトにもたらす経済的利益は莫大で、ある英国人作家に「カイロの支配者はクックである」と言わしめたほどだった。鉄馬ら一行もこのホテルで荷をほどいたにちがいない。

　フェノロサ夫妻は到着してすぐに市街や遺跡を見て歩き、建物や人々の服装に目を見張り、翌日にはスフィンクスとピラミッドの見物にも出かけた。

> 　スフィンクスを見るには歩かなければならない。駱駝もすべて込みのガイドは蠅のよう。恐るべき風と日差し。砂と風の中を歩くのは大変。奇妙な醜い獣、駱駝を試してみることにした。乗った！
>
> （『フェノロサ夫人の日本日記』）

　ボストン美術館日本美術部初代部長フェノロサの助手に採用され、やがて彼と結婚したメアリーは好奇心旺盛な女性だったが、同じ地を夫と訪れた文は、駱駝に乗るのを遠慮したようで、スフィンクス前の写真には写っていない。

　さて鉄馬らは、ナイル川クルーズをしてアレクサンドリアに向かい、地中海交易の拠点として栄華をきわめたアレクサンドリア港からギリシャを経て、イタリアまで航海し、イタリア各地をまわった。ローマには鉄馬の縁戚で画家の藤島武二が留学していたが、すでに明治四十三年一月に帰国しているのでイタリアでの再会はならなかったと思われる。イタリアからフランスに渡り、パリをはじめとするフランス各地、近隣諸国をめぐったのだろう。オリエント急行にも乗って、ドイツやオーストリアなどもまわったのかもしれない。そしてイギリスに入国した。

ジョージ五世、吉田茂

鉄馬の孫からこんな驚くエピソードを聞いた。

「新婚旅行中、ロンドンかパリの大使館でパーティが催され、鉄馬夫妻が招かれたそうです。そのパーティで文にダンスを申し込んだのが、ジョージ五世だったというのです。そのとき、彼女はハネムーン中なのでご遠慮いただけますか、と口添えしたのが吉田茂だといわれているのです」

国王ジョージ五世はこの年の五月に王位継承し、翌年六月に戴冠式が執り行われている。では、三十一歳の青年外交官吉田茂は鉄馬夫妻が招かれたという「ロンドンかパリの大使館」にいたのだろうか。

吉田が領事官補としてロンドンに在任したのは明治四十二年五月から四十三年二月までで

ある。つづいて、三等書記官としてイタリア・ローマに赴任した（明治四十五年五月まで）。鉄馬が兵役終了（明治四十二年十二月）後、すぐに新婚旅行に出たと仮定して、エジプトを訪れたのち、吉田がいたロンドンに入るのは旅程として少々無理があるものの不可能ではない。だが、夫妻がイギリスを離れるのは六月半ばだということが後述する新聞記事からもわかっているので、イギリスにやって来たのは早くても五月ごろだったのではないか。すでにローマに赴任していた吉田がロンドン、パリに出張したとも考えられるのだが、いずれにしてもこの華麗なエピソードを立証することはできなかった。だが、否定することもできない。

このときが鉄馬と吉田の初対面だったのか、それ以前から、たとえば大磯などで幼少時から交遊していたのかは子孫にもわからないという。しかし鉄馬の父弥之助と吉田の養父健三は、来歴としても重なるところがあり、その息子たち（吉田は鉄馬の四歳上）が互いを知っていた可能性は高いと思われる。後年、とくに戦中にふたりは親しく付き合い、「鉄馬」「茂」と呼び合う仲だったので、鉄馬の新婚旅行中の印象的な逸話が誤って伝えられたとは考えにくいが、真偽を確かめられなかった。

ちなみに、吉田がロンドン赴任の直前に結婚した相手は、リベラルな外交官として知られる牧野伸顕《のぶあき》の長女雪子である。牧野は薩摩出身。大久保利通の次男で牧野家の養子となった。十一歳で実父に連れられ岩倉遣欧使節団の一員に加わり、米国で学んだのち外務省入省、欧州各国の公使を歴任し、文部大臣などを経て枢密顧問官となる。長女が吉田と結婚したことから牧野は彼の後ろ盾ともなり、吉田が岳父に随行して「パリ講和会議」（第一次世界大戦講和条件について討議した会議）に向かうのは大正八年だ。

一方、牧野と鉄馬は、明治四十一年には在京薩摩閥の集まり、もしくは紳士社交クラブ「東京倶楽部」などで面識を得ていたはずで、のちには「啓明会」設立（大正七年）にあたって牧野が会の顧問を引き受けることになる。両者を仲介したのは、以前から牧野を敬愛する樺山愛輔だろう。吉田が愛輔に初めて会ったのは、パリ講和会議のあと、東京の牧野宅だったと回想している。

　牧野の父と樺山さんとは、同じ鹿児島の出身であり、牧野は樺山さんよりは、十ほど年長「実際には四歳ちがい」であったので、鹿児島の習慣もあり、樺山さんは牧野に対しては、いんぎんに先輩に対する礼をとっておられた。ことに牧野は、十八のときから外交官生活に入り、イギリスあたりへも早く行っていたから、樺山さんの牧野に対する態度は、単なる同郷の先輩という以上に、衷心から敬意をいだいていられたようだ。

（吉田茂談「樺山さんの思い出」）

このときから四半世紀後、吉田と愛輔はともに戦争終結工作グループ（ヨハンセングループ。吉田反戦の略とされる）と目され、陸軍当局・憲兵隊から監視を受けるのだが、その舞台は大磯である。

さて「ジョージ五世」からのダンスの申し込みのエピソードはともかくとして、鉄馬夫妻は英国滞在を楽しんだあと、リヴァプールからニューヨークへ七日間の航海をした。それがわかるのは、ニューヨークの地元紙（明治四十三年［一九一〇］六月二十四日付）が鉄馬夫妻を写真とともに報じているからだ。

ペンシルベニア大学の卒業生、赤星鉄馬は、その美しさで人々を魅了する妻を伴っての世界旅行の最中に、客船ルシタニア号でここに立ち寄った。（略）

小柄で愛らしい赤星の妻は、アメリカのファッションに身をつつんでいた。彼女は英語を話せないが、夫はとても流暢に話す。赤星は卒業証書を受け取るやいなや日本に帰り、結婚し、すぐに妻を連れて戻ってきた。日本では赤星は法律を勉強するという。今日、客船から下りた赤星夫人は健康そのものに見え、大きな注目を集めた。

フィラデルフィアの地元紙もこう報じた。

東京で最も美しい女性の一人である赤星夫人は、キュナード・ライン［イギリスの船舶会社］のルシタニア号でニューヨークに寄港した。彼女は、世界をまわる新婚旅行中に、花嫁としてやってきた。船の上でも、その美しさは乗船者たちの話題となった。（略）

ロンドンではオリンピアホースショー［明治三十九年（一九〇六）より今日も開催されてい

る馬術の祭典」を見物したが、［赤星夫人は］貴賓室でもきわだつ存在であった。夫妻はニューヨークで数日過ごしたのち、夫は自分が学んだ大学を見せるため、妻をフィラデルフィアに連れてきた。東部のいくつかの都市を訪ねたのち、シカゴに行き、さらにサンフランシスコに向かい、そこから母国に帰る予定である。

　鉄馬はカンカン帽にスーツ、文は花の飾りが華やかな帽子にロングドレス。すてきな笑顔の新婚夫婦の写真が掲載されている。

　鉄馬の孫によれば、ニューヨークではペンシルベニア大学ウォートン校の学友、高木隆吉（当時三井銀行ニューヨーク支店勤務）と再会して毎日のように飲み歩き、花嫁をホテルに置いてきぼりにしたらしい。文がナイアガラの滝を見たいと言っても、「あそこはただ水が落ちているだけだ」とすげなく、文はそのことをずいぶんあとになっても話していたといい、ほほえましい。夫妻はこのあとサンフランシスコに行き、長沢鼎や、彼の葡萄園で働く鉄馬の従兄伊地知共喜とも再会し、写真館で記念撮影をしている。

　鉄馬夫妻が乗船した豪華客船「ルシタニア号」の初航海を鉄馬が体験していたことはすでに述べたとおりで、彼は世界最速を誇る船旅を文にも味わわせたかったのだろう。

　だが、夫妻の新婚旅行から五年後、ルシタニア号はニューヨークを出航してアイルランド沖を通過中、悲劇に見舞われる。第一次世界大戦中の大正四年五月七日、ドイツ海軍の潜水艦による雷撃を受け、わずか十八分で沈没し、乗客千百九十八名が死亡。その犠牲者にアメリカ人百二十八名がふくまれていたことから、アメリカ参戦の契機となるのだった。

のちにあきらかになるのは、ルシタニア号は戦時に軍艦として使用されることを前提として、英国海軍の資金援助を受けて造られたことだが、実際には「仮装巡洋艦」としての役割を果たしてはいなかった。けれども、アメリカから食糧や三百トンにも及ぶ軍需物資を運んでいたことが証明されており、それを察知したドイツ海軍が雷撃したとされる。一方、イギリスがこの船に軍需物資を積んだのは、ルシタニア号の船客を「人間の盾」として使ったのだという指摘もある。

ルシタニア号の五年後の運命を知るはずもない鉄馬夫妻の新婚旅行は半年以上におよんだと思われる。費用は鉄馬の愛車パッカード一台に匹敵したのではないだろうか。新婚旅行で最後に乗った船は、サンフランシスコから横浜へと出帆した。

　それは鉄馬の青春の終わりを告げる航海でもあった。

第四章　華麗なる人脈

鉄馬夫妻が新婚時代に住んだ鳥居坂の邸宅

鳥居坂の住民たち

明治四十三年（一九一〇）夏ごろ、新婚旅行を終えて帰国した鉄馬夫妻は、麻布区鳥居坂の赤星邸で新婚生活をはじめた。

鳥居坂に面する東洋英和女学校で学んでいた、『赤毛のアン』の翻訳などで知られる児童文学者村岡花子（明治三十六―大正三年在学）が鳥居坂界隈を回想している。

　まだ華族というもののあった頃だから、三条公の邸だの、韓国皇太子の育てられている邸だのが連なっていた。東洋英和の隣には実吉《さねよし》［安純。薩摩出身の医学者・海軍軍人・政治家］邸があり、その次には明治維新の大立て者大鳥圭介［播磨出身の幕臣で箱館戦争に参戦。維新後は技術官僚として活躍］の邸などがあった。（略）

　鳥居坂の通りの話になるが、道の両側に桜並木が植わっていた。そしてその間にガス燈が立っていた。今ではガス燈などを知らない人が多いだろうが、長い棒の上に灯がついており、夕方になると、そのガス燈に点火する人が廻ってきた。春の夕暮、桜は半開、そしておぼろ月が空にかかっている。ガス燈は一つずつ一つずつ点火されていく。それは実に泣きたいような哀れ深い情趣であった。

（村岡花子「麻布鳥居坂」）

当時の地図（明治四十二年測図・大正五年修正測図）および「電話番号簿」（明治四十三年）から、赤星邸近隣住民の顔ぶれがわかる。

にぎやかな外苑東通りの六本木五丁目交差点から約五百メートル下る鳥居坂はいまも静かな一帯だが、地図表記によれば、坂の西側（鳥居坂町）には「李王家世子邸」「三条邸」「川崎邸」が隣接し、「赤星邸」へと下ってゆく。どれも千坪を優に超える敷地であった。

李王家世子邸が、村岡花子のいう「韓国皇太子の育てられている邸」である。

李王家世子とは旧大韓帝国皇室の皇太子のことで、日本が大韓帝国を併合した際、皇帝一族の身分を日本の華族より上に位置付けた「朝鮮王公族」を新設し、「準皇族」として扱ったのだった。

大韓帝国最後の皇太子李垠《イウン》は十歳になった明治四十年から日本留学をしており、明治天皇が彼の日本語習得の助けになるように鳥居坂の李邸に派遣したのが、竹田宮・北白川宮・朝香宮・東久邇宮だった。李垠の十二歳の誕生日には李邸で祝賀の宴が催されている。岩倉具視が祝辞を述べ、夕刻からは北白川宮らの出迎えを受けた「東宮」（皇太子嘉仁親王。のちの大正天皇）が訪れ、会食となった。鳥居坂に集まった「韓国留学生二百余名」が提灯行列をし、会食後の屋敷内では「キネオラマ」（パノラマの背景・点景などを色光線の照明によって見せる興行）を楽しんだ（『東京朝日新聞』明治四十二年十月二十二日付）。

この誕生祝賀会直後の明治四十二年十月二十六日、中国・哈爾浜《ハルビン》駅構内で、伊藤博文が大韓帝国の独立運動家・安重根《アンジュングン》により暗殺される。日本は日露戦争終結後に締結した「第二次日韓協約」（明治三十八年）に基づき大韓帝国に「統監府」を設置し、伊藤はその初代統監であった。

伊藤暗殺から約十ヵ月後、鉄馬が世界一周旅行から帰国した時期の明治四十三年八月、日本は大韓帝国を併合し、帝国日本の一領域「朝鮮」とした。それまでの統監府に代わって朝鮮総督府を設置する。

この併合の足がかりを作ったのは、明治三十三年に駐韓公使に任命された外交官の林権助である。「日韓議定書」「第一次日韓協約」（明治三十七年）、「第二次日韓協約」（三十八年）ともに彼の主導の下に締結された。林は十代半ばの一時期鹿児島におり、そのとき鉄馬の父赤星弥之助から英語を習っていたのだった（第一章）。

日韓併合後、大韓帝国の旧皇帝は李王、皇太子李垠は王世子（跡継ぎ）となった。この併合が、鉄馬の朝鮮での農場経営と大きくかかわってくる。

李垠は大正九年（一九二〇）、梨本宮守正王の長女方子《まさこ》女王と結婚。昭和五年（一九三〇）には昭和天皇から贈与された麴町区紀尾井町（旧北白川宮邸跡）に新築したチューダー様式の洋館（現赤坂プリンスクラシックハウス）に転居する。李垠の人生はこれ以降も時代の荒波に翻弄されてゆく。

李王家世子邸の隣、「三条邸」の当主は公爵三条公美《きんよし》である。父三条実美《さねとみ》は京都の公家出身で、幕末に尊王攘夷派として活躍。明治政府では右大臣・太政大臣・内閣総理大臣兼任・

貴族院議員を歴任。明治二十四年に死去した際に国葬が執り行われたのは、維新への貢献があったからだ。父の死去にともなって公爵を襲爵した公美は、三十三年に貴族院公爵議員に就任したが、大正三年、三十八歳で没する。

その隣「川崎邸」の当主は、「東京川崎財閥」の川崎金三郎（のちに二代川崎八右衛門を襲名）である。彼の父は水戸出身で、明治維新後に財を成した。金三郎は米国留学を経て、川崎銀行（明治十四年設立）頭取に就任し、保険・貿易・鉱業など幅広い事業を手がける。この金三郎の甥が、鉄馬のペンシルベニア大学ウォートン校の学友で、友情を育んだ川崎肇であった。

鳥居坂の東側（東鳥居坂町）には、鍋島桂次郎（外交官）邸、かつての大鳥圭介邸は住友吉左衛門（住友家十五代当主）邸となり、実吉安純邸、三井守之助（高泰）邸、日本初の医学博士である高木兼寛（海軍軍医総監。現東京慈恵会医科大学創設者）邸、久邇宮家別邸などがつらなっていた。鳥居坂の急坂の両側は、幕末から明治の時代を物語る「時の坂道」であったともいえよう。

赤星家当主となった鉄馬は、鳥居坂の邸宅内に亡き父弥之助の肖像画を掲げた。洋画家黒田清輝が描いた油彩画「赤星弥之助像」（明治四十二年。現平塚市美術館所蔵）である。清輝は薩摩藩士黒田清兼の子として生まれ、伯父の黒田清綱（明治政府で警察制度の設立に参画。貴族院議員・枢密顧問官などを歴任）の養子となった。十八歳になる明治十七年から法律を学ぶためフランスに留学したのだが、二年後、画家に転向することを決意し、ラファエル・コランに師事。フランスの展覧会で入賞を重ね、二十六年に帰国。洋画団体「白馬会」を設立して美術運動を展開し、東京美術学校教授・帝国美術院院長などを歴任する。なお白馬会には鉄馬の縁戚の藤島武二も参加しており、清輝の推挙で藤島は東京美術学校助教授となり、欧州留学から帰国後に教授となっている。

薩摩人脈の重要人物でもある清輝は、樺山家と縁戚にあたるといい、すでに「樺山資紀像」（明治二十九年）を描いていた。浴衣姿でくつろぐ資紀像だが、この作品の祖父が好きだという愛輔の次女正子は、永田町の愛輔邸で過ごした大正期の幼少時をこう回想している。

> 姉［泰子］は私が六歳の頃に結婚してしまったし、兄［丑二《ちゅうじ》］も早くにアメリカへ留学したので、私はいつも一人ぼっちだった。食堂の大きなテーブルの向う側の壁には、黒田清輝の「読書」がかかっており、それとにらめっこをしながら一人で食事をした。
>
> （白洲正子『白洲正子自伝』）

名作「読書」（明治二十四年。清輝のフランス画壇におけるデビュー作。現東京国立博物館所蔵）を見ながら食事をしたという少女時代の正子には驚くばかりだが、樺山家の客間には清輝の代表作「湖畔」（明治三十年。現東京文化財研究所所蔵）もあったという。

清輝に弥之助像を描くように依頼をしたのは愛輔だろう。清輝と愛輔がよく行き来していたことが『黒田清輝日記』に記されている。だが清輝はおそらく弥之助との面識はなく、写真をもとに肖像画を描いたと思われる。セピア色を背景にし、羽織姿の精悍な顔つきをした弥之助は、赤星家一族を見守るのにふさわしい堂々とした雰囲気である。

肖像画を描いたあとも清輝と鉄馬は親交があったようで、『黒田清輝日記』の大正八年三月の記述に、関屋貞三郎（栃木出身。宮内次官・枢密顧問官などを歴任）の依頼により、彼の縁戚と思われる洋画家関屋敬次（東京美術学校卒。大正六年まで沖縄第一中学で教鞭を執った。のちの消息不明）の「学資問題」を相談するため鉄馬邸を訪ねた、とある。清輝が相談した画家の学資は、鉄馬がお金を提供して解決したのではないだろうか。

これ以前から、若き富豪として知られていた鉄馬のもとにはさまざまな寄付の要請があり、鉄馬は応えている。

済生会への寄付

明治四十四年二月、明治天皇の「済生勅語」によって、皇室からの下付金百五十万円と寄付金などで創設された慈善事業団体が「恩賜財団済生会」（現社会福祉法人恩賜財団済生会）である。天皇が桂太郎首相に述べた勅語の大意は、生活苦で困っている人たちに無料・低額の医療を施す医療支援団体創設の提唱であった。これを受けて桂は五月に済生会を設立、実業家や華族などに広く寄付を呼びかけた。

同年六月「済生会第二回招待会」が首相官邸で開かれる。世話人のひとりは渋沢栄一で、招待状を百十一通送り、当日出席したのは三十八名。その来賓は実業家、銀行や会社の重役らが中心で、その中に鉄馬の顔もあった。招待会は桂の挨拶につづいて、渋沢が「奮って資金醵出せられたき旨」を述べ、「各自思い思いに寄付額を帳簿に記入」したのち、午餐となった。

このとき五万円を寄付したのが、馬越恭平（大日本麦酒社長）・浅野総一郎・根津嘉一郎ら。ほかに田中銀之助ら（三万円）、藤山雷太・大倉粂馬ら（二万円）の名があるが、最も多額の十万円を寄付したのは鉄馬のみだった。済生会設立趣旨に賛同しての寄付だが、二十九歳の鉄馬の高額の寄付は人目を引いたのだった。

ジャーナリストの横山源之助（富山出身。明治四年生）は、下層社会のルポルタージュを中心に健筆をふるい、富裕層に対しては厳しい批判を展開した。「当代の政治は富豪即政治である。富豪を中心とせる政治である」といい、済生会の寄付について、富豪や資産家が寄付するのを批判するものではないが、寄付者の多くは「必らずしも窮民の為に義に勇んだのではなく、政府又は政府者との特殊の関係が、偶々《たまたま》済生会の寄附に巨費を捐《す》つるの余儀なきに陥つたのであつた」（「政治と富豪の交互錯綜」）と舌鋒鋭い。横山は鉄馬にも言及していた。

読者は赤星鉄馬が十万円を醵出し、神田鐳蔵《らいぞう》が五万円（略）を醵出したのが不思議なりとや？　赤星や、神田や、時事新報社の調査を待つまでもなく、僅少の年月を以て富豪の群に入つたもの。（略）［神田は日露戦争で巨万の富を得た財界の風雲児だが］赤星の如きも其様《そう》である、軍艦のコンミツシヨンで、一瞬間に暴富を贏《か》ち得た乃父《だいふ》の資産を其の儘継いだもの、第一回の［済生会］招待会に案内は受けなかつたが、第二回の招待会に出席するや、先頭第一に十万円の巨額を記入し、出席者の心胆を奪つたのは普通の事共《ことども》である。
（横山源之助「済生会寄附金額に現はれたる富豪の面影」）

神田鐳蔵（愛知出身。明治五年生）は金融界で活躍した人物で、日露戦争の際に渋沢栄一の援助で国債の欧州輸出をし、資金調達に貢献したとされる。神田、鉄馬ともに、時事新報調査「全国五十万円以上資産家表」（明治四十四年六月三十日現在）に名がある。これによれば、日本全国で五十万円以上の資産家は千十八人、十年前の同調査に比べ、五百七十七人増加した。戦争による特需に乗じて富を得た者が倍増していたが、同時に富裕層への批判も高まりつつあった。

右記の横山の記事（初出『実業界』明治四十四年九月一日号）から、弥之助が巨万の富を得たいきさつが広く知られており、その資産を受け継いだ鉄馬への厳しい視線と、彼が最高額の寄付をしたのは社会的序列を無視した非常識な行為ともとられたことがうかがえる。

鉄馬がのちの「シーメンス事件」（大正三年）でメディアに叩かれる伏線はこのときにあったのだ。鉄馬は横山の記事を読んだか、もしくは周囲に知らされて、自分に対する風当たりのつよさを認識しただろう。のちの「啓明会」の設立・運営において決して表に出なかったのは、日本社会旧来の「空気」を知っていたからではないだろうか。

けれども鉄馬のもとには、すでに寄付などの要請が相次いでいた。

その一例だが、明治四十二、三年ごろ、民俗学者の柳田國男に求められ、出版事業資金として総額三千円を提供したのは鉄馬と、彼と親しい西園寺八郎だった。柳田は無名の書き手たちによる本を出版したいと考え、まず知己の西園寺に相談し、西園寺が鉄馬に声をかけたのだった。柳田は「そのころとしては大金だったから、私も大いに志を起して、これを活かしてつかおうという決心をした」（柳田國男『故郷七十年』）。この資金提供については柳田が記したので明らかになったものの、鉄馬や西園寺は何も語っていない。

西園寺八郎（明治十四年生）は、旧長州藩主毛利元徳の八男として誕生した。十八歳のときに西園寺公望（公家出身。フランス留学を経て、文部・外務大臣、首相などを歴任。元老となる）の養子となり、のちに公望と新橋芸者との間に誕生した新子《しんこ》と結婚。内閣総理大臣秘書官を経て、大正三年に宮内省式部官に就任する。西園寺家は樺山家と親しく交流していた縁もあり、鉄馬と八郎は気が合ったようで、釣りやゴルフなど共通の趣味のほか、さまざまな場面でふたりの親密な関係が見てとれる。

鉄馬はこれ以降も自然災害への義援金など、いろいろな寄付をしていることが新聞記事などからわかった。鉄馬の親族に伝えられているのは、寄付や出資を求める人たちが赤星邸にひっきりなしにやって来たことで、こんな詐欺事件が報じられている。

孤児院で働くという男が相場に手を出して失敗した。そこで、「奈良の名墨一万挺」が孤児院に寄付されたのでこれを慈善家に購入してほしいと、チラシを印刷して資産家の邸宅を回った。実際には「名墨」などではなく、男が仕入れた二銭の安い墨にすぎなかったが、これを五個二円五十銭で売ることに成功する。売りつけられた相手には鳥居坂界隈の住民もいて、三条公美、赤星鉄馬、三井守之助ら二十五軒におよんだという。こうして金をせしめた男が吉原で豪遊していたところ、あえなく御用となったのだった（明治四十四年十一月）。男に応対したのは屋敷の使用人だったはずで、質の悪い墨だとわかっていながら買いとり、体よく追い返したにちがいない。この事件は笑い話で済んでいるが、やがて資産家を標的としたテロ事件が頻発することになる。

鉄馬夫妻の第一子、長男猪一《ちょいち》が誕生したのは明治四十四年十一月である。名付けたのは、樺山資紀だった。資紀はすでに退役し、大磯や御殿場の別荘で狩猟などを楽しむ日々を送っており、鉄馬長男誕生の知らせを受けたときにちょうど猪を仕留めたことからこの名にしたのだと伝えられている。成長した猪一は朝鮮の成歓農場の経営を担うことになる。

ところでこの時期の樺山愛輔は、実業家としての活躍をはじめていた。それ以前は父資紀の秘書役が忙しく、愛輔本人が「つい四十すぎ迄、何もしないで過ごしちゃったんだよ」と語ったといい、四十一歳になった明治三十九年に「函館船渠」取締役に就任、翌年のイギリス渡航を経て、四十三年に「北海道炭礦汽船」取締役、四十四年には「日英水電」の社長となって水力発電事業に携り（大正九年まで）、さらには「国際通信社」（大正三年創立）初代社長に就任するなど、多数の企業にかかわっていった。

鉄馬夫妻には長男猪一につづいて、翌明治四十五年に次男弥次《やじ》が誕生し、そのころ赤坂台町（現港区赤坂。敷地千八十九坪）に鉄馬邸が完成。この設計もジョサイア・コンドルによるもので、大磯の赤星家別荘とよく似た構造と外観だった。建坪は百四十三坪、のこされた平面図を見ると、一階は広々とした玄関ホール、応接間には暖炉があり、広い二室のほか、厨房などをふくめ五室。二階に三室。一、二階とも庭に面した広いベランダがある。敷地内にはこの本館と、温室・倉庫・使用人宿舎・家畜舎・門衛所などが配置されていた。後年、ここを訪れるのが先述した黒田清輝だ。

鳥居坂邸は赤星家本邸として維持され、鉄馬の母静を中心に弟妹らが暮らし、鉄馬の訪問客の応対はもっぱら本邸で行われたようである。その内部を彩る装飾画を依嘱したのが、縁戚の画家藤島武二だ。完成までに三年かかる予定と報じられている（『美術新報』明治四十四年十一月号）が、結局下絵を描いただけで完成しなかった。

このころ弟の喜介は渡米して、鉄馬と同じくローレンスビル・スクールに学び、やがて四郎と六郎も同校に入学する。兄弟（次男兵造は夭逝）のうち、ただひとり五郎がアメリカ留学をしなかった。息子たちがつぎつぎとアメリカへ旅立ってしまい、母静がさみしがったため日本にとどまることにしたという。

同時期、鉄馬の妹たちが結婚していった。すぐ下の妹とよの相手は、陸軍大学校（九期）を卒業して軍人となりイギリス駐在もした樋渡盛広《ひわたしもりひろ》（鹿児島出身）で、その下の妹ふさは、熊本の第五高等学校を経て東京帝大卒業後、農商務省官僚となった川久保修吉と結婚する。

にぎやかだった鳥居坂の赤星家の雰囲気は少しずつ変わっていき、家長としての鉄馬はさまざまな人脈を築きながらあらたな一歩を踏み出そうとしていた。

東京倶楽部の人脈

鉄馬を彩る人脈は、まず薩摩閥だ。またペンシルベニア大学同窓生もある。「費府《フィラデルフィア》（ペンシルベニア）大学同窓会」（明治三十五年設立）で、当時の会長は岩崎久弥。久弥と鉄馬の父弥之助とは、出資者同士として、「帝国軍人援護会」の評議委員として、さらには大磯の別荘仲間としても面識があった。

同窓会幹事は鉄馬と親しい川崎肇や高木隆吉ら、会員には、最初期の入学生で、同窓会設立メンバーの今立吐酔や柴四朗（東海散士）、グラバーの息子倉場富三郎（長崎在住）、三菱銀行の串田万蔵や松方正雄の名もある。大正元年当時の会員は五十七名（うち女性二名）。年二回の会合では同じ大学に学んだ仲間として、入学年や社会的地位に関係なく、当時の日本人としては破格な留学体験を親しく語り合ったのかもしれない。

このほか鉄馬の周囲には大磯の別荘族、自動車愛好家の団体「日本自動車倶楽部」（東京・神奈川在住者のみで構成。約百人）の会員など、趣味を通じた交遊もあるのだが、これらの人々の大半が重なり、さらには鉄馬の人脈の幅を大きく広げたのが紳士社交クラブ「東京倶楽部」だ。弥之助世代が茶道具や書画骨董をあつめ、しばしば茶会を催して人脈を形成していったのとは異なる、近代的な洗練された社交場であった。

大正元年九月、東京倶楽部の新会館（麹町区三年町）が竣工する。完成直前の明治天皇の死去（明治四十五年七月）により、祝賀パーティが延期されたのは、倶楽部の総裁に代々皇族が就任していること、明治天皇が倶楽部の活動に関心を寄せていたことからも当然のことだった。大正二年十一月、正式発足のお茶会が開かれ、倶楽部総裁の閑院宮《かんいんのみや》載仁《ことひと》親王夫妻を迎えたのは同副総裁の牧野伸顕、英国大使らであった。

新会館（クラブハウス）の敷地は約二千坪、宮内省管轄の御料地だったが井上馨らの尽力により、倶楽部に貸与されたのだった。コンドル設計の煉瓦造の建物（建坪約五百坪）は地上二階、地下一階。ルネサンス様式を基調にし、屋根や窓にはゴシック的な手法が用いられている。

その一階に広いホール、左手に来賓室・談話室・支配人事務室、右手に新聞室・雑誌室・球戯室。さらに奥まったところにバーがあり、中庭をはさんで別棟のビリヤード室（八台のビリヤード台）へとつながる。二階は左手に図書室・カード室、右手に大饗宴室・大食堂・小食堂。地下室には理髪室・物置や酒庫など。敷地内には六百五十坪のテニスコートもあった。その建物全体の写真を見ると、まるでロンドンの一画のようであるけれど、内部に漂う雰囲気も庶民の生活とは別世界だった。

明治という時代が去り、大正を迎えると同時に新しいクラブハウスが完成したのは象徴的である。幕末から明治にかけて活躍した政財界の人物が表舞台から退きつつあり、彼らの次世代が主流となっていくのだ。

東京倶楽部は、賛助会員（皇族）・特別会員（親任官・外国使臣など）と、通常会員で構成された。「内外人を問わず品行正良にして紳士の資格を具する者」（総則）と定められ、通常会員の入会にあたっては一名の推挙者を必要とし、会員による投票を経たのち会員に迎えられるなど、厳しい銓衡《せんこう》があった。国際交流を目的とした倶楽部の会員数は、大正期にピークを迎え、日本人二百五十人・外国人百七十六人（大正十二年）にのぼっている。

駐日ベルギー大使（大正九年公使として着任）アルベール・ド・バッソンピエールも会員で、東京倶楽部で催された外交官の歓送迎会や、ことあるごとに開かれた晩餐会はいつも英語での会話だったと振り返り、クラブハウスの日常を記している。

> 昼食の時間にもかなり混んでいたが、東京倶楽部がとくに賑やかになるのは五時から七時半までの間であった。晩餐会のある日を除いて夜は全く閑散としていた。そこで会員たちは、テーブルが十台もある大部屋で、大いにビリヤードを楽しむのである。（略）
>
> クラブでは日本の要人たちや、大部分の外交官、多数の実業家、財界人、外国の教授たちに出会うことができる。
>
> （アルベール・ド・バッソンピエール『在日十八年』）

クラブハウスは、政治・営利・宗教に関する談義を避けることがルールとされたものの、会員たちはここで政局やビジネスについて情報交換をし、人脈を培っていったのである。

東京倶楽部の若手会員たちは定期的な会合を持っており、そのなかに鉄馬の名が挙がっている。同世代の岩崎小弥太（久弥の従弟。明治十二年生。妻孝子は薩摩島津氏分家の出身。大正五年に三菱財閥四代目総帥になる）、朝吹常吉（明治十年生。実業家）らがメンバーで、朝吹は三井物産ニューヨーク支店勤務中（明治三十九－四十年）、留学中の鉄馬とすでに交流があった。ほかには松方正義の息子巌・正作・五郎ら兄弟、三井家の面々などもおり、鉄馬の友人川崎肇も若手メンバーだった。

イギリススタイルの社交場を存分に楽しむ鉄馬だが、その一方、花柳界でも知られる存在になっていた。新橋芸者が語っている。

新柳二橋［新橋・柳橋］の花柳界を荒し廻る若様の中に、東京倶楽部の田中銀之助さんを始め赤星鉄馬さん、今村繁三さん［明治十年生。英国留学を経て、父清之助が興した今村銀行頭取］なんどの豪傑があります。（略）

此の三人組の中で銀さんが一番先輩で、遊びの兄さん株です。（安藤せん子『二代芸者』）

これ以前、まだ遊び慣れていないころのことだが、鉄馬は今村に誘われ、吉原の花魁を見にいこうと、大門を入ってすぐの引手茶屋「山口巴」に馬車で乗り付けた。座敷では芸者や幇間《ほうかん》がにぎやかに出迎えたのだが、鉄馬と今村は幇間がぺこぺことお世辞を言うのが気に入らない。男子たる者がその卑屈な態度は何事だ、と怒るのだが、幇間は「ドウもこれが飯の種でげしてなへッ〳〵」と返し、ふたりをさらにはやし立てる。これに腹を立てた鉄馬と今村は幇間たちを投げ飛ばし、意気揚々と引き揚げた。

ところが帰宅した今村は母親に、そんな野暮な遊びをするとは家の名が傷つく、いますぐ謝りに行けとこっぴどく叱られ、鉄馬も母静から弥之助のせがれが無粋なことをして、と大目玉をくらったという。遊び人の夫に連れ添ってきた母親は手厳しい。後日ふたりは田中銀之助に連れられて山口巴に謝罪に行き、幇間たちに祝儀をはずんだということである。この三人とも海外留学経験者で、清遊仲間ともなり、「兄さん株」から日本の伝統的社交場のふるまいなども学んでいった。

鉄馬は新橋にはずいぶん通ったようで、なじんだ芸者もいた。大正三年、芸者との間に男児が生まれる。彼の三人目の男児であることを示す「竹三郎」と名付けるが、鹿児島出身の他家の養子にした。その事実を鉄馬は「紳士録」にも掲載しており、養育費なども送って成長を見守り、ときには会っていたようである。

東京ゴルフ倶楽部と皇太子

東京倶楽部の会員たちは共通する趣味を持つ仲間でもあった。倶楽部会員を母体として設立されたのが「東京ゴルフ倶楽部」（大正三年）である。日本人による初のゴルフクラブだった。それ以前のゴルフクラブは外国人のためのものだったのだ。

日本最初のコースは、兵庫県神戸に在住するイギリス人貿易商らが六甲山につくった「神戸ゴルフ倶楽部」（明治三十六年）である。つづいてイギリス人銀行家による「横屋ゴルフ・アソシエーション」（現兵庫県神戸市。明治三十七年）、さらに、横浜在留外国人のために設けられていた根岸競馬場内にコースがつくられた「ニッポン・レース・クラブ・ゴルフィング・アソシエーション」（明治三十九年）や「鳴尾ゴルフ・アソシエーション」（現兵庫県川西市。大正三年）などがある。長崎の外国人を主にした「雲仙ゴルフ場」（現雲仙市。大正二年）設立の中心人物は、グラバーの息子倉場富三郎だった。

日本人によるゴルフクラブの必要性を訴える声、東京近郊にゴルフコースの建設を求める声が高まっていった。その実現のために動いた中心人物が井上準之助である。

井上は明治二年、大分県生まれ。帝国大学法科大学英法科を卒業後、日本銀行に入行し、イギリスやベルギーに留学。四十二年からニューヨークに勤務した。四十四年、横浜正金銀行に入行し、大正三年当時は頭取だった。彼がゴルフに出会ったのはニューヨーク赴任中のことで、日米生糸貿易の創始者といわれる新井領一郎に勧められたのだった。

新井領一郎（安政二年［一八五五］生）は生糸の生産地として名高い上野国勢多郡（現群馬県桐生市）出身で、開成学校、商法講習所（現一橋大学の前身の一つ）に入学。明治九年、すでに日本茶を輸出していた佐藤百太郎の勧めにより渡米。佐藤とともに、ニューヨークを拠点に生糸販売を開始し、二十六年に「横浜生糸合名会社」を創業した。

> 〔新井が〕ゴルフを始めたのは一九〇二年〔明治三十五〕、病気静養のため、ノース・カロライナ州のパインハーストに滞在したときで、ちょうどその頃、アメリカではゴルフが盛んになりかけていた。アンドルー・カーネギー〔鉄鋼王と称される大富豪〕は同じ年、私のもう一人の祖父、松方正義と晩餐会で同席し、彼にゴルフ・セット一式を贈っている。
>
> （ハル・松方・ライシャワー『絹と武士』）

新井領一郎の娘ミヨは松方正義の息子正熊と結婚し、その間に生まれたハル（春子）は、のちに駐日アメリカ大使エドウィン・ライシャワーの妻となる。ハルは、新井が在ニューヨーク日本人にゴルフを広めたとし、ゴルフに魅了されたのが井上準之助だとつづっている。

帰国後の井上は日本でもゴルフを楽しみたいと、関東圏唯一のコースである根岸競馬場内でプレーをした。同郷の友人荒川新十郎（横浜生糸合名会社取締役）の紹介があったとされるが、このクラブは欧米人中心で、日本人は気軽にプレーできなかったという。

そこで井上が相談したのが、東京倶楽部を通じて親しくしていた樺山愛輔である。井上の日銀・横浜正金を通じての上司が、愛輔の米国留学時代の親友三島弥太郎（第二章）という縁もあった。井上・愛輔・荒川の三人は、出資団体「東京ゴルフ会」（東京ゴルフ・アソシエーション）を立ち上げ、出資者を募る。二回にわたる募集で四十七人、計三万円の資金を得ることができた。

大正二年九月末、駒沢村（現世田谷区）の約三万五千坪（のちに四万八千坪に拡幅）の借地契約がなされ、コース建設にとりかかる。コース設計は根岸競馬場内クラブのキャプテン（アイルランド出身）と、会員（スコットランド出身）があたり、大正三年五月に六ホールが完成して仮開場する。さらに工事が進められ、九ホールのコースとなり、「東京ゴルフ倶楽部」駒沢コース（現駒沢オリンピック公園敷地）が正式に開場した。

　駒沢コースにはやがてクラブハウスもつくられる。その建物は、大正天皇即位を奉祝して開催された「東京大正博覧会」（大正三年三―七月）で使われた純日本式の「迎賓館」がそっくり払い下げられたものだった。

　設立時のゴルフ倶楽部員名簿はのこされていないが、鉄馬は当初からの会員であった。大正五年の名簿（日本人百二十三名・外国人十四名）に鉄馬の名があり、同九年の名簿（日本人二百十一名・外国人五十八名）では、役員になっている。会員は東京倶楽部の岩崎小弥太・朝吹常吉・串田万蔵・三井守之助・団琢磨などおなじみの面々で、鉄馬と親しい西園寺八郎・川崎肇・田中銀之助・今村繁三・松方兄弟らもいる。のちには米国留学から帰国した鉄馬の弟たち、喜介・四郎・六郎、そして日本にとどまった五郎もふくめ、赤星兄弟全員が東京ゴルフ倶楽部会員となる。

　鉄馬が親しくしたのが、鳥居坂邸に遊びにきたり、ともにイギリスを旅したりした大谷光明で、彼も設立時からの会員だ。大谷は明治十八年京都生まれ。浄土真宗本願寺派（西本願寺）第二十一世法主の三男だ。明治四十年に欧米に遊学した際にゴルフと出会ったといい、英文のゴルフルールをわかりやすい邦文にあらためるなどし、日本ゴルフ界の発展に貢献した。

「森村財閥」の森村開作（明治六年生。昭和三年、七代市左衛門を襲名）は、東京ゴルフ倶楽部設立の出資者のひとりだ。彼の父と鉄馬は「自動車遠乗会」でドライブした仲であった。開作は慶応義塾を経て渡米し、ニューヨークのカレッジを卒業後、陶磁器などの貿易商社「モリムラ・ブラザーズ」（叔父の森村豊《とよ》が明治十一年開業）に入社。兄の死去にともない森村財閥の後継者となり、明治三十五年に帰国した。森村はのちの新コース建設計画（程ヶ谷カントリー倶楽部。大正十一年設立）が立ち上がった際のことを述懐している。「［コース候補地の下見に］赤星鉄馬など鉄砲かついで行ってみた。鳥を撃つ真似をして、ここが良かろうなんていってね」。

日本ゴルフ史において重要な場面に森村開作の名が登場する。

［大正六年五月］二十七日・日曜日　午前、皇子御殿にお成りになり、広芝にて雍仁《やすひと》親王・宣仁《のぶひと》親王とゴルフをされる。ゴルフをされるのはこれが初めてである。なお、去る十九日、従五位森村開作［原文註・実業家第七代森村市左衛門。日本のゴルフ草創期の一人として知られる］より、ゴルフクラブ一組が献上される。（宮内庁『昭和天皇実録　第二』）

十六歳の皇太子（のちの昭和天皇）の初めてのゴルフのきっかけは、森村から献上されたゴルフクラブだった。それ以前から皇太子にゴルフを勧めるための根回しがなされていたようである。こののち、『実録』にはゴルフにまつわる記述がつづく。同年八月十八日「仙石原ゴルフ場［箱根］にお成りになり、供奉員・出仕をお相手にゴルフをされる」、大正七年二月十七日「［午前］十一時二十分鈴川駅［東海道本線。現吉原駅］に御着、それより徒歩にて砂山のゴルフ場へお成りになる」。砂山のゴルフ場とは、皇太子のために宮内省が整備（大正七年一月）したものだった。

皇太子が御所などでゴルフを練習するときにしばしば相手となり、アドバイスもしたのは、宮内省式部官で鉄馬の親友西園寺八郎だ。新宿御苑（現新宿区）には皇族専用のゴルフコース（当初は四ホール、のちに九ホール）がつくられ、設計をしたのは鉄馬と親しい大谷光明だった。

皇太子が駒沢コースを訪れるのは大正十年十二月九日。川崎肇らとプレーを楽しみ、昼食のテーブルには牧野伸顕や樺山愛輔が同席した。十一年四月十九日、皇太子は駒沢コースに来日中の英国皇太子を迎え、親善ゴルフが開催された。その際の記念写真は日英皇太子を中心にし、名だたるゴルファーとともに赤星喜介・四郎兄弟の顔もある。

このように皇室とゴルフのかかわりは深く、『実録　第三』には鉄馬が登場する。

［大正十一年十月］十二日　木曜日（略）午後二時御門出、新宿御苑に行啓される。フィリピンより来日の英国人デビッド・フード［スコットランド出身のプロゴルファーでコース設計家］と赤星鉄馬とのゴルフ競技を御覧の後、フード、大谷光明等の指導を受けられつつ、

ゴルフ練習を行われる。この日の御練習の模様は活動写真として撮影され、二十七日に御覧になる。

皇太子は映像によって自らのフォームなどを熱心に研究したのだろうか。『実録　第四』にはこうある。

> ［大正十四年六月］七日　日曜日　午前十時御出門、新宿御苑に行啓される。午前は侯爵鍋島直映を御相手に二回ゴルフを行われる。午後は赤星六郎・浅野良三・男爵高木喜寛をお召しになり、赤星対浅野の競技を御覧になる。

鍋島直映《なおみつ》（旧佐賀藩主鍋島家十二代当主）・浅野良三（浅野総一郎の次男）・高木喜寛（医学者高木兼寛の長男）はすべて東京ゴルフ倶楽部会員で、赤星六郎は鉄馬の末弟である。この前年の三月、プリンストン大学留学中だった彼は全米アマチュア・トーナメントの一つ、パインハースト・スプリング・ミーティングで優勝し、日本でも大きな話題になっていた。当時、摂政となっていたのちの昭和天皇の前でプレーしたのだった。

六郎は日本オープン選手権初代チャンピオン（昭和二年）になるなど、兄四郎とともに日本ゴルフ界に大旋風を巻き起こしていく。『実録　第五』には、昭和四年四月二十一日、やはり新宿御苑にて、天皇が東久邇宮稔彦《なるひこ》王とゴルフ競技をしたあと、赤星六郎と「アメリカ人ウールワース」との対戦を見た、とある。

後年のことだが、四郎の次女光子の女子学習院在学中の同級生が、昭和天皇の第一子照宮成《しげ》子《こ》だった。照宮は「おもうさま（父）に赤星さんのことをお話ししましたら、赤星の兄弟はみなゴルフが上手だと申され、よくご存知でした」と光子に伝えたということである。その時期は「日中戦争が始まるころ」といい、天皇のゴルフは、盧溝橋事件直前の昭和十二年六月二十日、吹上御苑でプレーしたのが最後になった。

東京ゴルフ倶楽部設立に尽力した井上準之助は、日銀総裁、大蔵大臣などを歴任するが、悲劇的な最期が待ち受けていた。ゴルフ倶楽部仲間の団琢磨とともに「血盟団事件」（昭和七年）の凶弾に斃れるのである。

釣りと別荘

東京ゴルフ倶楽部設立と同時期に、鉄馬は幼少時から親しみアメリカでも大いに楽しんだ釣りの仲間を得ていた。

大正三年、東京倶楽部の釣り愛好家が中心となって、「丸沼鱒釣会」が結成される。その会員の多くは欧米滞在経験があり、英国スタイルの釣りを愛した人々だった。

奥日光にある丸沼（現栃木県利根郡片品村）は、明治末から養魚地として期待され、農商務省の水産講習所の主導によりアメリカ産紅鱒などが放養されていた。この沼が釣り人たちの桃源郷となるのは、東京倶楽部設立時からの会員で、鉄馬邸の近隣に住む鍋島桂次郎（外交官。神代鍋島家十六代当主）と、彼に誘われた土方寧《やすし》（法学者・法科大学学長）がここを訪れたことにはじまる。ともに釣り愛好家で、鍋島はイギリスの日本公使館勤務中にはスコットランドまで足を延ばして釣りをしたといい、土方は幼少時から品川沖で釣りを楽しみ、英国留学経験もある本格派だった。

ふたりは丸沼では魚がよく釣れるという噂を聞きつけ、日光湯元から険しい山路を越えて向かった。「早速その湖水に釣糸を垂れたが、釣れること、釣れること、実に面白かった」（土方寧「丸沼の鱒釣り」）。

鍋島が東京倶楽部会員に丸沼での釣りの話をしたところ、一緒に釣りをしたいという者たちがあらわれ、ほどなく丸沼鱒釣会が発足。丸沼の漁業権を申請し、毎年六月一日から十月末までの期間、会員はいつでも楽しむことができ、年一回の大会を催すことも定められた。鉄馬の釣り好きはよく知られていたことからこの会に誘われたようで、本人が書いている。

> 私が留学を終え、やっと日本に落ち着いた頃、鍋島桂次郎氏、土方寧博士、飯島魁《いさお》博士［動物・魚類学者］に勧められ、奥日光の丸沼でマス釣りを始めた。
>
> （赤星鉄馬『ブラックバッス』）

「丸沼鱒釣会」は当初十数人の会員でスタートし、会長に加藤高明（三菱を経て外交官、のちに首相）、会員は鍋島・土方・飯島のほか、鉄馬と親しい今村繁三・西園寺八郎などだった。やがて樺山愛輔・田中阿歌麿《あかまろ》（日本の湖沼学の先駆者）・中村是公（南満州鉄道総裁・逓信大臣を歴任、のちに東京市長）、実業界からは岩崎小弥太・古河虎之助・串田万蔵・森村開作・田中銀之助らが加わっていく。多くが東京ゴルフ倶楽部のメンバーでもあった。

会発足後には丸沼への険しい山道の改修工事費用を会員たちが全額負担するなどしており、富裕層ならではの贅沢な遊びだった。『東京朝日新聞』（大正五年七月三十一日付）が「日光山奥の大名式鱒釣会」と題して会を紹介した記事では、「贅沢にかけては何れ劣らぬ連中丈に」、釣り竿は英国から取り寄せ、「運賃込めて千余円」とある。この会は大正末期に「東京アングリング・エンド・カンツリー倶楽部」へと発展する。

鉄馬は釣りを楽しみながらも、ただ魚を釣るだけでは魚類が減少してしまうことを憂い、ブラックバスの日本への移入を考えはじめていた。
滞米中に知ったこの魚は、釣って楽しく、食べてもおいしく、日本の河川湖沼で繁殖し得る、などがその理由だ。こうも書いている。
「私は山中湖畔に別荘を持っている関係で、沿岸村民の生活を親しく見聞きしているのだが、山中湖畔の人々の生計の道は荷馬車での運送、冬期は炭焼き等で、魚類は乱獲のため年々減少し、漁獲によって生計を立てているものは疲弊に陥っていく一方であった」。そこで「大正二、三年頃より大学の教授、農業関係者等の渡米に際して極力［ブラックバス］移入を計ってみたが、どうしても目的を達することが出来なかった。理由は稚魚の採集が困難なのと、輸送が容易でないためである」（前掲書）。この計画を鉄馬が実現させるのは約十年後である。

　鉄馬は大磯に別荘をかまえていたが、明治末から大正初期にかけて、山中湖畔（山梨県）と、さらには箱根（神奈川県）にも別荘をつくっていた。どちらも別荘地として開発される最初期である。

　山中湖畔の別荘地開発計画は大水害（明治四十、四十三年）により、県全域の御料地すべてが恩賜県有林として県に払い下げられたことにはじまるのだが、地元には反対論もあったといい、バス運行開始（大正八年）後、本格的に開発されるのは大正末になってからだ。しかし鉄馬はこれ以前に別荘を建てていたことが新聞記事（「避暑地めぐり」）からわかる。

> ［山中湖］北の湖岸に三軒の別荘が在る、中央なるは（略）赤星氏の所有と聞く、別荘の縁《へり》に腰打かけて、並んだ松の間から湖面を望む処に此処の値打がある、他の二軒は樺山伯と河村純三［川村純義の次男川村純蔵か］氏との別荘と聞いた
>
> （『読売新聞』大正五年七月二十六日付）

　箱根の小涌谷地域に別荘が建てられたのは、明治末からである。三井家十代当主三井高棟《たかみね》が九千八百坪を購入し「層雲閣」と名付けられた豪壮な洋館を建てた。これより一帯の別荘誘致が本格的になる。

そして、さらにこれを契機として、その周辺では松坂三井家、新町三井家、伊皿子三井家といった三井諸家をはじめ、団琢磨、赤星鉄馬、藤田平太郎［藤田財閥二代目。伝三郎の長男］（二ノ平）なども別荘を構えるようになっていった。結果的にこうした別荘が建てられたことによって、小涌谷温泉は高級別荘地としても知られるようになっていったのである。　（鈴木康弘「箱根地域における別荘地開発について」）

鉄馬の父弥之助と藤田伝三郎の関係は第一章で紹介したが、いまやその息子同士が箱根に別荘をかまえるようになった。

この山中湖、箱根の別荘ともにかかわっているのは樺山愛輔だ。樺山家に長年仕えた人物がこう語っている。「大将［資紀］の時分から、山中湖畔に二千五百坪の土地を持っていらして、旦那様［愛輔］はそこに、古い藁屋を建てようとなすった事があります」（「家人の語る面影」）。

鉄馬の弟五郎は箱根の赤星家別荘について、愛輔の面倒見のよさを回想している。「箱根の時なんか、山の中にポツンと一軒じゃ淋しかろうといって、赤星、団、池田［三井財閥の池田成彬か］という風なグループを、予《あらかじ》め作って、順ぐりに近所に建てる話をつける。仲間まで作ってくれるんですよ」（「古い近親者は語る」）。

それにしても、身は一つしかないというのに、愛輔や鉄馬はなぜいくつもの別荘や東京の邸宅を持ったのだろうか。

おそらく、家や事業が危機に直面したときに備え、土地資産を持っておきたかったからだ。それらの土地を購入した時点では未開発であっても、周囲に実業家らの別荘が建ち並んでいくにしたがって、さらには交通網の整備によっても、土地価格が上昇することを見越していたのだろう。彼らは土地をめぐる情報にも通じていたにちがいない。

先述の樺山家に仕えた人物は、「御殿場［資紀が購入した二十数万坪の土地］がなかったら、樺山家はとっくに潰れております。大将もこちらも親子ともに、地所を買い込むことがお好きでした」と言い、愛輔の土地売買の才覚についても述べている。「お売りになればなったで、後の埋め合わせはチャンとつく様にしてある。昔から淡々としていらっしゃるが、地所で損したことは一度もない。高い所をお売りになって、余った金で広い所を買っておかれる」。一時は東京に永田町と大森、そのほか御殿場・大磯・山中湖、鹿児島にも土地を所有していた。

とはいえ、資紀時代からの土地購入資金がどうやってつくられたのかは謎である。海軍大臣や初代台湾総督（明治二十八－二十九年）などを歴任した資紀だが、俸給を元手にしただけでこれほどの土地資産を得ることができたのだろうか。

愛輔は鉄馬が土地を購入する際の指南役ともなったはずだ。後年、愛輔は「自分の一生は土地を売って生きてきたようなものだ」と語ったといい、樺山家、そして鉄馬所有の土地の大半は人手にわたっていく運命にある。

大正期、箱根地域の開発が進み高級別荘地としてのステイタスが確立され、分譲事業が活気づいた。このころ別荘分譲事業に乗り出した堤康次郎は、箱根・元箱根・湯本などの土地を手に入れた。「箱根土地株式会社」を設立したとき（大正九年）は三十一歳の若さだった。のちの西武グループ創業者、政治家である。

実業家としての一歩、孫文の訪問

鉄馬にとって、ゴルフや釣りは人脈形成と情報交換の場でもあっただろう。彼は実業家への道を歩み出していた。

父弥之助が実業界に躍り出たのは二十代半ばである。若き弥之助の働きぶりを薩摩閥の人々や、弥之助と面識のあった東京倶楽部の面々からも聞かされていたはずの鉄馬は、自身が築いた人脈を背景に実業界に登場した。

大正二年七月、「千代田火災保険株式会社」が設立され、社長に門野幾之進（三重出身で慶応義塾の要職を歴任）、取締役に樺山愛輔（昭和十三年社長に就任）らが就任。そして監査役のなかに鉄馬がいる。彼が生涯を閉じるときに「元千代田火災監査役」と紹介されることになる肩書だ。多くの株を所有したと思われ、調べたかぎりでは、だいぶのちの昭和二十一年の大株主名簿で上位から八番目、一万株とある。この当時でも個人所有者としてはトップだ。

大正二年八月、対中国投資会社「中国興業株式会社」が設立された。日本側出資者（法人・個人計八十八）の中に赤星鉄馬の名がある。

中国興業株式会社設立は、日露戦争に勝利した日本が中国進出の足掛かりを得たことにさかのぼる。明治四十三年に、中国の鉱山開発と調査を目的とする「旭公司」が三井物産によって設立されたが、調査費用を農商務省・外務省・陸軍省などが負担しており、国策と結びついた企業だった。

旭公司設立の翌年十月、「辛亥革命」が起こり、その翌年に中華民国臨時政府が成立、孫文が臨時大総統に就任した。しかしその地位は袁世凱に代わり、自らは鉄道敷設計画を中心とした経済建設に専念する意思を明らかにし、大正二年二月、来日する。

この来日は日中合弁の投資会社設立を目的として旭公司が企図したものであった。そして三月に日中合弁の中国興業株式会社の発起人会が開催される。日本側の発起人は渋沢栄一、大倉喜八郎、安田善三郎、益田孝（三井物産）、倉知鉄吉（前外務次官）、三村君平（三菱銀行）、中橋徳五郎（大阪商船）、山本条太郎（三井物産）の八名が名を連ねた。

（須永徳武「中日実業株式会社と国策的特質」）

孫文も発起人会に出席し、渋沢栄一とともに発起人総代となる。こうして会社創立準備が進められ、同年六月、発起人会決議書調印に至り、八月には設立総会が開催された。「渋沢子爵の率先指導の下に、我が財界有力者が挙って会社の創立に参加された」（『中日実業株式会社三十年史』）とあるように、日本の主要な法人や財界人が出資している。会社の資本金五百万円、総株数は五万、すなわち一株百円であった。

出資したのは、法人では三井・三菱・日本郵船・大阪商船・日本興業銀行・台湾銀行（千株）、住友・大倉組（七百株）、南満州鉄道（六百株）など。個人では渋沢栄一、綿布で財を成した薩摩治兵衛（五百株）らにつづいて、三百株を出資したのが、鉄馬のほか、古河虎之助・原六郎・高田慎蔵ら。さらに樺山愛輔・今村繁三・川崎八右衛門・根津嘉一郎（二百株）ら、馬越恭平や浅野総一郎（百株）など、おなじみの顔ぶればかりである。莫大な資産を持つ、ごくかぎられた人々が利権にかかわる情報もにぎっていたのだ。

鉄馬の出資は、渋沢栄一などから要請されたのだろう。当初は五百株出資予定だったというが、出資者が多数あったこと、かつて「済生会」寄付の際に叩かれたこともあり、周囲とのバランスを考慮して三百株に落ち着いたのかもしれない。

一方、中国側出資者は孫文をはじめ十二人にとどまった。中国側で払い込みができないならば「大蔵省で立替える」と、大蔵次官が渋沢に伝えるなどしており、会社設立を促した。「日中合弁の形式を採りながら、実際には中国投資を媒介に官民一体で中国の利権獲得を図ることを目的として設立された点は明らかである」（須永徳武・前掲）。

しかしこののち中国興業株式会社は中国の政治的混乱に翻弄されていく。孫文は日本の協力を得て、袁世凱に辞任を迫ろうとするのだが、日本政府は列国と一致して袁世凱支持へと舵を切っていた。ほどなく中国興業株式会社は袁世凱派に一新され、設立からわずか半年後に社名は「中日実業株式会社」へと変更される。

日本との関係をふくめ複雑に革命が展開する中国で、さまざまな折衝や問題処理をしていたのが、奉天省安東県領事（大正元年八月－五年十月）の吉田茂だった。

孫文は袁世凱打倒を企図する中、亡命者として再び日本に舞い戻った。日本の要人に支援を訴えるなど、さまざまな動きをするのだが、事態は好転しなかった。そんな最中の大正四年十月、四十九歳になる直前の孫文は、長年の支援者であった上海の実業家の次女宋慶齢（二十二歳）と再婚し、披露宴が日本人支援者の実業家梅屋庄吉邸で開かれている。

その約二ヵ月後の十二月十日、孫文が通訳を伴って、鳥居坂赤星本邸に鉄馬を訪ねている（『孫文・日本関係人名録』）。孫文の訪問目的も、鉄馬と何を話したのかも不明だ。おそらく資金援助を求めたものと思われる。

近代中国の苦闘を体現する孫文の人生は、このときから約九年後に幕を閉じることになる。なお中日実業株式会社は鉱山・油田・炭鉱などの事業を展開して三十年存続したが、株式配当があったのは二年のみで、赤字決算に終始した。

泰昌銀行設立

中国興業株式会社に出資する鉄馬は、同時期に「泰昌《たいしょう》銀行」（資本金百万円）設立に着手し、開業とともに頭取になった。新聞が報じている。

> 薩派の金満家赤星鉄馬氏は今回京橋区南槙町十五番地に資本金百万円の株式組織にて泰昌銀行を設立し自ら之が頭取たると同時に十五銀行支配人成瀬正恭氏［香川出身の銀行家・実業家］の令弟成瀬正義氏を支配人と為し薩派の十五、丁酉両銀行の後援を得て来る十六日より開業する由
>
> （『東京朝日新聞』大正三年一月九日付）

「薩派」（薩州財閥）とは薩摩出身人脈による企業群のことで、代表的なのは松方正義の息子たち（巌・正作・幸次郎・正雄・五郎・乙彦・正熊・義輔）による複数の企業と、松方正義の援助のもとに川崎造船所など重工業企業群を設立した川崎正蔵（幕末より薩摩藩の回船業務に携わり、維新後は政府関係物資の海上輸送を担ったことから造船業へと発展）一族による「神戸川崎財閥」である（鳥居坂赤星邸近隣の川崎八右衛門の「東京川崎財閥」とは別のもの）。川崎造船所初代社長に就任（明治二十九年）したのは、「松方コレクション」でも知られる松方幸次郎だ。幸次郎は同年生まれの樺山愛輔と幼少時にともに上京した仲であり、米国留学も同時期だった。ふたりが会うと薩摩弁で話し込み、親密な付き合いは生涯にわたった。鉄馬も松方一族と深い関係を築いた。

記事の「十五銀行」は、もとは有力華族の出資により設立（明治十年）された第十五国立銀行であるが、明治三十年、国立銀行としての営業期間終了に伴い、普通銀行に転換。その年、十五銀行関係者が開業したのが「丁酉銀行」である。両行とも川崎家、松方家など薩摩

人脈と資本が多面的にからみ合っており、十五銀行は「薩州財閥の金庫」とも呼ばれた。大正三年には宮内省金庫事務を命ぜられ、世間的信用を高めていた。

三十二歳の鉄馬も薩摩人脈のなかで銀行を設立。こんな新聞コラム（「東人西人」）がある。

> 赤星鉄馬君が百万円の資本を以て薩派の機関銀行を設立するに就て、押川則吉君［薩摩出身の農商務・内務官僚、貴族院議員。当時五十二歳］に其の頭取たらんことを申込んだ△押川君之を辞して曰く、ソンな銀行の頭取になれば政治的に死ぬる覚悟をしなくてはならぬが、我輩は未だその覚悟が出来ないから相談役位なら兎に角、責任ある頭取は御免蒙りたい（後略）
> （『東京朝日新聞』大正三年一月二十二日付）

鉄馬は泰昌銀行の設立と出資に異論はないが、頭取にはおさまりたくなかったのだろう。若い自分が前面に出ることを避けたかったのかもしれない。なお、押川則吉は後述する鉄馬の書簡から、鉄馬の相談役を担ったことがわかる。押川はこの記事の半年後に官営の製鉄所（福岡県八幡）長官に就任。しかし大正八年、収賄事件発覚により自殺を遂げてしまう。

泰昌銀行開業から数年後、頭取には鉄馬に代わって松方巌が就任するのだが、設立当初から取締役としてかかわったのが樺山愛輔だ。

鉄馬が、泰昌銀行設立の最中に取り組んでいたのが朝鮮忠清南道成歓《ソンファン》に創設する「成歓牧場」である。大正三年三月、鉄馬が朝鮮から愛輔に送った墨書の手紙がのこっており（□

は判読不能文字）、銀行運営についても書いている。

前略

いよいよ時を得て去る二十六日は東京駅出発当水原《スウォン》に明後二十八日到着致し候これより牧場の計画と狩猟に命を延べし申す可く候

東京出発より降電水原に至るまで雹ぜめにてその寒さは又格別成歓は零下十五度との事

当地にて本田〔幸介〕□□等皆々大元気（略）

扨而《さてしかして》

先達申し上げ置き候件は何ぶんとも宜敷《よろしく》様御取り計ひ被下《くだされ》たくお願い上げ候

又銀行の一件に就いては先日も申し上げ通り左の条順により御研究御相談の程願い上げ

いづれ小生帰京までには具体的草案を作製なし置き被下願い上げ候

一、吉田君の担保としての北浜、鬼怒川等泰昌銀行の担保ならざるものの処分仕《つかまつ》る

二、泰昌銀行の担保としての物件の大概の名文

三、定期重役会の集合

四、営業上に於ける□□の制限即チ何円以上ナル時は重役会の証任を得ル事等事務及支配人又ハ頭取の権限の縮小

五、監査役の権限の拡大

六、現金精査の定時等致すこと
七、銀行事業の大小ハ押川〔則吉〕氏に相談
以上ハ□□の浮び出たるものまで猶《なお》貴考の上とくと条項を御研究願上て先づは要件のみまで

三月一日　鉄馬

愛輔さん

泰昌銀行頭取となった鉄馬は、「牧場の計画」のため、朝鮮水原（京畿道）に赴き、現地調査に着手するが、滞在中に趣味の狩猟を楽しむ心づもりだったようだ。銀行設立やそのほかのことで神経をすり減らし、気分転換をしたかったのかもしれない。それでも運営の懸案事項の解決策について愛輔に伝えたのだった。

気になる点がある。「二」の「吉田君」とは誰なのだろう。

親密な呼び方からして、吉田茂ではないかと推測した。地名を手がかりに調べたところ、明治十七年、群馬において鬼怒川とともに温泉観光開発が進められた伊香保の温泉小間口（温泉取入口）権を、「横浜西太田町　吉田健三」が地元所有者より五百円で買い取っていたことがわかった。吉田茂の養父健三（明治二十二年没）である。健三は十七年に大磯に別荘をかまえたが、このころ、開発が見込まれる伊香保にかかわる権利を手に入れていたのだ。

松方正義の内大臣就任を祝して、島津邸に参集した薩摩名士。前列左から2人目が牧野伸顕、5人目が松方正義、6人目が樺山資紀、2列目右から4人目が赤星鉄馬（大正6年夏。島津出版会編『しらゆき――島津忠重・伊楚子追想録』つかさ書房より）

ちなみに、赤星弥之助が樺山資紀に宛てた書簡（年月日不明。「樺山家関係文書」）の冒頭に「伊香保ヨリ帰京仕り……」という一文がある。書簡はこのあと、渡米中の前田正名《まさな》（薩摩出身の農商務省官僚。弥之助の縁戚）への送金の件（前田は明治十五－十六年に欧米出張）などを相談しているのだが、「伊香保」が気にかかる。やはり弥之助と吉田健三は明治十年代半ばに接点があったのかもしれない。

養父没後の吉田茂は、養母士子《ことこ》が保養のために「箱根や伊香保」に逗留する際にはお供をしたというから、伊香保には別荘があったのだろう。健三の資産を受け継いだ茂は、その運用などを泰昌銀行つまり鉄馬に託していたのではないか。鉄馬がこの書簡を書いた当時、吉田は中国在任中だが、ふたりは連絡を取り合っていたと思われる。

さらに書簡の内容で注目されるのは、鉄馬

が頭取の権限を制限し、銀行運営を開かれたものにしたいと考えていたことだ。アメリカ留学をした人ならではの近代的経営感覚を持っていたといえよう。

とはいえ、その件を伝える手紙が墨痕鮮やかで、薩摩流にもすっかりなじんでいたこともわかる。たとえば、松方正義の内大臣就任（大正六年五月）を祝う会が島津忠重公爵邸（大崎町袖ヶ崎。現品川区五反田・清泉女子大学本館）で催された際、薩摩出身の名士がこぞって参集し、記念写真が撮られているのだが、長老をのぞけば大半が燕尾服や軍服なのに、とびきり若い鉄馬は羽織袴である。周囲の人々はその姿に亡き弥之助を重ねたのではないだろうか。

鉄馬はまさに「ポーク・アンド・ビーンズと酒寿司」の人、アメリカと薩摩の世界を共存させていたのだった。

成歓牧場設立と本田幸介、馬生産事業の背景

さきの鉄馬の手紙が発信された場所に注目したい。

「朝鮮水原勧業模範農場　本田方」。手紙本文にも「本田」と尊称なしで書いていることから近しい関係がしのばれるように、彼は鉄馬の従兄、本田幸介である。この当時、朝鮮総督府勧業模範場（農作物の品種改良および農業技術開発などの研究機関）の場長であった。

またしても鉄馬の縁戚が登場するが、本田の経歴を紹介しておく。

本田幸介は、元治元年（一八六四）薩摩に生まれた。父の野村盛秀は、五代友厚の窮状を救ったといわれる薩摩藩士である（第一章）。彼の妻、すなわち本田の母が、赤星弥之助の長姉トクであり、鉄馬にとっては伯母になる。野村夫妻の次男として誕生した野村幸熊は、ほどなく本田仲次郎の養子となり、名を本田幸介とあらためた。

明治十三年九月、上京して駒場農学校農学科（のちに東京農林学校）に入学。同時に入学したのが、彼と従兄弟関係になる磯長海洲（タイの写真師）であった。海洲は一年余りで退学してしまうが、本田は勉学をつづけ、卒業後は農商務省に入省。二十二年から東京農林学校教授となる。二十四年にはドイツに留学、さらにヨーロッパ各国を歴訪して調査し、二十八年に帰国した。

東京帝国大学教授として畜産学講座を担当していた明治三十年、アメリカから長沢鼎が三十二年ぶりの帰国をしたおりに、赤星弥之助邸（市谷加賀町）で撮影された一族の写真（第二章扉）の中には本田の姿もある。当時十五歳の鉄馬とも会っていたのだが、それ以前から弥之助邸によく顔を見せていたにちがいない。樺山愛輔の回想によれば、農学校在学中の本田が、樺山資紀（当時警視総監）邸に出入りしており、資紀が食事をふるまったという。「薩摩の芋蔓」の伝統が郷里出身の苦学生を支えたのだった。

本田は明治三十六年から農事調査のため大韓帝国に派遣された。その三年後、漢城（現ソウル）から四十数キロ南方の水原に統監府勧業模範場の設立計画が立案され（明治四十年五月に正式開場。日韓併合により改称）、本田は初代場長に就任するとともに、付設の水原農林学校校長の任にあたった。本田は朝鮮植民地農政の確立に多大な影響を及ぼした人物として知られ、のちに九州帝国大学農学部初代部長、宮中顧問官などを歴任する。

彼を従兄に持つ鉄馬が朝鮮に牧場を創設した理由は何だろうか。

この牧場は六百町歩（約百八十万坪）の敷地を持つ「成歓牧場」としてスタートし、やがて敷地を拡大して「成歓農場」となり、昭和二十年まで存続した。最終的に水田や田、林地をふくめ総面積「九百五十町三反六畝」（約二百八十五万坪）に達する大規模農場となり、牛馬豚などの畜産事業も展開した。

けれども鉄馬をはじめ、運営にかかわった赤星家の人々は成歓農場の事業内容について何も語っておらず、書いてもいない。それでも、それほどの規模の農場ならばくわしい資料があるにちがいない。私は成歓農場に関する文献を探し求めたが、なかなか見つからず困り果てていた。すると、大磯の赤星家にガリ版刷りの冊子『成歓農場要覧』（昭和十九年十月）がのこされていたのだ。

それを目にしたときの驚きは言葉にできない。この冊子には牧場創設から約三十年にわたる年次ごとの事業が簡略に記録されていた。この記述のもととなったのは日誌や経理などの詳細な記録だと考えられるが、そうした書類は一切のこされていない。『要覧』は、成歓農場の運営を担った鉄馬の長男猪一が終戦後の動乱のなかで日本に持ち帰った唯一の資料だった。

成歓農場のドラマはおいおい追ってゆくことにして、まずは創設のいきさつをたどろう。

当農場ハ元来赤星鉄馬ガ其ノ個人事業トシテ朝鮮ノ風土ニ適応スベキ強健ナル実用乗馬ヲ生産セントシテ大正四年創設セルモノ（略）

牝馬事業ハ赤星鉄馬ガ朝鮮ニハ昔時所謂《いわゆる》胡馬ト称シテ蒙古馬繁殖ノ史実アリ且《かつ》風土蒙古ニ類似スル所モ存スルヲ以テ蒙古馬ヲ輸入シテ之ニ同ジク風土蒙古ト相通ズル所アル伊「イタリア」型及波斯《ペルシャ》ヲ原産地トセルアラブ種及其系統ノ馬ヲ以テ配合スルニ於イテハ強健ニシテ従順且持久力ニ富ム蒙古馬ノ特長ト軽快ニシテ敏捷且姿勢端麗ナルアラブ種ノ特長トヲ採リ以テ朝鮮ニ適応セル体軀五尺位ノ乗用馬ヲ得ベシトスル熱心ナル希望ニ基クモノタリ

（『成歓農場要覧』）

鉄馬はその名前に因むかのように米国留学時代から乗馬に親しみ、帰国後の兵役では騎兵隊に属するなど、馬とのかかわりがあったけれども、朝鮮での馬生産事業を計画したのは畜産学の第一人者である本田の影響がつよくあったと思われる。

朝鮮の馬生産の歴史は古く、良馬の産地としても知られたが、鉄馬は朝鮮の在来馬と輸入種を配合するなどして優れた乗用馬の生産をめざしたという。しかしそれは「個人事業トシテ」であったのか。

それを解くには日本の軍馬政策を見なければならない。

日清戦争（明治二十七－二十八年）において動員された軍馬は五万六千頭で、つづく日露戦争（明治三十七—三十八年）では十七万二千頭に達し、軍馬の需要が高まっていた。明治初頭の日本の馬は小型の在来馬が大半で、実戦において軍馬としての資質に問題があることが明らかになり、大型馬を大量に確保することが軍事的進出の急務とされた。軍馬資源化をめざして実施されたのが「第一期馬政計画」（明治三十九—大正十二年）である。

この計画では、国内馬の三分の一を「血統更新」（洋種血統の導入）することが目標とされ、北海道・東北・九州・その他の地方で馬生産が進められた。こうして国内馬に占める洋種・雑種の割合は、十二パーセント（明治三十九年）から七十九パーセント（大正十二年）、九十七パーセント（昭和十年）と飛躍的に伸びるのである。「第二期馬政計画」（大正十三—昭和十年）後、日中戦争が勃発した昭和十二年から二十年までの間、五十万頭から六十万頭の軍馬が動員されたといわれる。

鉄馬が成歓牧場を興したのは、第一期馬政計画半ばの時期であり、この計画に沿った事業だと考えてよいだろう。ほどなく勧業模範場などに「種馬所」が設置され、朝鮮での馬生産が奨励されていく。それに先立つ成歓牧場開設は、洋種血統導入のための研究機関としての意味合いがあったのではないだろうか。

成歓は日清戦争における激戦地として知られる地だ。明治三十八年に京釜鉄道が開通し、現ソウルより約八十五キロの地点に成歓駅が開業していた。鉄馬は牧場開設にあたって複数の候補地から地理的条件などが合致した成歓に決定するのだが、その経緯には本田幸介はじめ勧業模範場の技師たちが全面的に協力している。先述の手紙を送る直前の大正三年二月、本田は牧場予定地を調査し、四月には勧業模範場技師らが実地調査をした。これを踏まえて鉄馬は七月に民有地の買収にとりかかる。

そうして十一月、磯長海洲が予定地内で「開設事業に着手ス」。タイの写真館を明治四十三年ごろ日本人弟子に譲り、バンコクを去った海洲が大正三年まで何をしていたのか、まったくわからない。ともに農林学校に入学した本田幸介に誘われたのか、または鉄馬が「変わり者のおじさん」に新天地を与えたのか。海洲は大正四年十二月にメキシコ旅行をしており（第二章）、その旅行は成歓牧場にかかわる調査も目的であったのかもしれない。

心強い人物が加わるのは大正三年十二月である。高名な農学者でアジア諸国に農業視察をした経験もある美代《みよ》清彦（農商務省技師）が主任として来任（大正六年末まで）。この人事も本田と関連するのだろう。成歓牧場はこの年に民有地（水田・田・山野草生地など）二百五十町歩（約七十五万坪）を購入した。土地価格は坪あたり「二銭以下」が購入条件だったので、最高額だとすれば十五万円ということになる。翌大正四年一月には「国有未墾地」三百五十町歩（約百五万坪）の貸付を出願する。

ここで朝鮮総督府による土地政策について述べておきたい。朝鮮において進められた「土地調査事業」（明治四十三―大正七年）は、旧来からの朝鮮人地主などが所有する土地に対して地税の厳正な査定・徴収の基礎とするためのものであったとされる。これにより、旧李王朝の直営地、土地所有権の申告がなされなかった土地や村落共有地などが国有地に編入され、日本人に払い下げられた。こうした土地政策についてはさまざまな論議があるが、ここでは触れないでおく。ただ、この土地調査事業は日本人資本家の進出をさらに促すことになった。日韓併合以前から土地を取得し、農場経営に進出した日本人は多数存在していた。個人のほか、会社として代表的なのは、国策会社「東洋拓殖会社」（明治四十一年）が最も規模が大きく、ほかには渋沢栄一の「朝鮮興業株式会社」（明治三十七年）、大倉喜八郎の「大倉農場」（明治三十六年）、三菱財閥の「東山農場」（明治四十年）などが挙げられる。

当初鉄馬は「実用乗馬ヲ生産セントシ」たのだが、計画が進行するにつれて農作物生産をふくめ大規模なものになっていった。購入した民有地、貸付を受けた国有地の広大な敷地に、第一農場（畑作・果樹の栽培・乳牛の飼育）、第二農場（牧馬）、第三農場（飼料作物の栽培）などの計画案のもと開墾作業が進められ、さらには広大な水田も購入するなど規模はさらに拡大し、施設の建設、植林も進められていく。

成歓牧場の事業は勧業模範場長の本田幸介が主導した朝鮮農政と連動したものだろう。さらには鉄馬自身が米国留学中に何度となく滞在した長沢鼎のファウンテングローブの農場運営にも触発されたと考えられる。

長沢は、第二回帰国（大正二年）の際に朝鮮に立ち寄っており、本田の勧業模範場を訪れたと思われる。模範場では、大正五年に馬の「改良試験ヲ行ナフコト」（「朝鮮馬事調査」）になり、この年に本田が米国出張をした際、ファウンテングローブを訪れ、長沢から与えられたアラブ種の馬を朝鮮に送ったとされる。

成歓牧場の開墾作業と並行して、鉄馬は牧場の一角に朝鮮伝統住宅を移築している。もとは朝鮮王朝時代の高位官職「判書」の屋敷（建坪百三十七、のち百四十五に増築）であったといい、外観は朝鮮伝統様式、内部の一部を和式・洋式に改装した。応接室・事務室・書斎・食堂・炊事場などのほか十一室。移築・改築には二年を要したといわれ、豪壮な建物となる。鉄馬らの住居、牧場事務所も兼ねたこの屋敷を鉄馬は「翠遠閣《すいおんかく》」と命名し、建物を取り囲む二千坪の庭園も整備される。樹々が茂り、さまざまな種類の花が植えられた。地域住民に「花のお屋敷」と呼ばれたという翠遠閣は、激動する朝鮮・韓国を見つめることになる。


　ところで、鉄馬が成歓牧場の第一歩を記した朝鮮水原から送ったさきの手紙の宛先は、「東京市麴町区　日本製鋼所事務所内　樺山愛輔殿」である。

　日本製鋼所は明治四十年、国産兵器を製造する会社として、イギリスの兵器メーカー、アームストロング社やヴィッカーズ社、日本の北海道炭礦汽船会社（愛輔は明治四十三―大正元年、取締役）などの出資によって設立され、愛輔は大正三年一月に常務取締役に就任した。

　この当時から愛輔に接していた石塚粂蔵（のちに日本製鋼所会長）は明治四十一年に入社。彼の証言によれば、「翁〔愛輔〕が日本製鋼所に関係されたのは、団琢磨さんの推挽による」（「翁と日本製鋼所」）。だが愛輔は「所謂商売の事には格別タッチされなかった」といい、彼が力を発揮したのは、人脈をつなげ、社内を円滑に動かすことだった。「個人的な特殊な子分は持たれず、部下に対しては総て公平に、温情をもって扱っておられた」。ことあるごとに社員を自宅に招いては労をねぎらい、若い者が自由に語り合えるようにお酒もととのえた。愛輔はお酒をたしなまないが、酔った部下たちから洩れる本音には有益な情報もあったのだろう。

しかしながら、永田町の自宅や御殿場の別荘にもよく行ったという石塚さえ、日本製鋼所初期の裏話を聞き出すことはできなかった。「そういう点、お口の堅いお方であったようだ」。

愛輔が常務取締役に就任した大正三年一月、日本は政財界を巻き込む一大疑獄事件で揺れていた。海軍高官、三井物産などがからんだ贈収賄事件、いわゆる「シーメンス事件」である。

第五章　啓明会

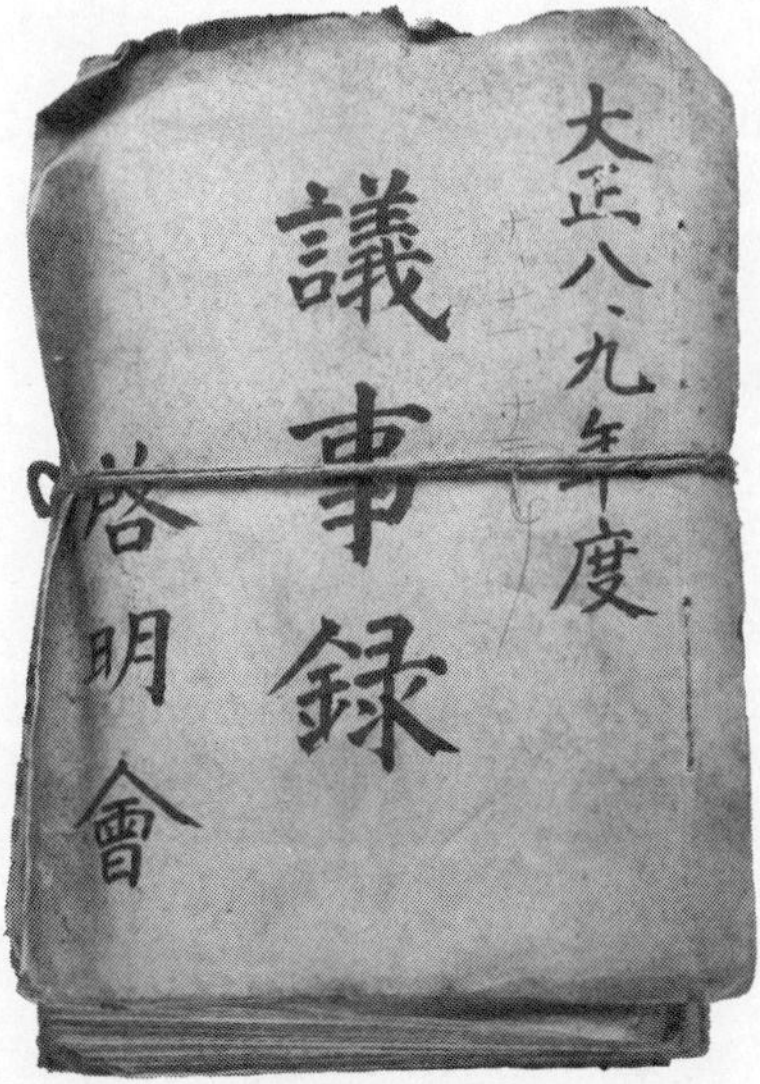

牧野伸顕が顧問となり、鉄馬が資金提供して設立した学術財団「啓明会」の議事録

シーメンス事件

シーメンス事件は大正三年（一九一四）一月二十一日、ロイター通信社（イギリス）がドイツ・ベルリンからの報道を伝えたことに端を発する。

その前年に日本海軍へ無線装置などを納入したドイツの「シーメンス」社の社員カール・リヒテルが東京支店より重要書類を窃取し、会社を脅迫。ベルリン地裁において恐喝罪で懲役二年の判決を受けたのだが、くだんの書類には日本海軍高官への高額なコミッションが支払われていた事実が含まれていたことが明らかになった。

その二日後の二十三日、『時事新報』がロイター電全文を掲載し、大きな波紋が広がった。おりしも帝国議会衆議院では、一億四千五百万円におよぶ海軍軍備充実費と、それに伴う財源（営業税・織物消費税などの微増）を含む予算案が審議中だった。軍事費は日露戦争終結後も国家予算の三分の一を占めつづけていたのだ。『時事新報』報道の当日から議会で野党が政府を厳しく追及。ほどなく検察も動き出し、海軍省内にも査問委員会が設置される。

その真相究明の過程でシーメンス社のみならず、イギリスのヴィッカーズ社がかかわった案件（明治四十三年の巡洋戦艦「金剛」の契約）へと問題は発展していく。

ヴィッカーズ社はアームストロング社とともにイギリスの二大兵器会社であり、日本代理店（ヴィッカーズ社は三井物産。アームストロング社はジャーディン・マセソン商会および高田商会）を巻き込んで激しい受注競争を展開していた。

ヴィッカーズ社は、「金剛」受注にかかわるコミッションを三井物産に対しては「金剛」の代金の五パーセント、日本製鋼所へも手数料五十七万四千円を支払っていたことが判明した。それを証言したのは日本製鋼所常務取締役だった松方五郎だ。同社は薩摩閥が重役を占めており、樺山愛輔が常務取締役に就任したのはシーメンス事件発覚の大正三年一月、同時に同社会長になったのが高崎親章（薩摩出身の官僚・政治家）だ。

日本製鋼所がアームストロング、ヴィッカーズ両社の出資により設立されたことはすでに述べたとおりだが、設立時に山本権兵衛や斎藤実らが「会合シテ相談セラレタ事ガアリマシタ」と証言したのは、山内万寿治《やまのうちますじ》（海軍中将・前日本製鋼所会長）である（「検事聴取書」）。

シーメンス事件は国際的な一大疑獄事件となり、検察はシーメンス、ヴィッカーズ両社関係者の取り調べをし、海軍高官らは軍法会議に付せられる。

事件発覚から間もない同年二月十日、野党三党が「山本権兵衛内閣弾劾決議案」を上程したが否決される。この日開催されていた「内閣弾劾国民大会」（日比谷公園）には五万人ともいわれる人々が集まり、弾劾決議案否決を知った群衆は国会議事堂を包囲して警官隊と激しく衝突。百五十人が逮捕され、十二日には四百六十五人が検挙された。

日露戦争以来の長引く不況への不満が高まっていた。当時の都市部の若夫婦の月収が約三十円、うち食費が十七円を占めるという厳しい生活であるのに、租税負担額は増加する一方だ。にもかかわらず海軍予算は桁外れに伸びていく。薩摩閥がからんだ巨額の贈収賄事件に大衆の怒りが爆発し、大正デモクラシーの機運も背中を押したのだった。

やがて議会では海軍充実費予算のうち七千万円を削減する案が出され、ついに同年三月二十四日、山本権兵衛内閣は総辞職する。のちには両事件にかかわった海軍高官、三井物産社員らに懲役刑などの判決が下された。

シーメンス事件をまっさきに議会で取り上げたのは、立憲同志会の領袖島田三郎である。

島田三郎は嘉永五年（一八五二）、江戸生まれ。官僚、ジャーナリスト（民権派の『東京横浜新聞』）を経て、政治結社「嚶鳴《おうめい》社」（自由民権・国会開設を主張）幹部として政党設立に参画。帝国議会開設による第一回衆議院選挙（明治二十三年）で神奈川県一区選出の議員として当選し、以来十四回当選を果たす。「足尾銅山鉱毒事件」の農民運動の中心人物田中正造の盟友としても知られる民権派だ。

島田は第二回帝国議会（明治二十四年十一―十二月）において、「〔樺山資紀〕海軍大臣の演説に対して」反論し、このときすでに海軍の拡張計画および予算増加案を激しく批判していた。「海軍大臣は明治以来あれ丈の仕事を遣ったのは、薩長内閣の功であると言はれゝば、我々は斯の如きことを遣ったのは蓋《けだ》し薩長内閣の過であると明言するを憚からぬのである」と述べており、このたびのシーメンス事件は島田と薩摩閥との因縁の対決というべきものだった。

シーメンス事件報道の当日、議会で追及した島田は事件の概要を述べ、さらにロンドンの「ある会社」が日本海軍高官に贈賄をしていたなどの情報をつかんでいると明かす。

　余〔島田〕は曽《かつ》て警保局長たりし人が在官当時自ら国家を辱しむるの行為を敢てしたる事実、又鹿児島県人赤星弥之助が軍艦の才取に依りて暴富を致せる事実並びに我閣僚〔山本権兵衛内閣〕の某々氏等が共に右二個の事件に関聯せることを知る。

（『東京朝日新聞』大正三年一月二十四日付）

これに答弁した斎藤実海軍大臣は「余も今朝新聞を閲読して一驚せり」といい、調査をして真相を明らかにするとし、つぎのように述べた。

　外国の会社は日本に於ける一手販売者に対して、所謂コミッションを与ふることを聞けり。左れど政府は日本に於て憖《なま》じい契約を為すは兎角の疑惑を招くの虞《おそ》れあれば、常に海外駐劄の本邦大公使の手を経、競争入札に附して契約を定むるを慣例とせり。従って赤星某とは何等の関係なし。

（前掲新聞）

さかのぼれば明治二十年（一八八七）秋、樺山資紀の海外視察に随行したのが山本権兵衛であり、弥之助はこれに同行して一足先にロンドンに赴きアームストロング社と交渉し、そのエージェントを引き受けさせてほしい旨の書簡を送った相手が斎藤実（当時在ワシントン）だった。そのいきさつは第二章で述べたとおりだが、山本・斎藤は知らぬ存ぜぬを押し通した。

島田はシーメンス事件追及の当初から赤星弥之助の名を挙げた。右の新聞の五面には「頗る不都合の海軍▽海軍の大堕落」と題した「島田三郎氏談」が掲載されている。

▲一葉落ちて天下の秋を知るならば天下の観物は是からである一体全体赤星鉄馬なる男は輓近《ばんきん》大魔術者が手品を使ったよりも猶不思議な事から大富豪になった一事は富士山が一夜で出来た様な不可思議の富豪となった原因は帝国海軍の製艦コミッションに基因すると云ふだけなら天下は猶太平だ此赤星は山本権兵衛とノッピキならぬ親戚のみならず更に
▲鹿児島県人で更に樺山［資紀］伯とは切っても切れぬ親戚だから驚くよ而《しか》して青山墓地にある鉄馬の父弥之助の墓を見給へ大久保甲東［利通］の墓より数等立派ではないか（後略）

島田は薩摩閥の川崎造船所と海軍の関係なども把握しているとし、「僕は猛然として天下国家の為獅子吼する事を誓って置く」と締めくくっている。

赤星弥之助は、シーメンス事件はもとより、「金剛」発注時もこの世の人ではない。にもかかわらず、島田はなぜ弥之助の名を出したのか。海軍高官への贈収賄はシーメンス事件に始まったのではなく、長きにわたって行われてきたのであり、とりわけ薩摩閥は縁戚関係などを利用して巨利を得た者がいる。弥之助はその代表的人物で、その資産をそっくり受け継いだ鉄馬の富豪ぶりを見れば明らかだ、と島田は述べる。島田は「金剛」以前の十数隻におよぶ軍艦発注にかかわる海軍高官の癒着をも暴く意気込みだったのだろう。

弥之助がアームストロング社のエージェント的立場にあり、巨利を得たのは事実だが、明治三十年ごろには弥之助に代わり高田商会がその地位を得たとされる（第二章）。だが批難の矛先が鉄馬にまでおよんだのは、シーメンス事件発覚の直前、若き鉄馬が「薩派」とされる泰昌銀行を設立したことが報じられた直後であったこともかかわるのだろう。

シーメンス事件発覚直後から鉄馬と弥之助を取り上げた報道が相次いだ。

「問題の富豪赤星鉄馬　大久保甲東を凌ぐ父弥之助の墓石」と題する記事では、シーメンス事件に関し、「端なくも議会の問題に上れる赤星鉄馬」との見出しで、鳥居坂赤星家本邸の豪壮さをつぶさに描き、こうつづく。

> 更に赤坂台町にある別邸には即ち先代弥之助が海軍により獲得せりと称せらるゝ巨万の富の中に育てられし鉄馬夫妻が居住し、これ亦堂々たる構造にして台町の高台に巍然《ぎぜん》として四方を睥睨《へいげい》するものゝ如く、而も鉄馬夫妻は目下手を携えて湘南地方を旅行中なり。赤

星家は先代以来樺山大将とは親戚と伝へられ、且つ山本首相等とも其出身地同一なるに及び種々の関係より親戚以上の親密なる交際をなしつゝあり。又薩摩出身の各大官縉紳《しんしん》特に海軍部内に孰《いずれ》も親交ありといふ。

（『報知新聞』大正三年一月二十五日付）

さらに記事は、島田の指摘に則って大久保利通の墓石に比べ弥之助の墓石は「壮大を極めたり」と紹介。「維新の三傑」と呼ばれ、暗殺という悲劇的結末を迎えた大久保を引き合いにした島田の目の付けどころは冴えていた。記事を読んだ大衆の怒りを煽る効果は充分あっただろう。

この記事の翌日、『山陽新聞』が「赤星鉄馬とは何者ぞ　人を驚す豪奢の生活」という見出しで、同様の内容とともに、鉄馬は「上流道楽息子の団体なる東京倶楽部の一人」であり、花柳界でも知られる存在だと報じた。

弥之助についての記事も続けざまに出た。

「暴富を積める一代分限　赤星弥之助の昔」（『報知新聞』同年一月二十六日付）

「中間の男　海軍とシ［シーメンス］社との間に怪しい男あり」（『東京朝日新聞』同年一月二十九日付）

「収賄問題の由来（一）日清戦役前は内地関係　赤星巧に樺山伯に随《したが》ふ」／「同（二）赤星ア［アームストロング］会社と握手す　軍人大に赤星を羨む」（『読売新聞』同年一月二十九日、三十日付）

雑誌『生活』(同年三月号・博文館)は三ページで「海軍長者の一人　故赤星弥之助」を特集した。

いずれの記事も、巨利を得た弥之助の背景と生涯を追っている。なかには誤りや憶測も混ざり込んでいるものの、共通するのは彼と樺山資紀との密接な関係を指摘していることだ。しかし明治二十年の海外視察に弥之助が同行した件は資紀とは無関係だとして、資紀本人には切り込んでいない。

辞職に追い込まれた山本権兵衛は、弥之助がロンドンでアームストロング社と交渉したのは彼が勝手にやったことで、自分は一切関係ないと強調している(『東京朝日新聞』同年三月十七日付)。

やがてシーメンス事件は未解明の部分も多く残されたまま幕引きとなり、「金剛」以前の軍艦発注と海軍高官の関係が解き明かされることもなかった。名前が取り沙汰された人々は、樺山愛輔のごとく「お口の堅いお方」を貫いたのだった。

のちのことだが、山本権兵衛は大正十二年に首相に返り咲くものの、同年の皇太子狙撃事件(虎ノ門事件)の政治的責任をとり、翌年一月、再び内閣総辞職をする。斎藤実は朝鮮総督(大正八―昭和二年)、首相(昭和七―九年)を歴任するが、「二・二六事件」(昭和十一年)で暗殺される。

鉄馬はシーメンス事件とは何のかかわりもないにもかかわらず、当時の報道があとを引き、「シーメンス事件の赤星」という印象を人々にのこした。何も語らずにいた鉄馬の胸の内は推し量るしかないが、精神的に相当傷ついただろうし、父から資産を受け継いだことで自分が世間の厳しい目にさらされていることを再認識しただろう。

シーメンス事件で日本が揺れる最中の大正三年七月二十八日、オーストリア＝ハンガリーがセルビアに宣戦布告する。第一次世界大戦の始まりだった。

ハプスブルク帝国内の紛争にとどまらず、瞬く間に世界大戦へと発展。ドイツはオーストリアとの協約を盾にロシアに宣戦布告。フランスは同盟関係にあるロシアの要請を受けて動員を開始。するとドイツはフランスに宣戦布告し、さらにはイギリスがドイツに宣戦布告。イギリスと同盟を結んでいた日本もドイツに宣戦布告（大正三年八月）し、日本海軍はイギリス海軍の護衛作戦（大正六年）に加わることになる。

さらにイギリスの「ルシタニア号」がドイツにより雷撃（大正四年五月。第三章）され、多数のアメリカ人死者が出たことで米国内に反独感情が高まり、アメリカはドイツに宣戦布告する。

鉄馬が初航海の乗船客となり、新婚旅行の際にも乗ったルシタニア号が撃沈されたというニュースを知ったとき、彼は「戦争」というものを実感したのではないか。それは米国留学中のぼんぼんの欧州旅行であり、人目を引く美しい新妻とともに旅をするという、当時の日本人としては稀有な体験だった。国と国との思惑が一瞬にして人の命を奪い、笑い声がさざめいた豪華客船があっという間に沈没してしまう……。ルシタニア号を実際に知る鉄馬だからこそ感じた言い知れぬ恐怖があったはずだ。

ところがこの戦争は日本に好景気をもたらすことになり、鉄馬もその恩恵にあずかることになる。

第一次世界大戦進行中、鉄馬は朝鮮の成歓牧場設立に没頭していた。

大正三年に民有地二百五十町歩を購入し、翌四年には、国有未墾地三百五十町歩の貸付を出願して同年十月二十八日に許可され、この日を成歓牧場開設記念日とした。乳牛や豚を勧業模範場より譲り受け、設備をととのえていき、事務所・乳牛舎・耕牛舎・貯蔵庫・乾草舎・肥料舎・気象観測所などを建てた。果樹や農作物の栽培が開始され、多種類の樹木を植樹していく。

大正六年には周辺の民有地をさらに買収。アメリカよりアラブ種の馬八頭を購入するのだが、その際に付き添ってきた米国人が四ヵ月滞在して飼育管理の指導もしたという。ファウンテングローブの長沢鼎が派遣した人物だろう。さらには朝鮮国内で蒙古種の馬なども買い入れると同時に、馬生産の施設の建設に着手し、牧場周辺の道路改修、排水工事も進めていった。

　この年には水田二百二十町歩・田畑五十一町歩・林地四百七町歩、総面積六百七十八町歩（約二百三万坪）となり、その三分の一ほどが小作人に貸し付けられた。小作人に対しては日用品を廉価で販売したり、貯水池の整備には八割を負担したり、無利子の貸付制度もととのえたという。やがて成歓牧場内に畜産や農業に従事する人々のための住宅も建設されていき、日本からの移住者も多くいたとされる。

　成歓牧場の歴史を伝える唯一の資料『成歓農場要覧』で目を引くのは、植樹の記録である。「赤松及櫟《くぬぎ》十二町歩ヲ植樹ス　其ノ他風致樹トシテ山桜、白樺、唐松、霧島ツツジ、砂糖楓、プラタナス、多行松、銀杏、朝鮮山桜等」（大正四年）、「落葉松、山赤楊〔ハンノキ〕、櫟等二十町歩ヲ植樹ス」（大正五年）、「黒松、赤松、櫟等二十七町歩植樹ス」（大正六年）……「櫟、赤松、山赤楊等二十三万一千本ヲ植樹ス」（昭和三年）など、成歓牧場設立時から継続して木が植えられている。

　それらの樹木が木材として使われたのは第二次世界大戦末期のごく一部にすぎず、利益を生むために植樹されたのではなかった。米国留学中にカナダなどの森林地帯の素晴らしさを知った鉄馬の意思によるものだったのではないだろうか。最初に植えられたのは朝鮮在来種のほか、「砂糖楓」は北アメリカ原産で、樹液を煮詰めたものがメープルシロップとして使われる。「霧島ツツジ」は、もとは鹿児島の霧島に自生した木である。鉄馬のさまざまな思いも採り入れて、植える木が選定されたとも思える。

これらの多種類の樹木は敷地内で根を下ろし、枝を伸ばし、葉を茂らせた。その樹々が成長した姿を私が目にするのは、植えられてから約百年後のことである。

鉄馬の当初の計画に沿って、馬の生産に成歓牧場が本格的に取り組むのは大正六年以降のことで、一時は七十から八十頭を所有した。そのなかから優良馬も育ち、大正十三年には「摂政宮殿下」（のちの昭和天皇）に二頭（アラブ種・準アラブ種）献上するため東京に移送されてもいる。だが、馬の病気の発生などにより昭和十年（一九三五）に馬生産事業は廃止されることになる。

成歓牧場で馬に乗る文と長女秋子

やがて成歓牧場では牛を育て、牛乳やバターも生産販売するのだが、主軸は農産物生産であった。これらにともなう設備や研究所の建設、また多数の専門家や労働者を雇い入れるなどし、費用は莫大になっていった。それでも鉄馬は農産物などを生み出し、樹々を植え育てていく事業に大きな満足感を得たことだろう。父弥之助が軍艦や兵器の「コミッション」によって巨利を得たのとは異なる、かたちとなって目に見える事業であり、十年後、二十年後の「未来」に思いをはせることができるのはよろこびでもあったはずだ。

しかし、成歓牧場設立時に現地で陣頭指揮を執ったのは鉄馬ではなく、主任に任命した美代清彦や勧業模範場長の本田幸介と思われる。鉄馬の役割は増大していく事業資金の調達であった。

大正バブルと赤星家入札

大正五年の「全国五十万円以上資産家表」（時事新報社第三回調査。総数二千二百一名）によれば、鉄馬の資産は「五百万円」である。鉄馬と同額の資産家として、松方正義・益田孝（三井財閥）・浅野総一郎（浅野財閥）らが名を連ねた。
資産「二億円以上」という岩崎家や三井家が突出し、安田善次郎（七千万円）・古河虎之助（六千万円）・大倉喜八郎（三千万円以上）・高田慎蔵（二千万円）とつづく東京府五百九十五名の資産家のなかでも、鉄馬は上位五十名にランクインしている。「大日本百万長者一覧表」（明治四十三年）と比較すれば、彼は六年間で資産を二百万円も増やしたことになる。総理大臣の月給が千円という時代である。

雑誌『実業之日本』（大正五年八月十五日号）に掲載された「華族・富豪宅地番付」は相撲番付にならった一覧だ。東京に住む華族・官吏・学者（東方）、実業家（西方）に分けており、東方の横綱は広島藩最後の藩主で侯爵の浅野長勲《ながこと》（二万九千坪）、西方の横綱は銀行家の原六郎（一万七千七百坪）、団琢磨・根津嘉一郎・渋沢栄一の順で、鉄馬は十五位（三千八百坪）に位置していた。父弥之助から相続した東京市内の土地は約五千五百坪を確認できたが、うち千七百坪を売却していたことになる。その代金で山中湖や箱根に別荘をかまえたのだろう。

潤沢な資産を維持する彼は大正六年春、弥之助が蒐集した美術品や茶道具を売却することを決断した。その時期からして、成歓牧場運営資金調達に関連するのかもしれないが、資金繰りに窮していたとはとうてい考えられない。「五百万円」とされる資産は今後の赤星家安定のために確保しておき、道具類売却の一部を成歓牧場運営に投入する計画だったのではないか。

鉄馬は道具売却の件をまず樺山愛輔に相談し、さらに愛輔が団琢磨と協議した結果、琢磨と親交ある茶人高橋箒庵（義雄）が売却の「世話人」を担うことになった。箒庵は生前の弥之助を知っており、彼が道具類を買い漁る様を「鰐魚」と評した人である（第二章）が、鉄馬本人から売却を決意した理由を聞いている（高橋箒庵「名器と持ち主」）。鉄馬が語った要旨はつぎのようなものだ。

亡父弥之助は名器を蒐集したが、その取り扱いにはとても厳しく、専門の道具係を置いて手入れや虫干しにも余念がなかった。弥之助没後は母がその任にあたっており、大変な負担になっているにもかかわらず、母は嫁にはこのような辛い仕事をさせるわけにはいかないと言うばかりだ。母も道具係も年老いた。自分は刀剣を蒐集（のちに鉄馬所有の太刀「銘国行」

「銘来国光」が国宝指定された）しているものの、書画骨董の趣味はない。「左れば名器は自身に其趣味を解して、深く之を愛惜する者が其恰好の持主」だろう。「伝来の所蔵品を亡父同様之を愛重する人に譲りて、其保存を託するが名器の為に最も幸運なるべしと確信し、今度挙げて之を公売せんと覚悟したる所以なり」。

鉄馬は弥之助が没してから十三年の間、私立美術館設立や博物館寄付も考えたが、遺品の大半が茶器のため取り扱いが難しく、ふさわしくない。愛好家ならば大事に保管し、後世にも伝えられると判断した、という。箒庵は鉄馬の説明に納得したようだが、この「道具売却」にはもう一つ大きな意味があったのではないかと私には思える。父からの自立、すなわち亡きあともシーメンス事件で取り沙汰されるほど大きな存在である弥之助からの解放の契機にしたい、と考えたのではなかろうか。

いずれにしても、なぜこの時期に売却するのか、鉄馬は述べていない。

箒庵は鉄馬について「三十代の壮年紳士で、相当の教育もあり欧米の事情にも通じ、当時朝鮮に於て農作事業に従事し、家事を老母堂に委ねて自身は平常朝鮮に在住せらるゝ」（『近世道具移動史』）と紹介している。成歓牧場の事業規模を把握していない様子なのは、鉄馬がくわしく語らなかったからだろう。

成歓牧場の事情よりも注目すべきはこの当時、美術市場が空前の活況を呈していたことだ。

大正三年（一九一四）七月二八日に勃発した〔第一次世界〕大戦に経済界は大動揺した。

明治末年来の不況は、これによって、いっそう深刻化し、とくに生糸をはじめとする輸出産業は恐慌状態に陥ったが、臨時軍事費八億八〇〇〇余万円が計上されるに及び、また、ヨーロッパ商品の退潮によって東洋、南阿［南アフリカ］、南米市場の覇権を日本が握ることにおいて、輸出も急速に増加し、同四年下半期から、一挙に好況に転じた。（中略）

大正五年、経済は急速に回復し、好況があらわれる。

美術市場は、大入札が目白押しである。

（東美研究所編『東京美術市場史』）

この一文にある「臨時軍事費」とは、戦争における陸海軍の作戦行動に必要な経費を一般会計から切り離した特別会計のことだ。第一次世界大戦においては、日本がドイツに宣戦布告（大正三年八月）した翌月、臨時軍事費特別会計の設置が議会で決議された。八億八千百六十六万円が計上され、シベリア出兵（大正七年八月）などの費用として引き継がれ、大正十四年四月まで継続される。

臨時軍事費は「特需」を生んだ。シーメンス事件に端を発した海軍にかかわる疑惑が究明されなかった理由もこのあたりにあったのだろう。軍事費は増大していき、国家予算に占める割合は、三十五・六パーセント（大正三年）から、六十五・一パーセント（大正八年）に達する。

戦争が始まると、海軍は民間の船舶を好条件で借り上げたが、その傭船料は十数倍、売買価格も二十倍以上にも跳ね上がった。浅野財閥の浅野総一郎は造船事業に乗り出し、そのほか多数の汽船会社が設立され、いわゆる「船成金」が出現。戦争に巻き込まれたヨーロッパ諸国に代わり、日本がアジアやアフリカの輸出市場を一時的に独占し、空前の好況を呈した。綿糸や綿布のほか、軍需品や食糧などが輸出された。年ごとの「輸出品総価額」推移が好況を示している。

大正三年　五億九千百万円（七月、オーストリア＝ハンガリーがセルビアに宣戦布告）
四年　七億八百万円
五年　十一億二千七百万円
六年　十六億三百万円
七年　十九億六千二百万円（十一月、休戦協定）
八年　二十億九千九百万円
九年　十九億四千八百万円
（『明治大正国勢総覧』より算出）

国際収支は一気に好転し、大戦前は十億九千万円の債務国だった日本は、二十七億七千万円の債権国となった。造船・鉄鋼・電力・紡績などの分野で起業がなされ、本格的な工業国へと転換していく。製鉄会社数は官営一・民営二十一（大正二年）だったのが、官営一・民営二百八（同七年）に激増。工場の新設・拡張資金は大正四年から九年の間に百四十三億七千万円にのぼる。中小の財閥が勃興し、その多くが銀行経営にも乗り出した。

大戦勃発より五年間で国民総生産は九十五円（大正四年）から二百八十一円（同九年）と三倍に伸び、工業生産高は約五倍へと拡大。株価も高騰していき、大正四年の東京株式相場の平均は百六十四円だったのが、翌五年には三百十五円と、最高潮に達した。こうした好況は損保会社にも波及し、鉄馬が大量の株を保有する千代田火災も好業績を計上した。配当率は八パーセント（大正六年）から十四パーセント（同十一年）の伸びである。

鉄馬はまさにこのとき、弥之助の美術品や茶道具を売却する決意をしたのだ。

「老母」の苦労を案じてのことだと鉄馬は語ったが、この当時「美術市場は、大入札が目白押し」であり、彼はその好機を逃さなかった。そのセンスは、成歓牧場における農産物生産や植林、馬生産など年月を費やす事業を手がけていることとは矛盾しているように思えるが、収穫や売却をするのに最もふさわしい時期と買い手を見定めるという点においては同じことなのかもしれない。

戦争特需の好景気を背景に大正五年五月と七月、二回にわたる「仙台伊達家入札」があり、大きな話題になっていた。伊達家の売立ては「旧大名が名前を掲げて所蔵品を処分した最初の機会であった」（『東京美術市場史』）。その入札総額は百五十万円に迫ったといい、最高額は「名物唐物岩城文琳茶入」の五万六千円だった。

さて、伊達家入札の華やかさを皮切りとして始まった好景気は、その直後のより大きい入札によって、絶頂に達する。

翌六年五月一日の秋元家〔旧上州館林藩主・子爵〕入札では一〇万円を超える品が、啓書記「瀟湘八景帖」並びに〔藤原〕信実「栄華物語絵巻」〔現国宝〕と二つも出現した。大記録である、総数二六〇点で、八〇万円程度の売上を見込んでいたのが、なんと、一四七万八〇〇〇円に達し、会場には異様な興奮が渦巻いた。（略）

次の大入札は、同六年六月一一日の赤星鉄馬のそれであった。（『東京美術市場史』）

赤星家所蔵品入札に先立って、大正六年三月三十一日、実業家社交クラブ「交詢社」において初会合が開かれた。鉄馬、高橋箒庵、団琢磨らのほか、入札元となる道具商が集った。四月十五日から三日間におよんで赤星家での調査がなされ、茶道具、書画など総数千四百点にも達したという。さらに箒庵は「後世に残っても恥ずかしくない目録」の作成に着手。アートペーパーをアメリカより調達したという豪華版だった。六月七日、八日には特別下見会が催され、千五百人が詰めかけた。入札会は「熱狂相場」になるにちがいないとの下馬評であった。

赤星家入札は、東京両国（本所区元町）の旧料亭を買い取って設立（明治四十年四月）された「東京美術倶楽部」で催され、著名財界人がやって来た。その模様を新聞各紙が報じ、中でも『読売新聞』は紙面の二段を費やし、こんな見出しを打った。「氷柱《つらら》で冷して大懸引《おおかけひき》　両国橋畔は五月雨空《さみだれそら》も暑い〳〵　大入札に煽り立てた赤星相場」。

赤星家の大入札は前二日間の下見に木戸止め五度と云ふ空前の景気を見たがいよ〳〵昨日の入札日には折からの梅雨晴れの
△温かな光りを受けて、入札場なる両国美術倶楽部は物凄い古美術の市場と化した、東京、京都大阪十三名の札元は暗い中《うち》から帳場を立てゝいると、午前九時半頃から続々繰込んで来る骨董屋の群が十一時過ぎには四百余と註せられ、四十畳三間ぶつ通しの二階の大広間に陣取つて、互に最勝の地位を選び安坐《あぐら》を組む四百の骨董屋は、東京、大阪、名古屋、京都金沢を始め
△殆んど全国からと云つたすばらしい景気であつた、午後一時過ぎいよ〳〵入札の小さい箱が四百人の前を通つて行く（略）
京阪組のねばりに引かれてやうやう午後四時近く開札の声がかゝる、大広間や青竹で囲んだ札元席には
△巨大な氷柱が押立てられて蒸せるやうな人いきれをとかして行く、そこへ赤星鉄馬氏の姿も見えて煽りに煽つた高値を長い目で見て居たが、四千三百卅円まで付いた「光琳佐野渡硯箱」を値が折合ぬとて親引け［関係者が引き取ること］にしたりして、場は益々はづんで行つた　（『読売新聞』大正六年六月十二日付）

この日の入札は深夜二時にまでおよび、総数三百点、総額三百九十五万円に達した。

人々を驚愕させたのは、中国・南宋中期に宮廷に仕えた画家梁楷《りょうかい》の「雪景山水図」（現国宝・東京国立博物館所蔵）である。その所有者は足利将軍家、酒井家（若狭小浜藩主）を経て、赤星家と変遷した。道具商らによる下見会では「下値六万円」と評価されていたが、結果は二十一万円で落札され、三井家が購入。箒庵は「維新後と云はんか日本開闢以来と云はんか、兎に角空前の相場なり、啻《ただ》に掛物のみに限らず、書道具押並べて一品二十万円以上に達したるは実に今回が最初なり」と興奮気味に記している。

高額品の落札者はおなじみの実業家たちである。団琢磨は「馬麟布袋双幅」（十三万一千円）「新兵衛山雀茶入」（四万四千三百円）「美濃井戸茶碗」（二万十円）を、神戸の「船成金」として名高い勝田銀次郎が「元信筆全身龍」（十万五千円）などを、益田孝は「猿若茶入」（十万円）などを、根津嘉一郎は「那智瀧図」（八万五千六百円。現国宝・根津美術館所蔵）を手に入れた。

箒庵は、赤星家入札の熱狂相場の理由をこう述べている。「所謂《いわゆる》成金時期の中間にあつて、未だ其景気の絶頂には達しなかつたが、夫《そ》れだけ前途洋々として希望に充ちて居た為、競争の結果法外の高値を出す者があつて」のことで、ほどなく価格が半値になった品もあるという。大正バブルの勢いならではの異常な熱気だった。

赤星家入札は、二回目、三回目が行われ、一回目と合わせ総額約五百十万円に達した。この大正六年から八年にかけて、佐竹侯爵家・近衛家・水戸徳川家・松平子爵家・郷（誠之助。実業家）男爵家など多数の大入札があった。一品の価格としては、郷誠之助所蔵の「芸阿弥山水図」が三十一万八千円を記録した（大正八年）などの事例があるが、赤星家の売上げを超える額の入札は、物価が上昇した昭和に至ってもなかった。

大正六年当時の「五百十万円」を現在の貨幣価値にすると、百十億四千万円（総理大臣給与などをもとに換算）という目もくらむような金額になる。

学術財団「啓明会」設立

鉄馬に巨富をもたらした好景気は、一方では物価高騰を招いた。たとえば米一升の価格は十三銭（大正四年）から四十四銭（大正九年）という乱騰ぶりである。投機目当ての米買い占めが横行した。庶民にとっては許しがたく、富山県下新川《しもにいかわ》郡魚津町で女性たちによる「米騒動」（大正七年七月）が発端となって全国に波及していく。

こうした大衆の怒りをよそに新聞各紙は赤星家の名品が誰の手に渡ったのかなどくわしく報道している一方、成金への批判的な声も少なくなく、皮肉も込められたつぎのような意見が掲載された。

伊達家［入札］以来一層著しいのは由緒を貴ふことである。真偽を論ぜず大名出の品物と云ふ事が成上りの家宝に適する。次には成金同志の競争が金に糸目をつけぬこと、盲目相手に道具屋連の共同勢力が潜勢力を有すること、是等が同一而記録破りの高値を示す原

因だと云ふ人もある、苦々しい事だ（略）

唯あれだけの金が黴臭い土蔵の中に寝て了はずに若し生きて働いたらと想はざるを得ない、教育事業や救済事業や金に縁の遠い方面へせめて此赤星家だけでも廻したい（後略）

（『東京朝日新聞』大正六年六月十三日付）

この意見に応ずるように、それから五ヵ月後、新聞に「百万円を公共事業　赤星家が入札金を割いて」という記事が出た。

先般前後三回に亘り家蔵の珍品を売立て五百九万九千五百円といふ莫大な売上高を以て入札界を驚かせた赤星鉄馬氏は此内一百万円を割いて之を公共事業に提供することになつた。

此事に関しては赤星氏は予《かね》て知遇を得たる伯爵樺山資紀及び同令嗣愛輔氏に万事を計り種々協議の末発表することとなつたのである。これに就き樺山愛輔氏を日本製鋼所に訪ふて其意見を問ふ。『赤星氏が一百万円を全部直に寄附するのではなく之れを基金としてそれから生ずる利子の適当の方法を以て寄附する事になつている。

併《しか》し如何なる形式で如何なるものに対し寄附するかそれは自分等は勿論赤星氏自身にも未だ分つていないのである。世間では之れに関してあゝだとか斯うだとか誠しやかに憶測を逞しうしている向もあるやうだが赤星氏は全然思ひも寄らぬ事なので一笑に附している』

（『中央新聞』大正六年十一月九日付）

あの入札の売上げの行方がさまざまな噂になっていたのだろう。鉄馬はメディアの取材に応えず、愛輔が対応したのだった。この記事が出た同月、鉄馬夫妻に長女秋子が誕生した。

大正七年八月八日、日本初の本格的学術財団とされる「啓明会」が設立された。

その経緯は、鉄馬が赤星家売立て総額のうち五分の一にあたる百万円（現在の貨幣価値にして約二十億円）を公益事業に役立てる方法を、牧野伸顕（文部大臣などを経て当時枢密顧問官）に相談したことにさかのぼる。大久保利通の次男である牧野については第三章で述べたとおりで、樺山愛輔が敬愛する「同郷の先輩」である。

牧野は学術財団設立に向けて、近親者など薩摩出身者とともに運営方針を定めていった。愛輔をはじめ、牧野の実弟の大久保利武（貴族院議員）、鉄馬の従兄本田幸介、鉄馬の泰昌銀行での相談役を担った押川則吉など、欧米留学・視察経験がある彼らや、薩摩出身の官僚山之内一次《かずじ》とともに啓明会運営の骨格を作った。

啓明会の「総則」第三条が会の特色を示している。

　本会ハ公益ニ資スル為メ左ノ事業ヲ行フヲ以テ目的トス

一　特殊ノ研究、調査、著作ヲ助成シ発明発見ヲ奨励スルコト

一　必要ニ依リ本会自カラ専門家ニ依嘱シテ前項ノ事業ヲ為スコト

一　外国ニ於ケル同種ノ事業ヲ紹介シ又ハ著作ヲ翻訳スルコト

一　本会ノ目的遂行ノ為メ必要ナル講演ヲ開キ又ハ出版ヲ為スコト

　啓明会は、独創的な研究を奨励し、他の研究調査機関が取り上げないテーマであっても価値があると認められるものならば積極的に支援していく方針を掲げた。そのテーマは幅広く、助成対象者を広く公募することとした。また、海外の学術研究を日本に紹介し、それらの成果を社会に知らしめるための講演や出版をすることも事業の柱としている。

　会創設の社会的背景を述べておく。第一次世界大戦により一時は好景気に沸いた日本だが、戦争終結後ほどなくヨーロッパ諸国が国力を回復しつつあり、それらと伍していくためにも日本の「独創力」「創造力」が求められ、その基礎となる「研究調査」「発明発見」の重要性が唱えられていた。

　イギリスには古くから「王立協会」などの学術団体があり、アメリカでは財閥による「カーネギー財団」（明治四十四年・一九一一）と「ロックフェラー財団」（大正二年・一九一三）、ドイツでは「カイザー・ウィルヘルム学術促進協会」（明治四十四年）などが設立され、新研究開拓のための大規模な助成がなされていた。牧野や愛輔はこのことをよく知っていたのだろう。

　一方、近代日本での研究助成事業は、国家機関の「帝国学士院」（明治三十九年、東京学士院を改組して設立）がはじまりである。皇室からの下賜金（年間二千円）を受け、さらに明治末から大正初期にかけて三井家・岩崎家・住友家・古河家などの財閥が年間千円を寄付し、「一般研究補助」が開始された。

民間の財団としては、「森村財閥」の六代森村市左衛門が十万円を提供して大正三年に設立された「森村豊明会」がある。「教育、慈善、救恤《きゅうじゅつ》其他之ニ類スル公益事業」を目的として設立されたが、会の活動や助成の内容はわかっていない。鉄馬とともに「自動車遠乗会」（明治四十一年）に参加した市左衛門は大正八年に没した。

ほかに民間の研究助成団体としては、徳川・松平一門が醵出した二十余万円を基金とした「東照宮三百年祭記念会」が大正四年に設立されている。会則に「高等研究ヲ助成スルヲ主眼トス」とあり、年間一万数千円の助成をした。もっとも研究課題と対象者は公募ではなく、会に推薦したのは帝国学士院だった。

大正六年には、渋沢栄一を設立総代として、皇室・政府からの補助金および民間からの寄付金を基に、科学系総合研究所「財団法人理化学研究所」が設立されている。

森村豊明会や東照宮三百年祭記念会がそれぞれに先駆的な意味を持っていたとはいえ、それらの基金規模はあまりに小さかった。社会的な影響力という点から見れば、十分なものではなかった。本格的な助成活動を展開した財団としては、一九一八（大正七）年八月設立の（財）啓明会がその最初のものであろう。

（林雄二郎・山岡義典『日本の財団』）

啓明会は鉄馬が提供した百万円（有価証券）を基金とし、利子運用をして事業を運営する。当初の利子収入は年間六万円にのぼり、諸費用を除いた五万円を研究助成にあてることができ、一件四千円としても、年間十二件をまかなえる。数年にわたる研究助成期間も保証した。ちなみに、啓明会設立と同年に文部省の科学研究奨励費の交付が開始されているが、その予算は年間十四万五千円、帝国学士院が五千円から六千円である。啓明会は当時の日本の公的機関と民間合わせた全研究助成費の五分の一を占めたのだった。

資金を提供した鉄馬は三十六歳の若さである。それにもまして際立つのは、彼が当初から啓明会と赤星家の「私的関係を一切排除すべき」と明言していることだ。鉄馬は「寄付者との私的因縁が公共機関としての本会の運営に累を及ぼすが如きことなきを切望された」（啓明会常任理事・鶴見左吉雄《さきお》「総説」『日本文化最近二十年誌』所収）といい、啓明会の設立者にさえならず、役員に名を連ねることもなかった。

見事な態度というべきだが、そのようにした理由は鉄馬の人脈がかかわってくるからだろう。鉄馬はもともと天文学者の家系という出自もあり、縁戚には多分野の研究者がいる。釣り仲間にも学者がおり、以前から「薩摩の芋蔓」といわれる密接な人間関係からもさまざまな援助を求められてきた。さらには親しい知人などを通して研究助成を得るための便宜をはかってほしいと要望される可能性もある。啓明会にそうした人間関係を持ち込まれては会の公平性が保たれず、運営に支障をきたすと判断したのではないだろうか。たとえ縁戚や知人からの研究助成申請であっても、鉄馬が推薦することはなく、採用決定にも一切関与しなかった。

鉄馬は会の名称に「赤星」を冠することも固辞している。これも啓明会が「公共機関」であることを明確にするためだろう。もっとも、鉄馬は済生会の高額寄付を叩かれたり（第四章）、「シーメンス事件」で取り沙汰されたり、といった苦い記憶もあって表に出ることを極力避けたのだとも考えられる。

「啓明」を発案したのは、会理事となる小松謙次郎（貴族院議員、のち朝鮮・京城日報社長）だった。「啓明には文明啓発という意味づけをすることもできようし、それは暁の明星のことだから、赤星氏を連想することもできるし、世の中を先駆けて明るくする、文明文化の進歩に尽くすという意味を持たせることもできよう」（『啓明会創立五十年記念誌』）と説明し、会役員らの賛同を得てこの名称が決まった。「ともあれ、寄付者からこれほどまでに独立してスタートした財団は、日本に限らず欧米でもめずらしいのではなかろうか」（前掲『日本の財団』）と指摘される。

啓明会創設にあたって、牧野が実務を託したのが「徳望あり人格者たることに着目」した平山成信（当時宮中顧問官）である。

平山は嘉永七年（一八五四）、江戸生まれ、横浜でフランス語を学んだ。農商務省・外務省・大蔵省勤務を経て、松方正義の信任を得た。二次にわたる松方内閣（明治二十四－二十五年、二十九－三十一年）において内閣書記官長を務めている。その一方、教育分野においても、東京仏学校（法政大学の前身）創設（明治十九年）の際の一員であり、帝国女子専門学校（現相模女子大学）設立（明治四十二年）にもかかわり、第二代校長に就任、女子教育の発展に尽力した功績が知られる。

牧野と平山の親交は、薩摩閥が占めた松方内閣のころからはじまったと考えられるが、牧野が平山を啓明会に招き入れたのは、この学術財団においては薩摩色をなるべく排除し、開かれた運営にしたいと考えたからではないか。ふたりが啓明会の設立者となって関係官庁に設立申請をし、許可された。

ほどなく啓明会の陣容が決まる。多忙な牧野は顧問となり、平山が理事長に就任。常任理事に鶴見左吉雄（農商務省官僚）、さらに四名の理事は、串田万蔵・山之内一次（前出）・松浦鎮次郎（文部省官僚、のちに九州帝国大学総長）・小松謙次郎で、理事会六名の役員のうち薩摩出身者は山之内ひとりだった。

助成申請採用の可否を決定する評議員会は十五名で構成された。平山以下理事会の六名のほか、大久保利武と、学界から、新渡戸稲造（思想家、農学者）・大河内正敏（物理学者、大正十年より理化学研究所所長）・高松豊吉（応用化学者）・古在由重（哲学者）・沢柳政太郎（教育者、東北帝国大学初代総長・成城学園創立者）・阪田貞一（工学者）・桜井錠二（化学者、のちに帝国学士院長）・三宅秀《ひいず》（医学者、第二回遣欧使節団［文久三年・一八六三］に随行した）ら。委員には芳賀矢一（国文学者、国学院大学学長）・長岡半太郎（物理学者）・鳳秀《ほうひで》太郎《たろう》（工学者、与謝野晶子の実兄）・塚本靖（建築家）が就任するなど、錚々たる人物が名を連ねた。やがて理事や評議員は入れ替わっていくが、会には専門分野の一流人物が集まった。

啓明会の事務全般を担う幹事に就任したのが、当時三十二歳の笠森伝繁《でんはん》（農村社会学者、のち駒沢大学教授）だ。石川県出身で、東京帝国大学卒業後、神奈川県庁に勤務したが、鶴見左吉雄に推挙され、会に参画した。笠森はこれ以来、半世紀におよんで啓明会にかかわっていく。彼の有能ぶりは、啓明会設立時からの関係書類がきちんと整理・保管され、一世紀を経た今日も赤星家にのこされていることからもわかる。経理の書類には、効果的な資産運用がなされ、健全な財務管理が維持されていたことが記録されている。笠森のほか、事務員や給仕も雇用され、体制がととのえられた。

啓明会事務所は、麴町区永楽町（現千代田区丸の内）の「東京海上ビルディング」（大正七年九月竣工）の一室である。欧米諸国のオフィスビルにならい、日本初のビルディングを名乗った建物だ。コの字型のビルは鉄骨煉瓦構造七階建て、四年半の歳月をかけて完成。一階のアーケードには店舗が並び、二階から七階にかけて大小さまざまな「事務室」があった。エレベーターがあり、暖房も完備、電話やメールシュートなどの最新通信設備がととのえられ、宴会場・食堂・喫茶室・ビリヤード室・バー・医院・郵便局などもある。ビル竣工と同時に、オーナーの東京海上本店のほか、名だたる銀行や貿易会社、船会社、保険会社、外資系企業などとともに、啓明会事務所も入居した。その年間賃貸料は給与所得者年収（五百八十三円・大正九年）の二倍に相当する。

啓明会の特色

啓明会設立は新聞各紙に大きく報道されたこともあり、大正七・八年度の研究助成申請は、百三十五件（機械・化学など七十九件、政治・経済・文芸・美術など五十二件、そのほか四件）に達した。そのうち「第一回」として採用されたのは次の十三件である。

一　古社寺所蔵図書の調査（五年・五千円）　高楠順次郎
二　「アイヌ」調査事業（三年・四千百七十六円）　河野常吉
三　生体染色の研究（六年・二万円）　清野謙次
四　日支対訳漢辞典（一年半・二千五百二十円）　服部操
五　俗間薬の研究（三年・九千六百三十円）　八木精一
六　仮名調査事業（三年・五千四百円）　大矢透
七　植物色素の生物化学的及分光化学的研究（四年・九千円）　柴田桂太　柴田雄次
八　日本産魚類図説の発刊（六年・二万八百円）　田中茂穂
九　英国博物館所蔵支那古写本の研究（千五百円）　矢吹慶輝
十　校本万葉集の整理及刊行（三年・二万四千円）　佐々木信綱

十一　中央亜細亜発掘の古画の模本作製（二万円）　瀧精一
十二　西日辞典の出版（六千四百七十六円）　清野三郎
十三　東洋音楽理論の科学的研究（三年・六千円）　田辺尚雄《ひさお》

多彩なテーマを網羅しており、今日においても重要な基礎的研究・出版に助成がなされた。

第一回に採用決定された申請者の大半が専門分野における高名な人物であるのは、実績からしても当然だろうが、その一方啓明会は、広く門戸を開く方針をとったことを理事の鶴見左吉雄が述べている。「経費の豊富なる官立公立等の機関に関係し、研究費に不足を感ぜぬ学者等よりも、寧ろ研究費を有せずして、空しく有為の天才を朽ちしむるが如き研究者等に特別の注意を怠らぬ考え」といい、それを実践した証として注目される在野の二名について補足しておきたい。

「二」（「アイヌ」調査事業）の河野常吉は北海道庁嘱託として研究に従事し、拓殖調査・北海道史研究で業績をあげ、アイヌ研究でも知られる。申請した調査研究はアイヌの歴史、風俗を中心とした資料の蒐集などとしている。

これが端緒となったのか、啓明会は、英国人宣教師ジョン・バチェラー「アイヌ辞典の増補改版」（大正十年・七千五百円）や、金田一京助「アイヌ伝説研究の整理」（大正十五年・千円）などの助成をする。

「十二」（西日辞典の出版）の清野三郎は宮城県出身で、明治三十年に「榎本武揚植民団」の一員としてメキシコ・チアパス州に渡った。当地の日本人移民に切望されていたスペイン語・日本語辞典は、日墨協働会社（メキシコ）の社員村井二郎が編纂に取り組み、大正六年に脱稿していた。同社貿易部（東京神田区）に赴任していた清野三郎が出版助成を申請。辞典は大正十四年に刊行され、メキシコ日本人移民らの生活に役立った。

ところで気になるのは、「三」（生体染色の研究）の清野謙次（清野三郎とは無関係）である。京都帝国大学医学部助教授（大正十年より教授）の清野謙次は、鉄馬の妻文の実兄である（第三章）。

会との私的関係を一切排除すると明言した鉄馬だが、清野謙次の二万円もの申請に対しては理事会が何らかの配慮をしたのではないかという疑念もわく。そこで笠森伝繁がのこした「議事録」（大正八・九年度）を調べたところ、清野は理事会での「説明聴取」を二度受けていたことが判明した。平山理事長や理事らから、研究計画の概要、その意義などについてくわしい説明を求められたのだ。資金提供をした鉄馬の義兄といえども、理事会は客観的な態度で申請内容を検討し、採用決定に至った。清野は「生体染色研究」により、大正十一年、帝国学士院賞を受賞する。

さきの「議事録」では採用の可否について数回の理事会が開かれ、議論がなされた経緯がわかる。申請内容を専門家に調査依頼することもあり、理事らは真摯な態度で検討を重ねた。たとえ高名な人物であっても、「不採用」となる事例も多く、会設立と同時に「奥羽民間伝承の蒐集」を申請した柳田國男もそのひとりだ。のちに柳田はテーマを変更して再申請し、

「日本民俗語彙の編集刊行」（昭和十一年・二千五百円）が採用された。また、ある東京帝国大学医学部教授の申請内容を理事会が検討した結果、啓明会ではなく国家が責任をもってなすべき研究として不採用にしたこともある。

採用となった研究者の多くが帝大卒や博士の肩書を持つが、学歴や経歴が重視されたわけではない。その一例として、評議員の沢柳政太郎が着目した市井の鉱物学者市川新松（慶応四・一八六八年生）がいる。

福井出身の市川は小学校卒業後、代用教員を経て、三重県師範学校助教諭となった。鉱物学と出会い、水晶の研究に着手。画期的な論考を発表したが、在野の市川を認めようとしない国内の学閥との確執が生じたこともあり、教職を退いて郷里に戻ったあと独学で英語・独語・仏語などを学び、アメリカの科学雑誌に投稿を重ねていた。

そのことをアメリカ旅行中に知った沢柳が市川本人に申請を促したという。こうして大正十年に採用されたのが「日本産鉱物の蝕像に関する研究」（三千円）である。市川が収集した鉱物標本類（現国の登録記念物）を収蔵した「市川鉱物研究室」（福井県越前市）が現存している。

啓明会は女性研究者への支援としても先駆的だったといえる。助成を受けた三名はつぎのとおりだ。

日本初の女性理学士（女性理学博士としては二番目）の黒田チカは、東北帝国大学（現東北大学）理科大学化学科を卒業。日本初の女子帝大生三人（大正二年）のうちのひとりだ。女性たちに東北帝大への門戸を開いたのが、沢柳政太郎（当時同大総長）だった。黒田は啓明会に「紅色色素の研究」（三千円）を申請し、大正十二年に初の女性研究者として採用された。

黒田とともに東北帝大に入学したとき四十歳だった丹下梅子（ウメ）は日本で二番目の女性農学博士となり、彼女も啓明会から「脂肪の栄養価の研究」（昭和六年・二千円）の助成を受ける。さらに昭和十六年には、日本における「女性史学」の創設者高群逸枝の「大日本女性史の著述」（橋本イツエ名義で申請）にも会が助成（三千円）し、高群は苦闘しながらも長い年月を費やして大著を著していった。

わずか三名とはいえ、啓明会の支援は助成金以上に女性研究者たちへのエールという大きな意義があっただろう。

独創的なテーマに着目し、採用された研究や出版事業は成果が出るまで数年を要したものも多い。第一回採用リストの「八」（日本産魚類図説の発刊）は、釣り好きの鉄馬も楽しみにしていただろうが、全四十八巻が完成するのは、当初の六年計画を大幅に超えた十一年後、昭和五年である。

啓明会では採用決定者に進捗状況の報告を求めたが、研究が進行する中、さらなる資金が必要になることもままあった。たとえば、「九」（英国博物館所蔵支那古写本の研究）は高く評価され、写真集出版の声が高まった。啓明会は当初の千五百円から追加助成を決定し、総額一万三千八百円となる。また「十三」（東洋音楽理論の科学的研究）の田辺尚雄は申請当時、宮内省の雅楽研究所で正倉院の古楽器研究に着手していた。申請が採用されたのち、朝鮮・台湾・沖縄を調査するのだが、さらに中国・新潟県佐渡・樺太・南洋諸島にまで調査範囲を広げたいと再申請。これを受けて会は四千円を追加助成し、総額一万円となった。やがて田辺は東京帝国大学、東京音楽学校などで教鞭をとり、日本初の東洋音楽概説をまとめることになる。早急に成果を求めない啓明会の存在なくしては成し得なかった調査だろう。

研究者にとって理想的な環境を保証した啓明会の研究助成は、総数二百八十件を数えることになる。

鉄馬は啓明会に関与しない姿勢を貫いたが、パトロンとして会を支えつづけた。「議事録」には、通常理事会は啓明会事務所で行われたものの、ときおり鳥居坂の赤星邸や永田町の愛輔邸で開催されたことも記録されていた。鉄馬にとって、議論を楽しみ、互いの知識を交換する場に居合わせるのは、このうえない豊かな体験だったはずだ。彼が学問好きであったことは、釣りに関する論理的な文章からも推測できる。

鉄馬は、三男三弥（大正八年五月生）、つづいて四男清造（大正十年一月生）を得た。のちには四人の息子たちそれぞれに異なった学問分野を修めさせ、なかから学者となる者もあらわれ、さらには孫の世代にも引き継がれるのである。

ところで啓明会発足時には実業界にこんな意見もあった。

啓明会は学者の研究費補助のために設立されたものであるのはよく分かり切つた所であ

るが、日本の学者は兎角、直接生産に距離の遠いことを考へて居ると見えて、啓明会の補助が生産に密接不可離の物を捉へて居ないことは全く以て遺憾に堪へない処である。（略）千百の議論より、論策よりも一つのパンを与へるに如かずであつて、今日の国民生活が如何に危機に瀕して居るかを知つたならば、宜しく啓明会辺りは、直接生産に寄与する事業に補助をやつて貰いたいものである。

（『実業之世界』大正十年五月号）

この指摘を啓明会は意に介さなかった。会の初期には中小規模の事業者と思われる人物が、新製品の開発や製造（電線や衛生的便器、鞄、ミルクフードの代用品など多品目にのぼった）のための研究とした申請も多数あるが、ことごとく不採用としている。会は「直接生産に寄与」しない研究こそ評価し、独自の判断で研究助成をつづけていった。

啓明会設立は明治維新からちょうど半世紀を迎えた時期だが、会は明治を検証する研究にも助成している。工学者古市公威《こうい》・田辺朔郎「明治工業史の編纂の完成及出版」（大正十二年・二万五千円）、経済学者大内兵衛・土屋喬雄「明治前期財政経済史料集成の編纂」（昭和七年・二千五百十円）などが特筆される。

啓明会がスタートして間もない大正八年一月、牧野伸顕は「パリ講和会議」に次席全権大使として出席した。首席全権大使は西園寺公望で、五十名の随員には西園寺の養子八郎や牧野の娘婿の吉田茂もいる。会議では第一次世界大戦の講和問題のほか、国際連盟（大正九年正式発足）などについても討議された。会議後、西園寺公望と牧野はイギリスに立ち寄り、ジョージ五世に拝謁した。

大正八年十月、啓明会は「第一回講演会」（東京高等商業学校講堂・現一橋大学）を開催する。演題は、パリ講和会議の際、牧野ら一行に帯同した山川端夫《ただお》（海軍大学校教授）の「法律上より観たる国際連盟」と、深井英五（日本銀行理事）の「経済方面より観たる国際連盟」だった。

講演に先立って開会の辞を述べた平山理事長は、「戦争を成るべく避けて、世界の平和を維持しやうと云ふ」国際連盟の意義をくわしく解説。その二年後の「第六回講演会」（大正十年十月）では、海外視察経験が豊富な鶴見祐輔（官僚、のちに政治家）が「米国国民性の研究と日米関係の新生面」と題して講演。これらの講演会の内容は啓明会発行の『講演集』にまとめられた。会が開催した講演会は通算百四十七回におよぶことになる。

啓明会事業の特色は、諸外国の理解、国際社会における日本の立場などのテーマも取り上げたことだ。会が依嘱した事業の一つに、歴史学者（西洋史学）坪井九馬三《くめぞう》の「『最近政治外交史』の著述出版」（一万三千五百八十五円）がある。坪井は「事業完結には年限を予定せぬこと」を条件にして大正十三年末に引き受けた。欧州を中心に外交史を繙いた全四巻『最近政治外交史』（冨山房、昭和三－四年）は啓明会が国内の大学や研究機関、有力政治家に贈呈したという。

このような啓明会の活動は、穏健な自由主義者であった牧野、樺山愛輔（昭和五年、ロンドンの海軍軍縮会議に随員として参加）の意向も反映されていたのだろう。

第六章　釣りと建築

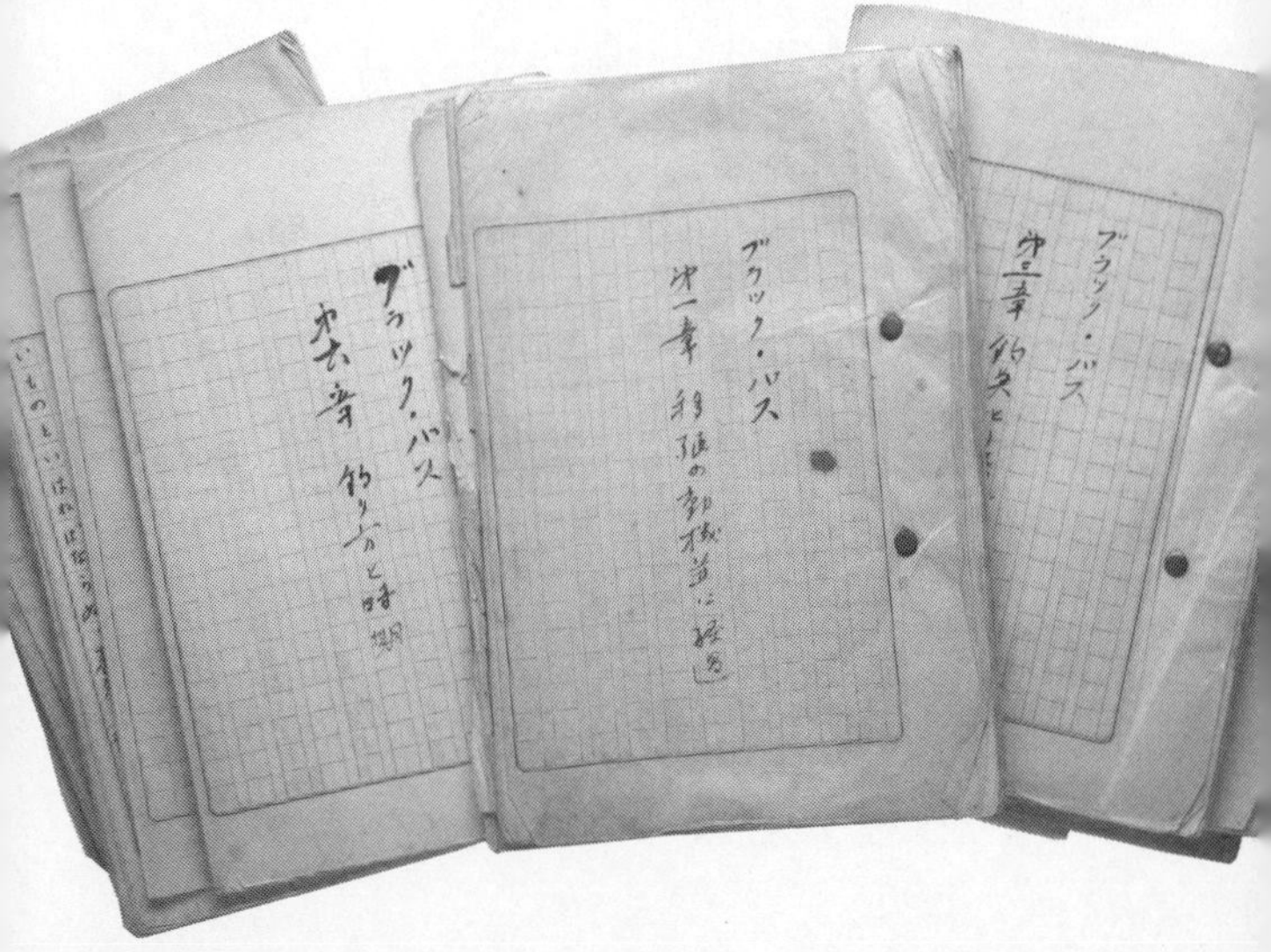

鉄馬が著した『ブラックバッス』の原稿

三・一運動、戦後恐慌の始まり

啓明会は順調に滑り出した。会の活動は大正時代のよき側面をあらわしていたのかもしれない。

だがこの時代は、日本による植民地支配が強化された時代でもある。赤星鉄馬は日本と朝鮮を行き来しながら、多忙な日々を送っていた。大正七年（一九一八）末、朝鮮在住の日本人は三十三万六千人を数え、日本統治に対する朝鮮人の抵抗運動が起きている。

日本からの朝鮮独立を訴える大規模な「三・一運動」のはじまりは、大正八年三月一日。李太王（李氏朝鮮第二十六代国王・大韓帝国初代皇帝。併合後は大日本帝国王族）が同年一月二十一日に急逝したことが契機になり、李太王の国葬（三月三日）に合わせた運動が計画された。すでに二月八日、東京において朝鮮人留学生が「独立宣言書」を作成し、会合をもった際に逮捕・検挙されており、この先駆的行動が三・一運動に影響をおよぼしたとされる。

三月一日、京城（現ソウル）パゴダ公園（現タプコル公園）での予定が変更され、近くの仁《イン》寺洞《サドン》で宗教指導者らが「独立宣言」を読み上げた。その日、パゴダ公園に集まっていた学生数千人、さらには幅広い階層の市民が続々と参加して数万人規模となり、デモ行進をする。日本の官憲は宣言書の署名代表者らを逮捕。この直後から独立運動が全土に広がっていき、朝鮮総督府は警察・軍隊を動員して鎮圧にあたった。当初デモ参加者は平和的な行動で独立を訴えたが、やがて警察署や役場を襲うなどし、激しい衝突が続発。三・一運動による犠牲者は諸説あるが、死者約七千五百人・負傷者約一万五千人、逮捕者は一万数千人におよんだとされる。

成歓牧場がある忠清南道でも激しい運動が展開された。この当時道内には日本人経営による百町歩以上の農場が十七あり、その最大規模は渋沢栄一の「朝鮮興業株式会社」大田管理所（田畑三千百町歩）だ。忠清南道における運動の主体は農民だったといわれ、軍や警察との衝突は四十回にも達し、二十数名の死者が出た。道内全域で運動が繰り広げられたが、成歓での衝突は確認できない（朴慶植『朝鮮三・一独立運動』）。

『成歓農場要覧』には三・一運動にかかわる記述はなく、被害があったのかどうか具体的なことはわからない。

『要覧』によれば、大正八年は旱魃により稲の収穫が五割以下に落ち込んだ。成歓牧場は困窮に陥った小作人に対して、小作料の全免・減免、種子の貸付、食糧として大麦を提供するなどの策を講じたと記録されている。また成歓一帯は度重なる水害被害にも見舞われ、成歓橋が陥落するなどの被害があり、鉄馬は地域の復興事業に巨費を投じたとされる。衝突を好まない性格の彼は、植民地支配に対する朝鮮人の抵抗の声を真摯に受け止めたのではないか。

牧場経営は平坦ではなかったが、同時期、馬生産事業が本格化していた。大正八年五月、杉沼忠三技師（青森出身。東京帝国大学農科大学卒業後、朝鮮総督府勧業模範場を経て成歓牧場）

は約一年におよぶアメリカ派遣から帰国し、アラブ種二頭、サラブレッド三頭を持ち込んだ。こうした馬生産事業は「世界良馬の祖先純血アラブの優良種を試みんとする成歓牧場」という新聞記事（『大阪朝日新聞』大正八年五月四日付）にも紹介された。

なお、李太王の急逝により、王世子・李垠《イウン》と梨本宮守正第一子女方子《まさこ》の婚儀が延期されている。従来この結婚は、国家による「政略結婚」という説が定着していたが、主導したのは家廃絶を危うんだ梨本宮家であったという検証（新城道彦『朝鮮王公族』）が近年なされている。李垠と方子は一年の服喪期間を経て、大正九年四月に華燭の典をあげ、鳥居坂（鉄馬邸の三軒隣）に暮らすのだが、李垠と鉄馬に交流があったのかは不明だ。ただ、成歓牧場より「アラブ純血牝馬一頭ヲ李王職牧場ニ献上ス」（昭和六年）という記述が『要覧』に見られる。

三・一運動の余波で朝鮮が揺れるころ、日本は「大正バブル」の終焉を迎えていた。大正九年三月十五日、株価格が大暴落する。第一次世界大戦勃発により一時衰退したヨーロッパ諸国が復調し、日本の貿易収支はこの前年から赤字に転落していたのだ。新聞は「突如襲つた大暴落に混乱の株式市場　雨中を血眼で飛ぶ仲買店員」の見出しを打ち、こう伝えている。

永い間天井知らずの大景気を続けて居た株式の相場が俄然十五日大暴落を来して株式取引所は一大波乱の光景を演出した、是より先きの十三日の引け跡から多少気崩れ模様の新

> 東株が十五日に至るや突如一挙にして五十円の大下落を生じたので諸株は忽ち其の煽りを喰ひ将棋倒しの有様でがら〳〵ッと引くり返り（略）
>
> （『東京朝日新聞』大正九年三月十六日付）

株式相場年平均は、三百十円（大正八年）から百四十円（同九年）に下落し、以後「戦後恐慌」と呼ばれる長期にわたる慢性不況がつづく。

真っ先に打撃を受けたのは綿糸や生糸など繊維産業である。生糸価格は三分の一、四分の一にまで暴落。横浜の生糸商「茂木合名会社」（旧茂木商店）の三代茂木惣兵衛は当時二十七歳の若き実業家で、『全国五十万円以上資産家表』（大正五年）では神奈川県の一位、資産九百万円とされ、傘下に「第七十四銀行」を持った。しかし株暴落により茂木合名会社は倒産し、第七十四銀行も連鎖倒産した。

さらに鉱山や造船、重化学工業などの産業、商社も大打撃を受けた。「鉱山王」の異名をとった久原《くはら》房之助（山口出身、藤田伝三郎の甥。のちに政治家）の「久原鉱業」は大戦中に急成長を遂げ、事業の多角化を進め財閥化を図ったが、やがて主要企業を譲渡することになる。神戸の二代鈴木岩治郎の商社「鈴木商店」の大正六年の商高《あきないだか》は三井物産を凌駕するほどだったが、やがて台湾銀行からの不明瞭な借り入れが問題となるなどし、破綻した。

好況時に台頭した中小財閥が興した産業や商社、銀行は倒産の憂き目を見たが、鉄馬は事業の多角化をせず、成歓牧場に絞っていたことが幸いしたといえる。それでも危機感を持ったのだろう。株暴落の半年後の大正九年九月、鉄馬が設立した泰昌銀行は、薩摩系「松方一派の機関銀行」と呼ばれた十五銀行に経営を一任して乗り切ろうとした。資本金を設立時の百万円から五百万円に増資し、人事も刷新され、頭取に松方巌、取締役に鉄馬・樺山愛輔らが就任した。

戦後恐慌は新興財閥をなぎ倒していったが、その一方、不況に苦しむ企業を支配下に組み入れていった三井・三菱・住友の三大財閥の基盤を盤石なものにした。

> 事業網を拡大する三大財閥のこの期の特徴は、①不況業種への合理化投資、②将来を展望した新産業分野への投資、③金融支配力の強化である。（略）③の金融部門は、安田を含む四大財閥の支配力が最も強化された部門である。（春日豊「財閥の確立と展開」）

安田財閥の祖である安田善次郎（天保九・一八三八年生）は「金融王」と呼ばれた。富山の半農半士の子として生まれ、二十一歳で江戸に出て丁稚奉公を経て独立。日本橋で両替商「安田商店」を設立したときに「勤倹、克己」（勤勉に働き倹約して、己に打ち克つ）の誓いを立てたとされる。明治維新後に新政府との関係を深め、明治十三年「安田銀行」を設立、地方銀行を次々と吸収合併し、四十歳代で日本有数の金融業者になった。二十年には「安田保善会社」（現安田不動産）を設立、さらに保険や鉱山経営などさまざまな事業に進出。鉄馬の父弥之助にも通じる典型的な明治の立身出世の人物である。安田と弥之助は明治二十年代、茶会で同席するなど親交があった。

西園寺八郎襲撃事件、安田善次郎刺殺事件と朝日平吾

しかし、戦後恐慌により新興財閥が破綻しようが、大財閥がさらに拡大しようが、苦しい生活をしいられてきた人々には関係のないことであっただろう。

成金が台頭した時期にも、貧困にあえぐ人々の生活は改善されていない。神戸において貧民救済事業とキリスト教伝道を行った賀川豊彦が『貧民心理の研究』を書きあげたのは大正四年、マルクス経済学者の河上肇『貧乏物語』は六年に刊行されていた。九年の給与所得者の平均年収は五百八十三円、同年の東京市調査によれば、家計支出の七割が生活必需費（食費が五割、ほか住居費・薪炭灯火費など）に消えた。大工の手間賃は一日二・九円、日雇い労働者賃金は同一・六円。

職業なきこと、資産なきことを意味する「無産」は、明治末の辞書にも見られるが、「無産階級」が書名に使われた最初期の事例は、大正九年刊行の『無産階級の研究』（ゼ・ビ・ハーリー著、松野健二訳。英国で刊行された原題の直訳は「貧困の悪循環」）だという。すでに「無産階級」という言葉が日本に浸透していたことを示している。

第一次世界大戦期から一九二〇年代をへて一九三〇年代前半にいたる時代。よく知られ

ているように、この時代の日本社会の顕著な特徴は、労働運動や農民運動などの社会運動が著しく高揚したことである。（略）これらの諸運動が多様な階層によって担われ、相互に異質な構造を内包していたにもかかわらず、それらの運動または運動主体に「無産運動」とか「無産階級」という共通の呼称が付与されていたことである。

（林宥一『「無産階級」の時代』）

無産階級に相対する語は、資産家・地主など多くの資産を所有する「有産階級」である。資産を持たざる者と、持つ者。その両者の間に大きな隔たりのあることが広く意識化された。大正九年五月、日本初のメーデーが上野公園で開催され、国内各地の工場などで大規模なストライキが頻発している。さらに大正デモクラシーを象徴する政治学者・思想家の吉野作造は「民本主義」（デモクラシーの訳語）を提唱し、普通選挙実現を求める運動も活発化していく。

社会主義運動の盛り上がりもあったが、同時に、「社会矛盾の克服、革新日本の建設を目指し、個人主義、自由主義を排斥し、国家主義を唱える運動の萌芽」（東京地方裁判所検事・斎藤三郎「右翼思想犯罪事件の綜合的研究」）もあった。まさに「多様な階層」による「異質な構造」の運動が共存していた。

大正十年二月二十六日、鉄馬の親しい友人で近隣に住む西園寺八郎（宮内省式部官）が、麻布片町の自宅で暴漢に襲われた。新聞の見出しは「抹殺社員六名が　西園寺氏を襲ふ　東宮御渡欧に関し自決を促す」（『読売新聞』大正十年二月二十七日付）。

皇太子裕仁親王の欧州各国歴訪は大正八年から検討されはじめたが、天皇が病中であることなどを理由に宮内省内部にも反対論があり、さらには妃に内定していた久邇宮良子女王に婚約辞退を迫る動き（宮中某重大事件）などの影響もあったとされる。十年一月になって、天皇の裁可を得て正式に決定するものの、国家主義者の一部には洋行反対論も根強かった。「抹殺社」を名乗る六名は朝七時に西園寺邸を訪れた。「斬奸《ざんかん》状」（内容不詳）を持って面会を求め、断られたものの室内に闖入し、「帝国を毒する奸賊」と叫びながら西園寺に自決を迫り、暴行におよんだ。西園寺は日本刀を振りかざして応戦。犯人はほどなく駆け付けた鳥居坂署員に全員逮捕された。二十歳から二十三歳の彼らのうち、東京出身は二名、ほか四名は地方出身者である。彼らが何を理由に皇太子外遊に反対したのかは判然としない。西園寺が標的にされたのは、皇太子渡欧を建議したのが西園寺であるという風聞があったためではないか、と新聞は分析している。

「抹殺社連の正体」という憶測も混ざった記事（『東京朝日新聞』大正十年二月二十七日付）によれば、「現代の総てを抹殺すべし」を標語にする抹殺社は、西巣鴨（現豊島区）の貸家を本拠地にしているが、彼らは「不良青年と云ふのも勿体ない位の乞食的徒弟の群」であり、他の運動体と連携している様子もない。

この事件から九ヵ月後、服役中（懲役八ヵ月）の抹殺社の一員が後述する別の事件の参考人として、結成のいきさつを法廷で述べている。事件の二ヵ月前の大正九年末に三越のストライキを応援に行った際、偶然出会った者たちが「主義を宣伝しよう」と翌年一月に結社をつくった。だが、考えていることはみなバラバラで、共通するのは「社会主義制度の理想」を実現したいことだったという。

西園寺襲撃の際の言動は、社会主義者というより国家主義者としか思えないのだが、彼らに思想的な裏付けや運動の実態はなかった。知り合って間もない者同士が事件へと突き進んだ理由もわからない。地方からの流入者が増大したこの時代の東京ならではの出会いがあり、おそらく収入もなく屈折した感情を抱えた「無産階級」の若者たちを結び付けたのだろう。

事件の翌日、鉄馬は妻文とともに西園寺邸を見舞ったが、新聞の取材には応じていない。ゴルフや釣りの仲間でもある西園寺が襲われたことは、鉄馬にとって大きなショックであっただろう。しかしそれから間をおかず、彼を震撼させるテロ事件が起きるのだ。

皇太子は予定どおり大正十年三月三日、横浜港から旅立ち、西園寺も随行する。一行は沖縄に立ち寄り、香港・シンガポール・コロンボ・エジプトなどを経てイギリスに到着。さらにスコットランド・フランス・ベルギー・オランダ・イタリアを歴訪し、九月三日に帰国した。

同日、駒込追分町（現文京区）の下宿屋で「死ノ叫声」という一文を書き上げていたのが、朝日平吾、三十一歳。その文章の冒頭はこうだ。

奸富安田善次郎巨富ヲ作《な》スト雖《いえど》モ富豪ノ責任ヲ果サズ、国家社会ヲ無視シ貪欲卑吝ニシテ民衆ノ怨府タルヤ久シ。予其ノ頑迷ヲ愍《あわれ》ミ仏心慈言ヲ以テ訓《おし》フルト雖モ改悟セズ。由テ天誅ヲ加ヘ世ノ警メト為ス。

大正十年九月

神州義団団長　朝日平吾

大正十年九月二十八日朝、神奈川県大磯の安田善次郎別邸を訪れ、弁護士の名を騙って面会を求めた朝日平吾は、持参した短刀で安田を刺殺。自らも咽喉を切ってその場で自殺した。なぜ、このような事件を起こすに至ったのか、平吾の個人史をたどってみたい。鉄馬の八歳下である彼の人生は、鉄馬やその友人たちとはまるで異なるものだが、平吾の足跡は明治から大正を生きた若者の一面を物語っているからだ。

明治二十三年七月、佐賀県・嬉野村の朝日家の次男として生まれた平吾は、「怜悧な子」だったといい、十二歳で実母を失った。その後一家は長崎県佐世保に移り住み、父は茶を販売する店を営んだ。平吾は長崎のミッション系「鎮西学院」に進学するので、当時としては経済的に豊かな家庭である。しかし在学中から暴力行為を繰り返し、放蕩にふける問題児だった。卒業後上京し、早稲田大学に入学したが、ほどなく中退したとされる。四十三年、福岡県久留米の連隊に入営。看護学を修め、衛戍《えいじゅ》病院勤務などを経て一度は退営したが、第一次世界大戦勃発による充員募集に応じ、大正三年八月、「衛生隊」の一員として中国山東半島に出征。同年十二月復員。それから再び上京して、右翼団体「黒龍会」（明治三十四年設立）主幹の内田良平や、「馬賊」の頭目などの知遇を得た。

大正五年五月からの平吾は、中国東北部や朝鮮半島各地を転々とする、いわゆる「大陸浪人」の身となった。しかしどこに行っても、極端なプライドの高さと激しい気性が災いしてトラブルを起こす。自暴自棄になり喧嘩沙汰も絶えない。新聞社や通信社の記者となるものの、この仕事もつづかない。他人の金を使い込んで豪遊し、大連や旅順の留置所に入れられたこともある。何もかもがうまくいかず、鬱屈を抱えるこのころから、富豪や権力者への怒りを募らせていった。

大正八年四月、失意のうちに帰国した彼は、父の援助を受けて商売を始めるが、二ヵ月でやめてしまう。ついに親族から見放された。この直後、平吾は福岡の八幡製鉄所の労働争議に加わったとされ、さらに普通選挙実施を訴える「青年改造同盟」の遊説にも同行した。それから東京に舞い戻り、自分ひとりしかいない政党を立ち上げたり、富士山のふもとの仏寺で修行生活をしたりするのだが、結局放棄した。

すべてが空回りする。一時は親しくした人も去っていき、彼は孤独な身だ。けれど、何としても自分の存在を世間に認めさせたいという熱だけは冷めることがない。それだけが彼の生きる証だった。

大正十年一月、「無知なる労働者」を「善化」するために、神道を鼓吹するという「神州義団」の団長を名乗り出す。同年春、こんどは貧民救済事業を企画した。下層労働者が安価で宿泊できる施設「労働ホテル」建設を思いつき、建設費二万円の出資を資産家に求めることにした。設立趣意書を持ってあちこち駆け回ったのだろう。どういういきさつなのかはわからないが、衆議院書記官長が渋沢栄一宛ての紹介状を書いてくれた。

　平吾は飛鳥山（現北区）の渋沢邸を訪れる。面会を拒絶されたが、数日にわたって通いつづけ、ついに面会がかなった。渋沢は平吾の訴えに当初は難色を示したようだが、平吾は従軍体験を熱っぽく語り、渋沢は心を動かされたのか、もしくは熱弁に辟易したのか、五百円の資金を提供し、そのうえ知り合いの紹介状もしたためてくれた。平吾はいたく感激するのだが、ありとあらゆるところから寄付を求められてきた渋沢は、危険な匂いのする人物への勘が働き、体よく追い返すことで身の安全を守ってきたのだとも考えられる。このあとも平吾はたびたび渋沢を訪ねたが、これ以上の金を引き出すことはできなかった。

　それから平吾は資産家のもとを訪ね歩いた。大倉喜八郎、浅野総一郎、古河虎之助、山下亀三郎（山下汽船創業者）……。どこへ行ってもすげなく門前払いされたが、一度で諦めることはなく、しつこく訪ねた。だが「逢っても色眼鏡で見られたり、碌な挨拶をされなかったり、甚だしきは乞食同様の取扱を受けたりもし」た（奥野貫『嗚呼朝日平吾』）。最も冷淡なのが浅野だったといい、憤慨した平吾は以来、浅野を「奴」と罵った。そんな扱いを受けたが、渋沢の紹介状を携えて面会した森村開作（七代市左衛門）だけは「応分の事を致しましょう」と紳士的に応じ、後日、森村の事務所で所員から千円を受け取った。平吾は森村に

「深き敬意を払った」というが、客観的に見れば森村にも厄介払いされたということだろう。

彼ら資産家たちは鉄馬と面識があり、とくに古河や森村は鉄馬とは近しい仲だ。だから鉄馬のもとにも平吾が訪ねた可能性はあるが、証拠はない。「赤星家売立て」や啓明会設立などで鉄馬が盛んにメディアに報じられた時期、平吾は大陸放浪中だった。鉄馬は「財閥」と称されるほどの多角事業を展開していなかったこと、さらには表に出るのを好まなかったこともあって、平吾の金の無心から逃れることができたのかもしれない。

結局のところ、金を出したのは渋沢と森村だけだった。平吾は寄付を求めてから三ヵ月後の八月には「資金調達の見込なきを覚り労働ホテル建設の議を断念」する。集めた金は遊郭などで使い切ってしまい、いい仲になった女は去っていった。そうして下宿屋の六畳間で悶々と過ごしながら、富む者を怨み、敵意を増幅させ、「死ノ叫声」を書き上げた。その内容はおおむねつぎのようなものだ。

日本人はすべて天皇の赤子である。しかし天皇の傍に邪悪な心を持った人間がいるため、国民を平等に愛する天皇の大御心は国民に届いていない。さらに政治家や富豪など特権階級が権益を独占している。国民みなが平等に生きる社会を実現するために、早急にやるべきことは悪事を働く富豪を征伐することである——。

平吾は会ったこともない安田善次郎への怒りを一方的に溜め込んでいた。なぜ安田だったのか。

先述したように、安田は「勤倹、克己」を旨としたが、世間からは吝嗇とも噂され、「守銭奴」と罵倒する声さえあった。実際には、匿名を条件に東京帝国大学講堂（安田講堂）や東京市政会館などの建築費を寄付するなど、安田は社会貢献事業をしていた。しかし世間の風聞を真に受けた平吾は、安田を「富豪ノ責任ヲ果サズ、国家社会ヲ無視シ貪欲卑吝ニシテ民衆ノ怨府タルヤ久シ」と断罪するのだ。

とはいえ、安田を標的にした理由はそれだけではなかったのではないか。半農半士出身の安田が財閥を築きあげることができたのは、幕末の動乱期、明治の新時代を背景にしていたからである。国の「富国強兵」と個人の「立身出世」を重ね合わせることもできた。しかし、その後の時代はどうだろう。そんなチャンスはどこにも転がっていない。いまや戦後恐慌の真っただ中だ。有産階級と無産階級が厳然と区別され、富豪の家に生まれれば富を引き継いでさらに富み、貧しい家に生まれれば貧しい一生を送る。

そんな中で、平吾が標的としたのは、「明治」という時代ではなかったか。それを体現した八十二歳の安田を殺そうと決めたのではなかったか。さらにいえば、大磯は明治を駆け上った人物たちの成功物語を象徴する別荘地である。平吾が「天誅」を加える舞台は、大磯でなければならなかったのではないか。

ともあれ、平吾は安田を刺殺し、自殺を遂げた。

平吾の遺体は現場検証後、大磯の町はずれの無縁塚に埋められたが、事件翌日の午後、大磯にやって来た平吾の唯一の友人といえる奥野貫によって掘り起こされた。奥野と平吾は富士山のふもとの寺で修行して以来の仲であった。平吾の亡骸は荼毘に付され、東京に戻った。

告別式が執り行われた大塚の西信寺（現文京区）には労働団体のメンバーなどが詰めかけ、会葬者で溢れかえるほどだったという。

新聞の論調は、平吾の凶行を厳しく批難するものもあったが、その一方富豪らへの批判的な意見を表明するものもあり、さらには平吾の行動を賞賛したり共感を示したりするものなど、さまざまだった。

自分の存在を認めてほしいという狂おしいほどの平吾の願いは、死んでかなえられた。平吾に「余ノ伝記ヲ編スル」よう託された奥野貫は、その後「工場の仕事が終わってから」の時間をあて、平吾の手記や資料をまとめた『嗚呼朝日平吾』（大正十一年）を刊行する。

安田善次郎刺殺事件から約一ヵ月後の十一月四日。東京駅で原敬首相が刺殺された。

犯人は、大塚駅の転轍手（ポイントマン）中岡艮一《こんいち》、十八歳。平吾より十三歳下の彼が事件を引き起こした理由は、職場の上司が平吾の事件を賞賛したことに触発されたからだと中岡本人が述べている。裁判では中岡の思想的な背景も問題になり、証人として出廷したのが、さきの西園寺八郎襲撃事件の抹殺社の一員である。しかしまったく無関係だと結論づけられた。

親しい西園寺が襲われ、大磯で起きた安田刺殺事件。鉄馬が身に迫る恐怖を感じたにちがいない大正十年が終わる。

年が明けて間もなく、幕末から明治にかけて活躍した八十代の人物がつづけざまに世を去った。一月十日、大隈重信が生涯を閉じた。十七日に日比谷公園で「国民葬」が営まれ、たくさんの一般市民が別れを惜しんだ。二月一日、山県有朋が死去し、「国葬」が九日に執り行われた。

二月八日、大磯で樺山資紀が永眠した。

資紀は退役した明治四十三年以来、大磯の別荘に滞在することが多く、兎狩りを楽しんだ。そのお供をしたのが、鉄馬が贈った鹿児島県産の犬「チコ」だ。資紀のために取り寄せたのだろう。忠義一徹の犬だが、ほかの犬のあとに餌をやると絶対に喰わなかったというエピソードを樺山家の使用人らが語っている。

大磯の別荘の敷地には二股に分かれた松があることから「二松庵」と名付けられ、晩年の資紀はそこで暮らしていた。近くに「園芸場」と呼ばれた山荘もあり、毎日通って花や野菜を育てるのが彼の楽しみだった。孫の白洲正子の回想によれば、大磯でくつろぐ祖父は、着古した着物に太い兵児帯《へこおび》を締めた「平凡な老人」で、朝起きると海岸まで歩き、海水で口をゆすいだ。「太平洋の水でうがいしよると気持よか。あの向うにはアメリカ大陸があっとよ」と薩摩弁で語ったという。鉄馬には、明治二十年、弥之助とともにアメリカやイギリスに行ったときの打ち明け話をしたことがあったのかもしれない。

園芸場にいたときに脳出血で倒れた資紀は、その翌日に大往生を遂げた。八十五歳。亡骸は永田町の樺山愛輔邸に運ばれ、二月十三日、神式の葬儀が青山斎場で「海軍葬」として営まれる。葬列は楽隊・儀仗隊が先導し、弔銃が響いた。海軍関係者などが葬儀の係を務めたが、鉄馬は松方乙彦（松方正義の八男）とともに「家族係」として縁戚への通知や世話の一切を担った。なお乙彦ら兄弟の父、松方正義は大正十三年七月に没する。

樺山資紀は染井霊園（現豊島区）に葬られた。伯爵の爵位を襲爵した愛輔は、大正十四年から昭和二十一年まで貴族院議員を務める。

弟たち、関東大震災

大正に入ってから激動の日々を過ごしてきた鉄馬は、四十代を迎えた。

この間、三人の弟がアメリカ留学をし、全員が鉄馬と同じくローレンスビル・スクールに学び、それぞれ大学に進学した。鉄馬のすぐ下の弟喜介は、プリンストン大学に進学し、大正八年に帰国。ゴルフの腕前は十年の日本アマチュア選手権で四位に入賞するほどであった。その下の四郎は二年に渡米、ペンシルベニア大学を卒業して十年に帰国した。末弟の六郎は六年に渡米し、プリンストン大学に学んでいる。

鉄馬は、それぞれ七、八年におよんだ弟たちの留学中、潤沢な資金を送り、かつての自分のように青春を謳歌させた。喜介は大学在学中にアメリカンフットボールの選手として活躍したという。四郎はローレンスビル・スクール在学中に、成績優秀でスポーツでも注目され、教師や学友全員の投票による「ベストボーイ」にも選ばれた。大学ではアメリカンフットボールやバスケットボール、野球でも活躍し、ゴルフも始めていた。六郎は大学のゴルフ部に在籍し、全米優勝した英国人シリル・ウォーカーのレッスンも受けていた。

ただひとりアメリカ留学をしなかった五郎は、大正十一年に慶応義塾大学法学部を卒業。兵役後に「世界一周をして帰朝すると、愛輔さんの御世話で泰昌銀行の重役になっていた」（赤星五郎「愛輔さんと私」）という。

泰昌銀行頭取を務めた松方巌は大正十一年九月に辞任し、樺山愛輔が取締役社長に就任。同銀行にかかわった人物の証言では、愛輔が五郎を「鉄馬氏と交代に泰昌銀行の取締役に入れた」とある。その時期を調べると、サンフランシスコで発行された邦字新聞『日米』（大正十四年四月七日付）に掲載された大洋丸（東洋汽船）での帰国者リストに、赤星五郎と六郎の名があった。

五郎は大正十三年、世界一周旅行に出かけた際に、まずアメリカに立ち寄り、六郎とともにイギリス、スコットランドでゴルフをし、クリスマスを南仏ニースで過ごした。六郎は一足先にアメリカに戻り、五郎は旅をつづけたのち、アメリカで留学を終えた六郎と合流し、ともに帰国。それから五郎は十五銀行傘下の泰昌銀行に入行することになる。

大正十年から鉄馬の弟たちが結婚していった。

> 満州鉄道株式会社々長野村龍太郎氏の令嬢壽恵子《すえこ》さん（一九）は、今回、実業家赤星鉄馬氏令弟喜介氏と婚約成り、近日結婚式を挙ぐる筈、花嫁は学習院女学部［女子学習院］本年度卒業の才媛であります
>
> （『読売新聞』大正十年三月二十四日付）

野村龍太郎は大垣藩（現岐阜県）藩士の長男として生まれ、東京大学で工学を学んで鉄道技師となり、大正二年に南満州鉄道（満鉄）総裁に就任。龍太郎の次男駿吉（明治二十二年生）は三井物産に入社してアメリカに派遣され、このときゴルフに熱中し、赤星兄弟ともニューヨークで会っていた。帰国後、東京ゴルフ倶楽部設立時からの会員となり、日本アマチュア選手権（昭和二年）で優勝する実力の持ち主である。ちなみに大正十五年と昭和三年の優勝者は赤星四郎だ。

駿吉の妹、野村家の四女壽恵子と赤星喜介はゴルフの縁で出会い、結婚に至ったのだろう。野村家は薩摩閥との関係もある。駿吉の妻は松方正雄の長女であり、三女美恵子は五代友邦（五代友厚の養子龍作の長男）と結婚した。

雑誌『婦人画報』の巻頭グラビアページは、皇族や華族、実業家やその子女たちの華やかな写真が売り物で、結婚は毎号取り上げられた。喜介の結婚の際の写真が掲載（大正十年九月号）されている。ハリウッド俳優のようなタキシード姿の喜介と打掛けの壽恵子が美しい。『婦人画報』のグラビアは、富豪たちの邸宅や避暑地での一コマなどを紹介しており、戦後恐慌とはまるで無縁の世界で、一般庶民の憧れを掻き立てた。

喜介夫妻は、鉄馬邸として建てられた赤坂台町の家（コンドル設計）で暮らしたが、こののち妻子とともに朝鮮に一時移り住み、成歓農場の仕事にしばらく携わったという。結婚の翌々年に誕生した長女敏子は、長じて、石橋湛山（ジャーナリスト・政治家。蔵相、首相などを歴任）の長男湛一（三菱銀行を経て教育者）と結婚することになる。

大正十二年六月十一日付の『読売新聞』では四郎の結婚が報じられた。四郎は帰国後、兵役を経て米国資本の「スタンダード・オイル」日本支社に入社。米国本社の重役が鉄馬とローレンスビル・スクールの同窓だった。四郎は同社を二年で退職し、ゴルファーとしてめざましい活躍をするとともに、ゴルフ界の人材育成やコース設計などに打ち込むことになる。

彼の結婚相手は、木間瀬《きませ》策三《さくぞう》（千葉出身。内務省官僚・富山県知事などを経て実業界に転身）の長女瑞子《たまこ》である。大久保利武の媒酌により神式の結婚式を挙げ、披露宴は東京会館で行われた。四郎の次女隅田光子が語っている。

「喜介伯父の奥さま壽恵子さんと、私の母瑞子は女子学習院の同級生でした。赤星の祖母静が、母をとても気に入ったこともあり、結婚したと聞いております。赤星の兄弟はみな祖母を尊敬し、仲がよく、そして食べることが大好きなのが共通しています。母と結婚したときに父は、英語の料理本を渡してマシュマロソースのパンケーキを作るよう言ったそうです。母はまったく知らない料理で困ったと申しておりました。レストランにもよく連れて行ってくれましたね。銀座のドイツレストラン、ローマイヤが気に入っていたようです。父からメニューの選び方、食事のマナーなどを厳しく躾けられました。父のふるまいはまったくのアメリカ流で、お友だちとのお付き合いもそうでした。どなたとも親しくしましたし、お世話をするのも好きでしたが、見返りを求めることもなく、楽しんでいました」

四郎夫妻は、赤坂区檜町（現港区赤坂）に新居をかまえた。

四郎の結婚から三ヵ月後の九月一日、関東大震災が起こる。午前十一時五十八分、マグニチュード七・九の地震が発生し、火災に見舞われた。やがて火災旋風となって、東京市内の広範囲が炎につつまれた。赤星邸のある麻布区鳥居坂署管内では、全壊三百十戸、半壊百二十戸、大破百七十戸に達し、赤星邸も半壊したという。

そのとき鉄馬は鳥居坂邸にいたのか、朝鮮に滞在中だったのか、詳細はわからない。妻の文は、翌月に出産（次女繁子）を控えていたが無事だった。震災により、大磯のコンドル設計の洋館は半壊し、赤坂台町の家も一部壊れた。父弥之助が人生の絶頂期に手に入れた鳥居坂の豪邸は、息子たちそれぞれの自立と機を一にして消え去ることになった。

家は壊れたものの、赤星家全員が無事だった。震災後の東京市内電話番号簿を調べたところ、鉄馬は鳥居坂近隣の高級集合住宅などが連絡先になっており、やがて郊外の吉祥寺（現武蔵野市）に居を移すことになる。

東京は大混乱に陥った。多くの企業や工場などが被害に見舞われ、大震災により、決済が困難になる手形は約二十一億円にのぼると推定された。政府は支払い猶予令（モラトリアム）を出し、さらには手形を日銀が割り引くなどして対処したが、この「震災手形」は不良債権化し、「昭和金融恐慌」（昭和二年）を引き起こす要因となる。

震災による生死、そして再建への道のりも、貧富の格差によって分け隔てられたのだろう。バラック住まいが長引く家族がいる一方、資産家たちは難なく立ち直ることができた。九月末、山本権兵衛内閣は「帝都復興院」を設置し、総裁に後藤新平が就任。東京は驚くような速さで復興していった。

震災から七ヵ月が過ぎた『東京朝日新聞』（大正十三年四月八日付）は「米人が舌を捲く赤星六郎君の妙技」の見出しで、六郎が全米アマチュア・トーナメントの一つで優勝（第四章）したことを写真とともに伝えた。つづいて『読売新聞』（四月二十日付）が「日本人最初のゴルフ優勝者」を報じた。身長百八十センチ、体格のよい六郎はジャケットにニッカーボッカースタイルである。

末弟の優勝を伝える新聞を見て喜んだだろう鉄馬は、その二十日、親しいゴルフ仲間の川崎肇や大谷光明らと、神奈川県の程ヶ谷カントリー倶楽部でゴルフをした。プレーを終え、二台の車に分乗して帰る途中、彼らの車を先導していた乗合自動車が通行人との接触事故を起こしてしまう。界隈は花見の人々でにぎわっており、この事故を目撃した男らが川崎の車を包囲して投石するなどし、川崎と大谷がけがを負った。新聞は、花見の酔客による狼藉と報道しているが、自家用車を持つ富裕層への怒りが噴出したのだろう。

大正十三年、日本の自動車台数は二万七千二百十三台（うち東京市内は約九千台）を数え、前年の一万二千七百六十五台から倍増した。雑誌『中央公論』（大正十三年五月号）は「自動車横行時代」の特集を組み、小川未明（小説家・児童文学作家）が「自動車横行に対する階級的実感」と題した一文を寄せている。

私達は、たとへば、天気の悪い日に、泥濘の中を歩るいてゐる。その時、前からでも、後からでも自動車が疾走して来たとする。それでなくてさへ、足許の危ぶないのを、どんなにか慌てなければならない。まるで、群集は、蜘蛛の子を散らしたやうに、右に左に大急ぎで路を開くのだ。これと対照するに自動車は、たゞ、威嚇せんばかりに警笛をつゞけさまに鳴らしてゐるのだ。

この時、何人か、「ブルジョアに、俺達を脅かす権利があるか?」と、心に叫んで、憎悪に燃えた瞳で、其の自動車を見送らざる者があらう。（略）真に、たゞ一日だけでもいゝ。都会の自動車一台残らず、無産階級の権利によつて停めて見たいものだ。

だが小川未明の願いも虚しく、日本の自動車台数は大正十四年に三万台、十五年には四万台を突破する。この当時、国産車製造は本格化しておらず、主に米国産自動車が輸入され、大正末からは米国「フォード社」「ゼネラルモーターズ」が日本に組み立て工場を設立した。自動車の増加は東京の変貌とも重なった。震災により江戸以来の町並みが消え、明治期に建てられた洋風建築の多くも倒壊したが、これを機会に東京大改造計画が進行していった。区画整理がなされるとともに、東京全域で新築ラッシュが起こり、とりわけ東京駅周辺では、続々とオフィスビルが建てられている。震災前、大正七年に竣工していた東京海上ビルディングは被害を受けることなく、この一室に入居する啓明会の活動も滞りなくつづけられていた。

琉球芸術調査への助成

震災から半年後の大正十三年春に研究助成が決定した「琉球芸術調査」は、啓明会の特色を示す一件である。

いわゆる「琉球処分」により、沖縄が日本の一部となって半世紀が過ぎた当時、沖縄県上層部は内務省の役人に占められ、「本土との一体化」が加速していた。アジア諸国との交易を展開した琉球独自の文化に着目する人は、沖縄の研究者らを除けばほとんどいなかった。

琉球芸術調査の申請者は、東京帝国大学教授の伊東忠太と、東京美術学校（現東京芸術大学）研究生の鎌倉芳太郎の連名だが、実質的に調査・研究を担ったのは鎌倉である。香川出身の鎌倉は当時二十六歳。大正十年に美校を卒業後、美術教師として沖縄に赴任し、二年滞在する間に琉球王国以来の建築や仏像、絵画や工芸品に魅せられた。

この当時の沖縄は、のちに「沖縄学」と名付けられる伊波普猷《いはふゆう》らの琉球史研究が進んでおり、このほか啓明会が第一回の研究助成をした田辺尚雄が大正十一年に沖縄の音楽調査をしていたが、美術・建築分野は手付かずだった。鎌倉は沖縄の人々の協力も得ながら調査を進め、その成果を美校に持ち帰ったところ、正木直彦校長らが高く評価し、以前からよく知る仲の伊東忠太との面会を勧められた。

伊東は明治から昭和にかけて、建築家・建築史家として活躍。彼の代表的建築作品に平安神宮（明治二十八年）、明治神宮（大正九年）、築地本願寺（昭和九年）などがあるが、「古社寺保存法」（明治三十年）の成立にも深くかかわっており、建築保存の唱道者としても指導的立場にあった。彼の叔父が内大臣（大正十一―十四年）の平田東助で、さかのぼること半世紀前、この平田が随行した「岩倉使節団」の一員には、啓明会顧問の牧野伸顕（当時十一歳）もいたのだった。

鎌倉と面会した伊東は、さらに研究を進めるよう促し、啓明会に助成申請する手はずをととのえてくれた。その矢先の大正十三年三月末、鎌倉は沖縄から届いた新聞で数日以内に首里城が取り壊されることを知る。内務省神社局により、城を壊し、跡地に「沖縄神社」を創建する計画が進行していたのだが、鎌倉はすぐさま帝大の伊東のもとに走り、首里城の危機を訴える。伊東は神社局に赴き、局長から沖縄県知事宛てに「取り壊し中止命令」を打電させた。自身の、そして平田東助の権力を活用したのである。のちに伊東は沖縄神社設計方針を変更させ、さらには首里城を「特別保護建造物」（現在の国宝）に指定することに尽力し、国費による修理事業がなされることになる。

啓明会は伊東・鎌倉の琉球芸術調査について、いますぐに「研究を遂行するに非ざれば湮《えん》滅《めつ》の憂あること」などを理由に研究助成を決定。さらには平山成信理事長名で、尚《しょう》家（旧琉球国王家）と沖縄・鹿児島両県知事に「何かと御配慮」願う旨の文書を送り、会としても鎌倉らの調査をバックアップしたのだった。のちに伊東は啓明会で建築や中国文化に関する講演を重ね、会評議員を務めることになる。

　啓明会からの助成金は三千円。鎌倉が沖縄で教師をしていたころの月給は、遠隔地手当が付き百円（当時の大卒初任給平均は五十円）だ。啓明会から潤沢な資金を得ることができた彼は写真記録の重要性を認識しており、美校写真科教授に写真術を習い、高価なカメラを購入した。

　ほどなく沖縄に赴き、フィールドノートに記録し、沖縄各地の建造物や工芸品をガラス乾板写真にのこし、多数の古文書の筆写、さらには紅型《びんがた》などの裂地《きれじ》、紅型型紙や漆器など三千点の資料を蒐集する。この間に伊東も沖縄にやって来て、首里城や寺社を中心に調査した（第一回琉球芸術調査）。

　大正十四年五月、鎌倉は帰京。その年の九月、啓明会主催による「琉球芸術展覧会」が美校を会場にして催される。琉球芸術をテーマにした世界初の展覧会だ。鎌倉の蒐集品のほか、沖縄の尚家から美術品や工芸品が運ばれ、鎌倉・伊東、そして伊波普猷らの講演会や琉球音楽演奏も催された。三日間の来場者は五千人に達し、これをきっかけに、東京では琉球ブームといえるものが巻き起こる。

　すでに啓明会評議員会において、鎌倉の調査続行のため、追加助成（千五百円）が決まっていた。その理由を「目下琉球全体は未曽有の恐慌の為旧家所蔵の芸術品にして売却せるもの甚だ多く此際取急ぎ調査を続行完結するに非れば永久に其機を失なう懼れあり」（「議事録」）としている。琉球王国以来の王家や士族家系が経済的困窮により所蔵品を売却する事例が相次いでいた。

鎌倉は二年にわたって沖縄・奄美・台湾などを調査（第二回琉球芸術調査）。この間に資金不足に陥ったが、五百円の追加助成を受けることができた。さらに昭和二年にも四千円の助成を受け、総額九千円となった。このように啓明会の支援は手厚く、創立十年（昭和三年）を記念して大々的な展覧会を開催した際のメインの展示も琉球芸術だった。

啓明会は研究を本にまとめるよう鎌倉に促した。美校助教授となっていた鎌倉は完璧主義的傾向があるのか、研究テーマは広がっていき、書きためた原稿は数千枚におよんだという。しかし昭和二十年五月、米軍の空襲により中野区沼袋の鎌倉の自宅が全焼。原稿すべてが失われてしまった。ただ、ガラス乾板写真は鎌倉家の防空壕に埋めておいたため難を逃れ、フィールドノート（全八十一冊）や紅型型紙などは美校に保管したので無事だった。一方、沖縄では熾烈な沖縄戦により、首里城をはじめ重要な文化財や美術・工芸品、貴重な文書類が灰燼に帰してしまった。

戦後、鎌倉は紅型研究をもとに、自らも「型絵染」の作家として活躍（昭和四十八年、人間国宝に認定される）し、紅型復興をめざす沖縄の染織家に協力を惜しまず、紅型型紙を沖縄に返還するなどした。

調査開始から約半世紀もの歳月が流れた昭和四十六年、鎌倉は三十五年ぶりに沖縄を訪れた機会に、写真やフィールドノートなどの存在を公表する。その翌年、「本土復帰」する沖縄（琉球政府立博物館）と東京（サントリー美術館）で鎌倉撮影写真の展覧会が開催され、琉球王国の息吹を伝える完成度の高い写真は驚嘆をもって迎えられた。これを契機に、鎌倉は十年をかけて大著『沖縄文化の遺宝』（昭和五十七年）の執筆に着手。冒頭に啓明会への謝辞を記した本の刊行から十ヵ月後、八十四歳で世を去った。長い時間がかかったものの、彼は啓明会との約束を果たしたのである。

　鎌倉の没後、その調査と研究は首里城復元（平成四年［一九九二］竣工）の重要な資料になるなど、さまざまに活用されている。近年では、鎌倉撮影のモノクロ写真にしかのこされていなかった琉球王の肖像画「御後絵《おごえ》」が最新のテクノロジーを駆使して色鮮やかによみがえった。戦後沖縄の琉球文化復興に対する鎌倉の貢献ははかりしれないが、大正十三年から研究助成をつづけた啓明会の功績も高く評価されるべきだろう。復元によりよみがえった首里城の赤い輝きは、啓明会の研究助成活動を物語る一例ともいえるだろう。

　なお啓明会は大正十五年、琉球の古謡集『おもろさうし』（十二世紀から十七世紀初頭の歌謡を採録）研究に没頭する伊波普猷の「琉球古典『おもろさうし』研究」にも千五百円の助成をした。

　美術分野の助成も幅広く、美術界を代表する人物としては、矢代幸雄「ボティチェリを中心としたる文芸復興期の研究」（大正十五年・九千七百二十円）、昭和五年の和田英作「『絵画作製及鑑賞の真理』の出版」（六千五百円）と正木直彦「東洋美術総目録の編纂」（一万円）

などがある。このほか、詩人・評論家野口米次郎（イサム・ノグチ父）の「浮世絵書六巻の英訳出版」（昭和八年・九千円）、美学・美術史研究者児島喜久雄「レオナルド・ダヴィンチ遺稿研究」（昭和十五年・四千二百円）などが注目される。

東京アングリング・エンド・カンツリー倶楽部設立

大正十三、四年ごろの鉄馬は、以前にもまして釣りに没頭していた。テロ事件なども起こり、震災後の混乱する世情との距離をとろうとしていたのかもしれない。英米の文献を読みこなした彼ならば愛読したと思われる本がある。イギリスの釣り愛好家アイザック・ウォルトンの『釣魚大全』（一六五三年。七六年の六版よりウォルトンの弟子チャールズ・コットンの「第二部」を合冊）は、今日も読み継がれている釣り愛好家の聖典ともいうべき著作だ。そのなかに「釣人の唄」が紹介されている。

生きるとは空しきものよ
苦い涙に洗われて
そは泡のごと　哀れはかなし
雑事に金と苦しみは絶えず
金と悩みに尽きるといえど

晴天《はれ》とあらば苦しみ薄れ
雨といえども悩みは捨てて
暗き涙打ち払い
夜は夜もすがら唄歌い
釣りて　釣りて　釣り暮らさん
（森秀人訳）

ウォルトンは、イギリス中部の庶民階級の出身で、ロンドンに出て鉄商人の下で働いたのち独立し、成功をおさめた。釣りとともに文学を愛したが、国内は国民議会と国王との争いがあり、騒然とした政治状況に巻き込まれることもあったという。イギリスには海外交易によって富を得るなど、旧来とは異なる新しいタイプの金持ちが登場していたのだろう、ウォルトンはこんなことを書いている。

「おそらく疚しい手段で手に入れたであろう財産を、守り、管理すべく彼らは、自分自身の骨身をけずっているのです。だから、健康と生きていくに不自由しない資産と、なにものにもまさる穏やかな良心があれば、深く感謝しましょう」。そして「富がなくても不幸があるように、富があっても多くの不幸を避けることはできない」とも——。

鉄馬も同じように感じていたのではないだろうか。

大正十四年一月、本格的に始動したのが、「東京アングリング・エンド・カンツリー倶楽部」設立計画である。鉄馬は運営委員四名のひとりとして、会則を定めた。それによると、倶楽部の目的は「野外運動を奨励するため、鱒釣ゴルフ場等を設置し、なかんずく鱒釣を紳士的におこなうことを主なるものとする」。そして「運動場は日光中禅寺西ノ湖およびその周囲を借り受けて、これに当てる」。

栃木県の中禅寺湖畔は、イギリス人外交官アーネスト・サトウが『A Guide Book to Nikko』（明治八年）で紹介して以来、在日欧米人が訪れるようになった。明治二十年に鉄道網が整備されてからはホテルがつぎつぎとオープンし、サトウは明治二十八年に日本に再赴任すると、ここに別荘をかまえた。鉄馬の父弥之助とかかわりの深かったデンマーク人バルタサー・ミュンター（アームストロング社代理人）や、「グラバー商会」のトマス・ブレイク・グラバーなども中禅寺湖畔に別荘を持った（第二章）。さらに欧米人の別荘や、大正末期からは欧州各国の大使館別荘も建てられていく。

アングリング倶楽部設立の背景には、日英両国の血が流れるふたりの男が登場する。ともにその父親が明治初頭の日本で財を成し、それゆえに波乱の人生を送ることにもなった息子である。

ひとりは、ハンス・ハンター（範多範三郎）。アングリング倶楽部設立の発起人で、中心的役割を担った人物だ。そしてもうひとりが、グラバーの息子倉場富三郎である。

まずハンス・ハンターの来歴を追ってみよう。

彼の父、エドワード・ハズレット・ハンターはアイルランド出身で、慶応元年（一八六五)、二十二歳のときに来日し、明治七年に独立して神戸の外国人居留地に「E・H・ハンター商会」を設立。建築機械などを主に扱ったといい、西南戦争(明治十年)の際に西郷軍の軍需物資を調達し、多大な利益を得たとされる。さらに十四年、大阪で「大阪鉄工所」(日立造船所の前身)を開業し、造船や橋梁など大規模な事業を展開した。

エドワードと日本人妻との間に、リチャード(範多龍太郎。明治四年生)につづいて、明治十七年に誕生したのがハンスである。十九歳になったハンスは、ロンドンの王立鉱山学校に留学して三年間学び、その後アメリカに滞在するなどして日本に帰国。兄リチャードとともに鉱山経営に乗り出し、朝鮮各地の鉱業権を取得し、金山開発もしたという。『全国五十万円以上資産家表』(大正五年)によれば、ハンスの兄リチャードの資産は大阪府で五位、千三百万円である。その一端を伝える神戸市北野町の豪奢なハンター邸は現在移築され、重要文化財に指定されている。ハンスは東京・麴町区中六番町(現千代田区四番町)に屋敷をかまえた。

ハンスが釣りを趣味としたのはイギリスやアメリカに滞在していた時期からだとされる。英国式紳士社交クラブ「東京倶楽部」の会員となった時期は不明だが、会員は大正十二年の時点で四百二十六人(日本人二百五十人・外国人百七十六人)に達しており、ハンスは同倶楽部で二歳上の鉄馬ら釣り愛好家と親しくなったのだろう。彼らが大正三年に結成した「丸沼鱒釣会」会員名簿(大正十一年)にも「エイチ［H］・ハンター」の名がある。「東京ゴルフ倶楽部」の会員であったことも名簿から確認できた。

ハンスがアングリング倶楽部設立を着想したのは大正十一年秋。中禅寺湖に鱒釣りにやって来て、このとき「丸沼鱒釣会」を中禅寺湖に移してみようとひらめいたという。丸沼鱒釣会の会員は当時十九名、欧米人の会員はハンター以外にいない。ハンターは在日外国人が集う中禅寺湖に、日本人も含めた国際的社交場としての可能性を感じたのだろう。やがて釣場、ゴルフ場や運動場、養鱒場等、会員のための宿泊施設を建設する計画を立ち上げた。

その運営委員となったのが、ハンスのほか、丸沼鱒釣会の鉄馬・鍋島桂次郎（外交官）・秋元春朝《はるとも》（毛利元功の三男。イギリス留学を経て貴族院議員）だった。アングリング倶楽部代表者として鍋島直映《なおみつ》が、帝室林野局などへ借地願を提出し、大正十四年に許可が下りた。こうして釣場や養鱒場は早い時期に実現したが、結果として、ゴルフ場や運動場建設は実現しなかった。アングリング倶楽部本部は、ハンスの個人事務所「範多事務所」（赤坂区榎坂町）に置かれた。

ハンスが北ヨーロッパ・バルト海沿岸の国ラトビアの名誉領事に就任したのは大正十五年春である。ラトビアはロシア帝国から独立（大正七年）後、イギリスの経済援助を受けており、ハンスの名誉領事就任は東京在住の英国人の推薦があったとされる。ハンスの東京の事務所はラトビア国の領事館ともなり、ハンスは課税や関税の免除などの外交特権を得た。

アングリング倶楽部が正式に発足し、名誉賛助会員に秩父宮・東久邇宮・朝香宮ら皇族が名を連ね、会長に鍋島直映、副会長に岩崎小弥太・樺山愛輔、理事長にはハンスが就任した。運営委員は鉄馬ら前記三名のほか、鉄馬と親しい今村繁三・大谷光明・西園寺八郎・田中銀之助ら。名誉会員としてドイツ・英国・ベルギー大使や、英国駐在大使の松平恒雄、鉄馬の父弥之助に英語を習ったという林権助の名もある。普通会員には浅野良三（浅野総一郎次男）・藤山愛一郎（実業家。のちに政治家）・古河虎之助・串田万蔵・大倉喜七郎・七代森村市左衛門（開作）ら。特別会員として湖沼学者の田中阿歌麿や土方寧のほか外国人外交官や教師が名を連ねた（昭和三年名簿）。

　東京倶楽部に属する旧丸沼鱒釣会を母体にして、トーマス・グラバーの人脈に連なる旧佐賀藩主や三菱財閥関係者、そしてハンター家との交流深い関西財界の名士が集まったことになる。趣味を通しての外交親善の倶楽部らしく、各国の大使たちが積極的に参加している点が旧丸沼鱒釣会とは異なる特徴だった。（福田和美『日光鱒釣紳士物語』）

　ハンスは当初からアングリング倶楽部にふさわしいクラブハウス建設を計画していた。その役割を担った建物はハンスが私費で購入し、改築した中禅寺湖畔大崎の「西六番館」である。かつて、グラバーが所有していた別荘だった。

　一時隆盛をきわめたグラバー商会が倒産したのちのグラバーは、三菱の顧問をするとともに、ビール醸造所「ジャパン・ブルワリー・カンパニー」（現キリンホールディングス）を設立するなど、新しい事業を始めた。そのころから静養がてら日光をしばしば訪れ、金谷ホテルに投宿して釣りを楽しんだという。明治二十六年に中禅寺湖畔「西六番」に別荘を建て、日光・湯川に自費で米国種の鱒を放流したという釣り好きだった。彼の東京の邸宅には外国人の有力者、日本人政治家や実業家たちが訪れたといい、影響力を保っていた。四十一年、日本政府から勲二等旭日重光章を叙せられた初の外国人となったが、四十四年、七十三歳で激動の生涯を閉じた。

その後旧グラバー別荘は、かつてグラバーの片腕であった英国ノーフォーク出身のフレデリック・リンガー（エドワード・ホームとともに長崎で「ホーム・リンガー商会」を設立）一族の所有となっていたが、名義などは複雑であったようだ。ハンスは、グラバーの息子倉場富三郎に仲介を頼み、西六番館を買い取ることができた。

富三郎は鉄馬が学んだペンシルベニア大学に彼より十五年前に入学した先輩である（第三章）。年二回開かれたという大学同窓会の会合で、ふたりは顔を合わせたことがあったのだろうか。会っていたとすれば、鉄馬の伯父長沢鼎がグラバーの実家に寄宿していたことなど語り合ったのかもしれない。

富三郎は、激動の時代を背景に立身出世を果たした父を持ったナイーブな息子、という鉄馬との共通点もあるが、富三郎がたどった人生は複雑だった。

倉場富三郎

富三郎は明治三年、グラバーを父に、日本人女性加賀マキを母にして長崎で生まれた。グラバーはすでに淡路屋ツルと結婚し、娘ハナが誕生していたが、妻とは別の女性の間に生まれた男児は当初「新三郎」と名付けられ、グラバー夫妻が引き取って育てた。グラバーは息子を「トミー」と呼び、やがて名を「富三郎」と改め、戸籍上は淡路屋富三郎となる。長崎のミッションスクール加伯利《カブリー》英和学校（のちの鎮西学院）を経て、明治十七年に単身上京し、学習院上等小学校（当時神田錦町）に編入。寄宿先は当時三菱副社長・岩崎弥之助の豪壮な邸宅（神田駿河台東紅梅町。旧後藤象二郎邸）である。三菱とグラバーの関係が深かったことから、岩崎家に預けられ、長男の小弥太とともに学習院に通学した。

明治二十一年、グラバーはアメリカ公使として赴任する陸奥宗光に託し、富三郎をアメリカに留学させた。寄宿学校に入って約三年を過ごしたのち、ペンシルベニア大学生物学部に入学。同大留学中の岩崎久弥（小弥太とは従兄弟）と親しく交流し、彼とともにデラウェア川あたりへ鱒釣りに出かけたこともあったという。富三郎は大学で学んだ生物学、とりわけ魚の研究が彼の生涯のテーマとなる。だが、どのような事情かはわからないが、明治二十五年に退学した。

富三郎は長崎に戻ったのち、「倉場」の戸籍を得て、倉場富三郎となり、かの「グラバー邸」に暮らす。英国から機械や造船材料、鉄板、板ガラスなどを輸入する「ホーム・リンガー商会」に入社するが、ほどなく、同商会の子会社「瓜生《うりゅう》商会」（山口県下関）に一年間出向した。瓜生商会とは、福井出身で官僚、教育者を経て実業家となった瓜生寅《はじむ》とリンガーの合弁会社である。

少々、横道にそれるが、この瓜生商会の存在があって誕生した日英の血を引く人物について触れておきたい。

明治三十一年のことだが、瓜生商会の総支配人を務めていたスコットランド生まれのネイル・ブロディ・リード（二十八歳）と琵琶芸者坂田キク（二十三歳）との間に男児が生まれる。のちに「われらのテナー」として一世を風靡する藤原義江である。

子の誕生を知ったリードは、仲介者を通してキクに手切れ金を支払うのだが、彼女のもとには届けられなかった。その後、義江は母とともに九州各地や大阪を転々とする中、キクが身を置いた料亭主人との養子縁組により「藤原」姓となる。やがて義江の境遇を知った東京の瓜生寅邸に引き取られ、暁星小学校などに通うのだが、肩身の狭い思いをしたといい、それからは丁稚やボーイ、さらには新国劇の舞台に立つなど、文字どおり有為転変の日々を送った。それでも彼は美しい容姿と美声を武器にたくましく生き抜いていく。

成長した義江は疎遠であった実父との再会を果したが、リードは独身のまま、大正九年、門司（福岡県）で脳溢血により五十歳で死去。同年、父の遺産を手に欧州へ旅立った義江は、十年にロンドンで吉田茂（二度目の英国赴任。大正九―十一年）の支援を受け、スタインウェイ・ホールでリサイタルを開き、好評を博すのだ。

富三郎と義江に親交があった形跡はないのだが、出生の事情を自らとも重ねたであろう富三郎は、義江の活躍を遠くから見守るような気持ちだったのではないだろうか。

明治三十年代半ば、富三郎はイギリスで盛んだった汽船トロール漁（底曳網漁）に着目し、スコットランドから中古のトロール船を購入するなどして、資本金十五万円で「汽船漁業会社」を設立した。

トロール漁は並外れた漁獲成績をあげ、これに触発された企業家たちが続々とトロール漁に乗り出していった。やがて生産過剰による魚価の暴落などもあり、競合会社は合併などをして、より効果的な大規模船団を組み、乗り切っていった。しかし富三郎は、このターニングポイントをうまくとらえることができず、所有する船をすべて手放し、大正十年前後にはトロール業界から姿を消した。彼には父グラバーのようなビジネスセンスがなかったのかもしれない。

実業家としては成功しなかった富三郎だが、おだやかな人柄が周囲の人々に慕われた。富三郎は、長崎に二千人いたという外国人と、日本人相互の親善をはかる「内外倶楽部」を設立（明治三十二年）するなどし、文化活動にも熱心だった。「雲仙ゴルフ場」設立（大正二年）の発起人でもあり、長崎ゴルフ倶楽部幹事長を務めたが、ゴルフはさほどうまくなかったらしい。

この雲仙ゴルフ場に鉄馬ら赤星兄弟が訪れたことがあったのではないかと調べたが、わからなかった。ただ、こんな短報が見つかった。

近衛［文麿］首相帰京　鎌倉旭ヶ丘別荘に静養の近衛首相は四日午前藤沢町の藤沢カントリー倶楽部に赴き、ゴルフ友達の赤星五郎、テナー藤原義江両氏に牛場［友彦］秘書官

を交へ四人でゴルフを満喫し午後五時自動車にて出発同六時四十分帰京
（『東京朝日新聞』昭和十二年七月五日付）

藤沢カントリー倶楽部（昭和五年開場）のコース設計主任は赤星四郎で、ここで弟の五郎は近衛首相や藤原義江とゴルフを楽しんだのである。この当時の義江は、「カルメン」「リゴレット」「トスカ」などの公演を成功させ、大スターとなっていた。彼を支援した政財界の人物は鉄馬の人脈とも通じる。義江は複雑な生い立ちをものともせず、明るく前向きに生き、人に愛され、人を愛した。

一方、「グラバーの息子」の立場から逃れることができなかった富三郎が熱中したのは、魚類図譜の作製だった。

ペンシルベニア大学で生物学を専攻した際、動物をモデルに絵を描くカリキュラムがあり、画家の指導を受けたこともあった。大正初期、水産動物を図説した図譜を私費でつくることを決意し、自ら市場をまわって選んだ魚などを画家のもとへ運んで精巧に色鮮やかに描かせ、詳細なデータを富三郎が書きいれた。その図譜は美しく、精密で、ウロコ、背びれや尾びれまで、海中で生きていたときのように描かれている。

魚類図譜は昭和初期に全八百五枚が完成したが、長く木箱に収められたままだった。時が流れた昭和十六年五月、この図譜のことを鉄馬の友人で、アングリング倶楽部会員でもある森村市左衛門（開作）から聞き、グラバー邸を訪ねてきたのが渋沢敬三（渋沢栄一の孫、のちに日銀総裁）である。敬三は民俗学の支援者として知られるが、自らも漁業史を研究していた。

富三郎は図譜を敬三にうれしそうに見せ、陽が暮れるまで語り合ったという。富三郎はこのときから四年数ヵ月後、悲劇的な死を遂げることになるのだが、のこされた遺言書に「魚譜を渋沢敬三氏に譲渡すること」という一文を記していた。たった一度会っただけの敬三を信頼したのは、富三郎を理解してくれる友がほかにはいなかったということなのかもしれない。そして魚類図譜は、富三郎自ら成し得た誇るべき「事業」だという思いがあったにちがいない。

アントニン・レーモンド

話をアングリング倶楽部に戻そう。ハンス・ハンターは、中禅寺湖畔の旧グラバー別荘を買い取った。クラブハウスにふさわしい改築の設計を依頼したのが、オーストリア領ボヘミア（現チェコ）生まれの建築家アントニン・レーモンドである。彼の建築作品は学校・教会・大使館・商業施設など、日本国内に多数現存している。

レーモンドはプラハ工科大学卒業後、渡米してニューヨークのフランク・ロイド・ライトのもとで働いた。ライトが設計した帝国ホテル建て替え工事のため日本行きを誘われ、大正八年に妻ノエミ（インテリアデザイナー）とともに来日した当時、三十一歳。二年後に独立して麹町区有楽町の三菱ビルディングに事務所をかまえ、東京女子大学総合計画をはじめ、日本での足場を固めていき、十一年には「日米貿易会社」の米国人社長の推挙によって、「東京倶楽部」の会員になる。

私はそこ〔東京倶楽部〕で多勢の日本の社交界の人物、貴族、実業家などと会う機会をもつことになった。

公式社会の面々がほとんどイギリスで教育を受けていたから、東京クラブも当然イギリス調で形成されていた。そのなかで外国外交官と接見する皇族は、衣裳も行動もヴィクトリア女王時代の宮廷の習慣によって統一されていた。（略）会員のほとんどは日本の貴族か、政府高官か、また外国外交官であり、そのなかには優れた外人実業家とか、専門家が入っていた。

（アントニン・レーモンド『自伝アントニン・レーモンド』）

レーモンドは東京倶楽部会員の田中次郎（当時日本石油専務）邸を設計。同倶楽部会員によって組織された「東京テニス倶楽部」の会員ともなり、そのクラブハウスの設計もする。「私が二つのクラブのメンバーとなったことは、のちに大いに役立っていた」と述べており、かつて、東京倶楽部初期からの会員であったジョサイア・コンドルが日本人実業家の邸宅を請け負ったように、レーモンドは倶楽部メンバーや著名人を施主としていった。

大正十三年には、ドームを載せた講堂のある星製薬商業学校（星製薬創業者は星一《はじめ》、作家星新一の父）を設計。それが気に入ったのか、星は、かつて台湾で展開した事業のかかわりから親しくしていた後藤新平（政治家）をレーモンドに紹介する。ちなみに後藤の逓信大臣（明治四十一年）時代の秘書官が、鉄馬の義兄（姉てるの夫）小森雄介だ（第二、三章）。

　レーモンドは後藤邸設計に着手するのだが、後藤は「平面図を易者に見せずには決定しなかった」といい、地鎮祭を体験したのは後藤邸が初めてだったと回想している。当時のレーモンドはライトの影響から抜け出せずにおり、重厚な雰囲気の邸宅に仕上がった。この邸宅はのちに満州国大使館となり、戦後はＧＨＱに接収され、現在は中国大使館敷地となっている。なお、レーモンド、後藤新平と長男一蔵は「東京ゴルフ倶楽部」会員でもあった（大正十五年名簿）。

　レーモンドとハンス・ハンターの関係は、おそらく東京倶楽部で培われたのだろう。中禅寺湖の旧グラバー別荘の改築設計を依頼された。完成したアングリング倶楽部のクラブハウスは宿泊施設も備えた二階建て。洋風と和風両方を併せもち、切妻の大屋根が湖側にせり出すダイナミックな外観が特徴だ。ハンスはこれ以降、昭和十三年まで、レーモンドに「狩猟小屋」（茨城県鹿島）、「見立鉱業所倶楽部」（宮崎県日之影町・現国登録有形文化財「英国館」）、「範多農園母屋」（東京小平）などの設計を依頼する。

　アングリング倶楽部設立からほどなく、中禅寺湖畔には各国大使館別荘が建てられていったが、昭和三年に竣工したイタリア大使館別荘（現国登録有形文化財）を設計したのはレーモンドだ。彼が設計した大使館はソヴィエト大使館（昭和四年・東京麻布）、アメリカ大使館

（昭和六年・東京赤坂）などがある。

アングリング倶楽部のクラブハウスによく通った鉄馬や弟たちはレーモンドの建築が気に入ったようだ。ゴルフ界で活躍する赤星四郎との関係からか、藤沢カントリー倶楽部のクラブハウスをレーモンド事務所が担当したほか、埼玉県朝霞に移転した東京ゴルフ倶楽部クラブハウス（昭和七年）をレーモンドが設計。さらに四郎の「週末別荘」（昭和六年・神奈川県藤沢）を皮切りに、喜介邸（昭和七年・東京大森）、鉄馬邸（昭和九年・東京吉祥寺）、六郎邸（昭和十年ごろ・神奈川県二宮）など、赤星兄弟の邸宅設計をつづけざまに手がけ、親しい仲になった。

レーモンド事務所からは吉村順三や前川國男など、日本のモダニズム建築を牽引する建築家が巣立っていった。というよりも、レーモンドは吉村を通して日本建築への理解を深めていき、今日知られるレーモンドの作風が確立されたといえる。四郎の週末別荘と喜介邸の設計を実質的に担当したのは吉村だった。のちに吉村・前川らの共同設計による国際文化会館（昭和三十年）が建てられる敷地が、鳥居坂の旧赤星邸という奇縁もある。

ハンス・ハンター、倉場富三郎、アントニン・レーモンド。中禅寺湖をめぐる三人は、やがてしのびよる戦争の影のなか、人生の変転を余儀なくされることになる。

鉄馬、ブラックバスを移入する

鉄馬はアングリング倶楽部設立に奔走したのと同時期、約十年前に着想したブラックバス（オオクチバス）の移入を実現させていた。莫大な資産を持ち、豊富な人脈もある鉄馬ならではのスケールの大きな計画だった。

移入計画の真意を、欧米文献も用いた『ブラックバッス』で述べている。なおこの原稿は、鉄馬の没後、三点（ガリ版刷り一点、単行本二点）が刊行された。それらを比較検討すると、第一稿を昭和八、九年ごろに執筆に取りかかり、のちに加筆・修正したと考えられる。

移入の目的は、「食べて旨い、釣って面白い魚を多くのアングラーと共に長く楽しみたいことにある」。とはいえ、釣魚の趣味は一部の特権階級の専有物であってはならず、釣り荒らして日本の河川湖沼から魚を絶滅させてはならない、その点、繁殖力の強いブラックバスはさまざまな条件を満たしている。そのうえ食用魚として養移殖が容易であり、水産業にとっても有益である、と訴えた。移入の経緯について、成歓牧場経営やアメリカの長沢鼎とのかかわりがあったことも記している。

当時朝鮮で馬匹《ばひつ》の研究に没頭していた私は、純血アラブ種馬を購入するため、成歓牧場支配人の杉沼忠三氏を印度ボンベイに派遣した（『成歓農場要覧』によれば、杉沼の海外派遣は大正十二年九月）。出来ればアラビア砂漠地方に赴かせ、更に純血種の馬数頭を購入したい考えもあったが、英国官憲に阻止され、この目的は達することが出来なかった。その帰途欧州を見学させた後、購入した十頭の馬と共にアメリカへ渡らせ、一年間マサチューセット州ボストン市郊外のヒンガム牧場に牧夫として研修させた。

この杉沼氏の滞米中に、私はまたブラックバッスの移入を計画したのである。アメリカではゲーム・エンド・フィッシュに関する法律があって、ある州より他の州、又は外国へは官憲の許可がないと移送出来ない。そのため、帝大に依頼し学術研究魚としてワシントン政府の許可を得、カルフォルニア州で葡萄園を経営する伯父、長沢鼎氏とドクター・コースタブル氏、杉沼氏が協力して種魚の採取に着手し、約一年間を費やした。これをファウンテン・グローブ葡萄園の中の小池に溜め、大正十四年五月、杉沼氏の帰国に際し前記十頭の馬、プレムスロック種鶏、カルフォルニア州のヴァレイ・クェール〔鶉《うずら》の一種で狩猟用〕、食用鳩、ジェルシイ乳牛と共にこのブラックバッスを輸入した。

（赤星鉄馬『ブラックバッス』）

成歓牧場の杉沼忠三は、大正八年にもアメリカへ派遣されており、鉄馬の信頼篤い人物である。また長沢鼎は、明治三十年の初帰国以来、大正二年・六年・十二年に帰国をし、その際には朝鮮の成歓牧場にも立ち寄ったこともある。彼のワイナリー経営は「禁酒法」制定（大正九年）や、「排日移民法」（大正十三年）などにより、打撃を受けたが、日本・朝鮮・アメリカを結ぶ一族の絆はつよく、互いに協力し合っていた。

当初鉄馬は、ブラックバスを山中湖に移入する計画だったが、東京帝大の学術研究魚として米国政府の許可を得たこともあって、その処置を帝大に委託した。帝大の水産学関係者は種々の条件に適した芦ノ湖（神奈川県）に放流する。

鉄馬は移入の目的を釣りの楽しみだけではなく、食用魚の繁殖という国家に多少とも貢献する「信念と自負があればこそ、相当な費用も投じ苦心もして招致した」という。とはいえ、「新生物の移殖を無自覚、無反省に行うことは、かえって将来に禍根を残す恐れがあるという考え方もある」と書いているのは、ブラックバス移入から数年後、この「害魚」への批難の声があがっていたからだろう。鉄馬も日本国内での養移殖を無定見にやるべきではなく、さまざまな環境条件が必要だとし、「秩序ある計画のもとに繁殖させたい」と考えていた。

芦ノ湖のブラックバスが他の地域に放流された事例のうち、鉄馬が把握しているものを挙げている。昭和五年に長崎県水産試験場のある白雲池、八年には鉄馬と親しい今村繁三の別荘（東京国分寺）と、東京芝の田中邸（詳細不詳）に放流したとある。同年に日光の宮内省中禅寺湖養鱒場、さらに十年には群馬県の田代湖、十一年に兵庫県の明石水産試験場が峯山貯水池に放流した。山梨県の山中湖にも放流（昭和七年）されたが、これは鉄馬のあずかり知らないことで、芦ノ湖の漁師がひそかに山中湖へ運んだものだとしている。

今日、肉食で旺盛な食欲をもつブラックバスは、日本国内各地の河川湖沼の生態系を破壊する魚として大問題になっている。ブラックバスが国内全域で分布拡大したのは、第二次世界大戦後に進駐した米軍兵士らが釣りを楽しむために各地に持ち込んだこと、さらに昭和四十年代以降のルアーフィッシングブームの中、何者かによって密放流などが繰り返されたからだ。現在、環境省は「外来生物法」により、ブラックバスの輸入・飼養・運搬・移植を規制している。

鉄馬は、アメリカ留学時代に知ったバス釣りを日本でも楽しみたいという思いがまずあり、彼なりに研究もし、当時の正当な手順を踏んで日本に輸入したが、今日の事態を知る由もない。それでも赤星鉄馬はブラックバスを日本に最初にもたらした人物として、日本釣魚史に名をのこすことになった。

ところで、鉄馬が設立資金を提供した啓明会の運営に彼は一切かかわらない方針であったが、会は魚類や湖沼研究に助成金を出している。

第一回（大正七・八年）の助成となった田中茂穂「日本産魚類図説の発刊」をはじめ、日本の藻類学の創始者といわれる岡村金太郎「日本藻類図譜の出版」（大正九年・六千四百円）、大正十三年には、田子《たご》勝弥「山椒魚の研究並びに出版」（千五百円）と岸上謙吉「かつを、まぐろ類の研究」（八千九百四十七円）、岡田弥一郎「イルカ類の研究」（昭和九年・千五百円）など著名な研究者のほかにも、魚類や水産生物研究の助成をした。

丸沼鱒釣会やアングリング倶楽部にも関係した田中阿歌麿（明治二年生）は、日本に湖沼学を紹介した人物である。外交官の父に伴い、イタリア・スイスなどで学んで帰国後、日本各地を調査し、『湖沼の研究』（明治四十四年）のほか多くの著作を刊行。昭和七年から八年にかけての「千島列島湖沼の研究」には啓明会が千五百円の助成をした。鉄馬は田中と釣りをしたこともあったはずで、湖沼についてくわしい教えを受けたと思われる。

大正末、ブラックバスを移入した鉄馬は、仲間たちと釣りを楽しむことができたのだろうか。さきの『釣魚大全』にこんな歌が紹介されている。

勇ましきは釣師の生涯
そはなによりも抜きんでて
幸せに満ち　争いとてなく
親しき仲間の寄り集《つど》う
他の楽しみの　かくも空しき
砂上の楼閣　朝まだき夢
幼児《おさなご》の遊《すさび》し玩具のあるのみ
神の摂理にかなうは釣りのみ
禍《か》をだれに及ぼすことなく
快き充足は
われらの技がもたらすのみ

しかし、昭和は「争い」の時代となっていく。

第七章 恐慌と暗殺の時代

団琢磨邸を弔問するリットン調査団のヴィクター・ブルワー＝リットン委員長（先頭）とフランク・ロス・マッコイ少将（二人目）。一九三二年三月六日（日本電報通信社撮影）

吉祥寺への転居と成蹊学園

関東大震災により鳥居坂の邸宅が半壊したあと、赤星鉄馬は近隣の高級集合住宅に仮寓したようだが、結局、以前よりカントリーハウスとして所有していた東京府北多摩郡武蔵野村（現武蔵野市）吉祥寺に転居し、赤星家本家とした。

なぜ、都心から離れた吉祥寺に転居したのだろう。鉄馬の孫によれば、「子どもたちを成蹊学園で学ばせるためだったようです」とのことだった。ちょうどこの時期、成蹊学園は池袋から吉祥寺に移転したばかりである。

学園の歴史は、明治三十九年（一九〇六）に教育者中村春二（明治十年生。東京出身）が池袋に開設した学生塾（翌年、成蹊園と命名）にさかのぼる。中村は国文学者・歌人の中村秋香の息子で、高等師範学校附属学校尋常中学科に学んでおり、その学友で終生の友となったのが、鉄馬とも親しい今村繁三と岩崎小弥太だ。

中村が東京帝国大学卒業後、自ら理想とする教育の場を求めて学生塾を開いたのち、今村と小弥太（ともにケンブリッジ大学に留学）の支援を得て、成蹊実務学校を明治四十五年に創立。つづく十年間で、成蹊中学校・小学校（帰国子女を受け入れた嚆矢とされる）・実業専門学校・女学校（目白）などを創設していった。

大正八年（一九一九）に学校経営の一本化を図る目的で、中村・今村・小弥太らによって「財団法人成蹊学園」を設立。中村が掲げる教育方針に共鳴する今村は九万円、小弥太は八万四千円、小弥太の従兄岩崎久弥が五万円の寄付をしている。このころから学園全体の移転が検討され、移転先が吉祥寺に決定したのだった。

小弥太は吉祥寺に所有していた一万数千坪の「岩崎農園」敷地と、隣接する八万坪の土地を成蹊学園に提供したうえ、学園施設建設費百五十万円をも担った。当時の武蔵野村は関東大震災以降に都市部からの人口流入があったとはいえ、歳出は三万六千円という規模であり、人口は八千百人にすぎない。学園の移転は武蔵野村（昭和三年町制に移行）の発展に大きく寄与した。

しかし移転計画が進行する最中の大正十三年、創設者の中村が四十六歳で死去。成蹊学園理事長には小弥太が就任し、同年、新校舎（現本館）などの施設が完成した。

小弥太は、自らが目立つことを避け、大正十四年に成蹊高等学校（七年制）開校の祝賀式の際には壇上には立たず、保護者席のうしろに詰めかけていた村民の中にいた。それでもコメントを求められると、「（学園に対して）三菱が出資してきたがそれは社会への恩返しであって、学校は天下の公器、三菱とか岩崎という名は出すべきではない」と語った。彼は生徒たちの学校行事のために、岩崎家本邸や小弥太の箱根の別荘を開放するなど、さまざまな形で学園運営に尽力した。

とはいえ、学園西側には「学園の父兄等のために二万坪余が三菱地所の分譲地として造成された」（『武蔵野市教育史』）といい、企業としての三菱には学園都市建設による利潤もあっただろう。移転翌年の大正十四年に武蔵野村の戸数は前年に比べて五百戸増加し、人口は一万を超えた。

鉄馬は、小弥太や今村に成蹊学園の教育方針などを聞き、移転を機に子どもたちを入学させることにしたと思われる。

釣りに没頭していた鉄馬は、東京市内に比べれば自然豊かな環境も気に入ったのだろう。学園正門から通りをはさんだ鉄馬邸敷地は三千坪。アメリカから取り寄せた木造組み立て住宅二軒ぶんを一軒に造り替えた。関東大震災の二ヵ月前、大正十二年七月に一時帰国した長沢鼎とともに、この家の前で撮影した写真がある。外壁を白いペンキで塗装した農家風の家は、鉄馬の留学時代の思い出にも連なったのかもしれない。広々とした庭にゴルフ練習に適した芝を敷きつめ、鉄馬と妻文は熱心に練習をしたという。

朝香宮妃を総裁にして「東京婦人ゴルフ倶楽部」が大正十五年九月発足。女性ゴルファーの草分けで実力ナンバーワンの三井栄子《さきこ》とともに、赤星文と瑞子（四郎の妻）も会員となり、さらに、徳川・近衛・細川・鳩山などの名家の女性たちが集った婦人選手権や倶楽部競技会などが開催される。ゴルフを楽しむばかりではなく、政財界を取り巻く女性たちのネットワークも形成されていった。

この当時ゴルフ界で大きな話題を集めていたのが赤星四郎・六郎兄弟である。四郎は、中国上海で開催された「第一回チャイナ・アマチュア選手権」（大正十三年）に大谷光明とともに参加。日本人ゴルファー初の海外遠征だとされる。上海の共同租界や香港在住の欧米人らを中心に三十八名で競い、四郎は六位、大谷は十二位であった。つづく同大会の第二回（大正十五年）には四郎、大谷とともに六郎や川崎肇らが参加し、川崎が三位、六郎が五位、大谷が八位と健闘した。

大正十五年の日本アマチュア選手権においては四郎が優勝、準優勝は六郎だった。六郎は第一回日本オープン選手権（昭和二年）で初代チャンピオン（四郎は四位）ともなり、日本ゴルフ界は「赤星兄弟時代」を迎えたのだった。さまざまなゴルフ競技会では四郎・六郎とともに鉄馬・喜介・五郎ら赤星兄弟が顔をそろえて腕を競う光景が見られ、注目を浴びた。ゴルフ界では赤星兄弟の華麗なプレーが話題となっていたが、日本は慢性的な不況から抜け出せず、やがて金融恐慌の嵐に見舞われる。

昭和金融恐慌、十五銀行の破綻と泰昌銀行の清算

大正十五年十二月二十五日、長く病床にあった大正天皇が世を去った。昭和に改元され、わずか一週間の昭和元年ののち、昭和二年（一九二七）三月七日から八日にかけて大喪儀が執り行われた。

それから五週間が過ぎた昭和二年三月十五日付の『東京朝日新聞』は、「東京渡辺銀行の破綻を蔵相、突如言明す　昨日衆院予算総会の席上で　当の銀行の営業中に」との見出しを

打った。片岡直温蔵相が「東京渡辺銀行がとうとう破綻いたしました」との「失言」が引き金になったとされる「昭和金融恐慌」の発火点である。

東京渡辺銀行は、第二十七国立銀行として設立され、普通銀行となり改称したが、同族企業向けの多額の不良債権を抱えており、関東大震災後に経営が悪化していた。片岡蔵相の発言が報じられた直後から、東京渡辺銀行に預金者が殺到し、預金取り付け騒ぎが起こる。同銀行と姉妹銀行のあかぢ貯蓄銀行が休業すると金融不安が一気に広がり、取り付け騒ぎが起こった。さらに各地の銀行がつぎつぎと休業に追い込まれていき、休業銀行の多くが預金の四－五割を切り捨てることになる。

なぜ昭和金融恐慌は起こったのか。その原因として、つぎのように指摘される（高橋亀吉・森垣淑『昭和金融恐慌史』）。

第一次世界大戦を機に、日本経済は質的にも量的にも飛躍的発展を遂げたが、銀行制度そのものが依然として前近代的であり、多くの欠陥を内蔵したものであった。

戦争は日本に好景気をもたらしたが、行き過ぎた熱狂的な投機があり、その反動として、大正九年以来の「戦後恐慌」を招いた。にもかかわらず、官民いずれも的確な判断ができず、一時的な取り繕い策に終始した。景気はやがて持ち直すだろうという楽観的な憶測が判断を誤らせたのである。しかし日本経済の病根というべきものは根深く、一時的な救済措置は、むしろ経済をさらに衰弱させる結果となった。

さらには、関東大震災による経済界への打撃、支払いを猶予した「震災手形」の不良債権化など、問題は山積しており、かねてより指摘されていた経済不安が表面化。この金融恐慌によって明らかになったのは、銀行が特定企業と深く結びついて放漫貸出を行っていた実態である。

その代表例が、台湾銀行と鈴木商店の関係であり、いま一つは鉄馬が興した泰昌銀行が傘下に入っていた十五銀行と薩摩閥・松方系企業の癒着関係であった。

いわゆる「薩州系銀行」の性格が濃厚であった十五銀行は、三井や三菱に比肩するほどの有力銀行だったが、取り付け騒ぎが発生して約一ヵ月後に休業を発表した。

その原因を日銀調査局「十五銀行破綻原因並に其整理」が厳しく分析している。

当行［十五銀行］破綻のもとは一言にしてこれをいえば、貸出の偏倚《へんい》、とくに松方一門の諸事業に対する融資の固定なり。（略）ことにその関係事業たる造船、海運、製鉄、機械製造等、戦時急激に膨張したる諸事業に資力の大半を注ぎたるは、銀行経営の大原則たる危険の分散を顧みず、しかもこれが貸出に当りては、無担保のものすこぶる多く、（略）なお担保付といえども、不動産、船舶など換価容易ならざるもの多く、有価証券類は、川崎造船、川崎汽船、国際汽船、国際信託、泰昌銀行等、同種同系の社債株式大部分を占めて、公債その他確実なる証券少きは、いかに当行当事者がその貸出に際し不用意なりしかを示すものというべし。

十五銀行の最終単独整理案によれば、一億六千万円もの欠損と不確実資産を抱えており、松方一門（巌・幸次郎・五郎・正熊ら）への個人貸出は一億四千万円にものぼっていた。国家予算が十七億六千万円（昭和二年度）という時代である。

十五銀行が減資や積立金の取り崩し、役員の私財提供（なかに幸次郎の「松方コレクション」も含まれる）などで損失処理しても、預金の五割に相当する欠損が残るとされたが、同行は宮内省の金庫を預かっていたこともあり、日銀の低利特別融資八千万円を受けることができた。それでも預金の三割を切り捨てて、休業から約一年後に営業を再開した（のちに昭和銀行に合同される）。

この結果、松方兄弟は関連企業の代表を辞任。関連企業の再建は川崎家や松方家と関係のない人たちによってなされることになる。明治以来、国家と密接に結びついていた「薩州財閥」はここに解体した。

政府は従来の「銀行条例」に代わる「銀行法」を公布（昭和三年一月施行）。その狙いは、「機関銀行」（少数の事業会社と資本的・人的に密接な関係を持ち、関連する企業への融資を集中させる銀行）の排除だ。当時の普通銀行千二百三十八行のうち、七百九十行が無資格となった。これによって、弱小銀行の整理と大銀行への集中が促進され、三井・住友・三菱・安田などの財閥系銀行の支配力がさらに強まることになる。

泰昌銀行は十五銀行から五百五十万円の貸出を受けていた。十五銀行と同日に休業を発表し、取締役会長の樺山愛輔が事態打開の陣頭指揮を執った。一ヵ月後、九百人の預金者のうち千円以下の支払いを決定。千円以上の大口預金者からは支払い猶予の了解を得ることができ、休業からひと月半で業務を再開することができた。

その後の泰昌銀行については、同行で愛輔の右腕だった人物がつぎのように記している。

> 昭和三年四月、日本銀行の斡旋で、前年創設の昭和銀行に営業譲渡を決定し、諸預金の全部（切捨なし）と、日銀借入金を引き受けて貰い、それに見合う有価証券・土地建物・貸出金の一部を譲渡し、行員の半分を引き継いだ。（略）そこで泰昌銀行は清算に入り、対十五銀行及び国際信託関係貸借や、その株式等を担保とする債権等の整理にあたり、一方赤星系株主への補償も考慮され、一応円満に結了した。
>
> （木佐木正男「翁と銀行業」）

この文章では触れられていないが、泰昌銀行の危機を救うために愛輔や鉄馬は私財を投じたと考えられる。

愛輔の次女正子は大正十三年よりアメリカニュージャージー州のハートリッジ・スクールに留学中で、卒業後はヴァッサー・カレッジに進学する予定で試験にも合格していた。正子が書いている。

> それは一九二八（昭和三）年の春のことで、まだ卒業していなかったが、ちょうどその頃起った日本の金融恐慌の影響で突然帰国することになった。折角大学に行けるつもりで

> いたのに、それはいかにも残念であったが、校長先生が、卒業だけは早めにさせて下さり、ニューヨークの総領事であった斎藤博氏夫妻と、いっしょの船で帰ることになった。（略）
> 例の恐慌の余波で、父は永田町の家を手離し、私どもは大磯で暮していた。
> （白洲正子『白洲正子自伝』）

愛輔がジョサイア・コンドル設計の永田町の邸宅を譲渡した相手は、愛輔や鉄馬と親しく、啓明会理事も務める三菱銀行会長の串田万蔵（妻フミは今村繁三の姉）であった。正子はこう書き添えている。「なお、この家は戦争のはじまった頃、吉田茂氏の所有となり、ここで憲兵隊に踏み込まれたりして、苦難な時代をすごされたようである」。

愛輔は永田町の家の売却金の一部を泰昌銀行の処理に充当したと思われるが、それでも大磯や御殿場のほか、東京市内品川区にも屋敷を持っている。いざという時のために多くの土地を所有していた彼は危機に対応することができたのだった。

正子とともに米国から帰国を余儀なくされたのが、彼女の兄丑二《ちゅうじ》である。すでにプリンストン大学を卒業しており、しばらく遊学をつづけるつもりでいたが、事情が許さなかった。丑二が帰国後に知り合い、親しくなったのが白洲次郎（明治三十五年生）である。

次郎の祖父退蔵は三田《さんだ》藩（現兵庫県三田市）の重職にあり、維新後は神戸で事業を興し、その息子文平は海外留学後、三井銀行などを経て綿の貿易業「白洲商店」で財を成した（昭和三年の『人事興信録』に「兵庫県多額納税者」として記載）。文平の次男次郎は、第一神戸中学校卒業後に渡英し、ケンブリッジ大学クレア・カレッジの聴講生として学んでいたとされるが、白洲商店が金融恐慌のあおりで倒産したため帰国。堪能な英語力を活かして東京の英字新聞社で働いていた。そして十八歳の正子は、「忽然と現れた」二十六歳の白洲次郎に「ひと目惚れ」し、やがて結婚。のちに「吉田茂の側近」としての数々のエピソードが伝えられる白洲だが、吉田との関係ができたのは樺山愛輔の娘婿という立場だったことが大きい。太平洋戦争終結後、「GHQから恐れられた男」ともいわれたが、アメリカ側の資料によると、そのような評価だとは言い難い面も見てとれる。吉田や愛輔と親密な鉄馬だが、鉄馬の孫は「白洲次郎と鉄馬の関係はまったく伝わっていない」と言う。白洲は彼の二十歳年下であり、交友がなかったのも当然かもしれない。

財産分与、鳥居坂と赤坂台町を売却

泰昌銀行の処理は「一応円満に結了した」のであるが、鉄馬は先行きの不安も感じたのだろう。弟たちへの財産分与を決断した。鉄馬直筆の毛筆文書が赤星家にのこされている。

亡父赤星弥之助世を去りて既に三十年　不肖鉄馬其の長男たるの故以て其の後を継ぎ明治大正を経て昭和の御代に及ぶ　其間事物の変遷や甚大なりしと雖《いえど》も亦大過無く茲《ここ》に至りしは唯先輩知友と諸弟の助けありしが為なり　今や諸弟は無事心身倶《とも》に成り　将来吾は本

帝国の臣民として皇国に尽神すべき時に至る　以《もって》是不肖鉄馬諸弟の意を賛し家産有価証券の半分を分かちて諸弟に送り其公民として各一家を創め各自君国の為め尽すを希むものなり

世は多端《たたん》［複雑で多岐にわたっている］なり　諸弟協力心して将来の安心立命を得んことを禱《いの》る

昭和三年十二月五日

兄　赤星鉄馬

赤星喜介殿
赤星四郎殿
赤星五郎殿
赤星六郎殿

これまでも鉄馬は弟たちの留学費用をはじめ、結婚に際しては邸宅を用意するなど、あらゆる面倒を見てきた。弟たちの名義で購入した多数の株や土地などもあったのだろうが、金融恐慌を体験して、危機を分散するためにも財産分与をしておくべきだと判断したと思われる。十五銀行の破綻もあり、もはや薩摩閥に依存してはいられない時代だ。弟たちも一家を興していかねばならない。

この財産分与の以前、鉄馬はすでに鳥居坂の土地を親しい仲の岩崎小弥太に売却していた。『岩崎家四代ゆかりの邸宅・庭園』にこう書かれている。

> 小彌太は父から譲られた駿河台本邸に居を構えていたが、関東大震災によって駿河台の家を焼失したため、一時高輪の屋敷に移った。しかし、大正一三年六月には麻布永坂に屋敷を購入して引き移り、間もなく、新たに麻布鳥居坂の旧久邇宮邸地を赤星鉄馬より購入して新邸建設に着手している。
>
> その後、そこが手狭になったため、麻布の鳥居坂に土地を求め、昭和四年一一月、大江新太郎「日本伝統建築で知られる建築家」の設計になる和館を建てて本拠地をこちらに移した。

鉄馬所有の鳥居坂敷地は約四千坪（明治四十四年『地籍台帳』）だったが、大正初期から少しずつ切り売りしていたと推測でき、小弥太が買い足したという土地の大半も、元は赤星邸敷地だったと考えられる。

小弥太の邸宅敷地は四千四百坪、書院造風の豪壮な屋敷は木造二階、地下一階建て。内装に中村順平のほか松田権六《ごんろく》（漆芸）、津田信夫《しのぶ》（鋳金）、庭園の小川治兵衛など錚々たるメンバーが参加し、「昭和を代表するにたる名建築」といわれた。それだけの邸宅を建てる財力が金融恐慌後の岩崎家にはあったのである。だが、この贅を尽くした屋敷は昭和二十年五月の空襲で焼失することになる。

さらに鉄馬は、赤坂台町のコンドル設計の邸宅も売却していた。購入したのは三井高維《たかすみ》（明治三十四年生。三井総領家十一代当主の弟）である。彼は大正十三年に三井永坂家の英子《ひでこ》と結婚。史料から、高維は十五年には赤坂台町に暮らしていたことがわかり、鉄馬は鳥居坂売却と同時期に赤坂台町も譲渡したと考えられる。高維は東京ゴルフ倶楽部の会員であり、コンペなどで赤星兄弟と腕を競い合う仲だった。

売却から十数年後のことになるが、高維夫妻がロンドン赴任から帰国後に直面したのが三人の子どもの教育問題だった。当初、帰国子女を受け入れていた成蹊学園に男児を、女児を東洋英和に学ばせたが、やがて二校とも帰国子女教育を存続できなくなった。そこで夫妻は、昭和十五年に赤坂台町の自邸内に小学校を創設し、「啓明学園」と名付けた。鉄馬の啓明会とは無関係だが、初代理事長に樺山愛輔が就任しているので、命名にあたっては愛輔が関与した可能性もあるだろう。啓明学園設立を報じた当時の新聞記事に高維邸の写真が掲載されていた。関東大震災で一部壊れたようだが、きれいに修復されたのか、コンドル設計時の外観が保たれている。

啓明学園は中学部・高等女学部も設置され、創設から三年後に、三万坪の三井家拝島別邸（現東京都昭島市）に移転。今日も「キリスト教に基づく人格教育」という基本精神のもと幼・小・中・高の一貫教育がつづけられている。

朝鮮陶磁器を愛した赤星五郎と浅川伯教の交流

それにしても、金融恐慌以前に鳥居坂と赤坂台町の土地を売却していた鉄馬の慧眼には驚くばかりだ。

彼は大正六年のバブル絶頂期に亡父弥之助の蒐集品を売立て、その落札額は五百十万円にも達したが、それをもとに事業の多角化をはかることもなかった。鉄馬自身が異常な好景気であることを察知していたのだろう。わずか三年後の戦後不況にも動じなかった。それ以来の松方一門企業の不振が周囲には知られていたためなのか、鉄馬は事態が深刻になる以前に土地を売却していた。売却による利益の一部は泰昌銀行の処理にも費やされたのだろう。

経済とはまさに「多端」な生き物であり、たとえ一時巨富を得ることができたとしても、それは「うたかた」にすぎないと冷静に見つめていたと思われてならない。

赤星家の資産が目減りしつつあったことは確かだが、成歓牧場の運営を泰昌銀行とは切り離していたことが功を奏し、成歓牧場が痛手を被ることはなかったようである。大正十五年から昭和二年にかけての成歓牧場は、サラブレッドやアラブ種の馬、乳牛を多数購入し、さらに土地買収をして敷地を拡大するなど、経営は順調だった。

旅行案内書『京城』（昭和二年版）には、京城（現ソウル）周辺の見どころとして、牧場が取り上げられている。

> 広い牧場の内には道路が縦横に開かれ、右側に牧馬場、左側に牧牛場、中央の奥まつた丘の上には場主赤星氏の別荘が場を見下し建つて居る。純朝鮮式の御殿風大建築、里人は呼んで赤星御殿と云つて居る。本牧場の主要事業たる牧馬場は蒙古馬の改良を目的とし、営利の外にたち現に二十余頭の優良馬匹を養つて居る。牧場では趣味の来訪者を喜んで迎えてくれる。

　昭和三年三月、成歓牧場を会社組織にし、「成歓牧場合資会社」(昭和十一年十月「成歓農場」に改称)を設立。鉄馬の弟五郎が代表社員に就任、鉄馬は相談役となった。庶務部・水田部・耕作部・植林部・牧牛部・牧馬部を組織化し、現地に常駐して現場を取り仕切ったのは、これまで海外で馬の買い付けなどをしてきた杉沼忠三(第六章)である。彼が農場長に就任し、各部での事業が展開された。この年には、櫟や落葉松、栗など二十三万一千本が植樹され、宮内省に特産の「成歓甜瓜《マクワウリ》」や、「アラブ純血牝馬五頭」を納入するなどした。有能な杉沼農場長の活躍がしのばれる。

　代表社員となった五郎は常駐せず、年に数回朝鮮に渡ったというが、夢中になったのは朝鮮陶磁器の蒐集だった。本人が述懐している。

> 私が最初に渡鮮したのは、中学一年生のころかと思う。記憶がかすれるくらい古い話で

ある。従兄の本田幸介博士が、朝鮮水原勧業模範場（のちの農事試験場）の場長だったので、そこへ二、三回訪れたことがあった。そのころは、馬関〔山口県下関〕でハシケに乗り、壱岐対馬などという船に乗り移ったような時代であった。（略）

　やきものについては、大正の終わりごろ、青山民吉〔美術評論家で民芸運動の同伴者。弟が美術評論家で骨董蒐集家の青山二郎〕君と同行し、京城で浅川伯教《のりたか》さんにお眼にかかったのが縁のはじめであった。当時は李朝ものを鑑賞する人も、買う人もなく、染付の壺や辰《しん》砂《しゃ》の徳利など、五円くらいでよりどりみどりというありさまであった。伯教さんに教えられたりして興味がわき、京城の道具屋で五、六点買って、東京の自宅〔結婚するまで吉祥寺の鉄馬邸に同居〕に送ったが、亡父の数多い道具の処理に手を焼いていた母から、私たちの骨董癖をつよく戒めてきた。

　その後、私の勤めていた〔泰昌〕銀行が、昭和三年のパニックでつぶれたので、朝鮮に農場を経営していた兄の手伝いを頼まれて渡鮮した。

（赤星五郎・中丸平一郎『朝鮮のやきもの　李朝』）

好きな道を見つけると、とことん追求する赤星兄弟であるが、五郎の朝鮮陶磁蒐集も同様だった。浅川伯教との交友は興味深いエピソードなので紹介しておきたい。

　浅川伯教は、弟の巧とともに朝鮮古陶磁の研究者・紹介者としてよく知られる。伯教は明治十七年、山梨に生まれ、大正二年に教師として朝鮮に渡った。その翌年、朝鮮総督府山林課に就職した巧（昭和六年、急性肺炎により当地で没。四十歳）もやって来る。

大正三年、伯教は、千葉県我孫子に柳宗悦（民芸運動の創始者）を訪ね、そのおりに持参した朝鮮陶磁器を目にした柳は、つよく魅せられた。五年に柳は初めて朝鮮を訪れ、さらに九年からは毎年やって来る。十一年には伯教と古窯を調査し、同年『朝鮮とその藝術』を刊行。浅川兄弟とともに「朝鮮民族美術館」を開館するのは十三年である。五郎は「朝鮮のやきものの美しさと、それを生んだ朝鮮の人々に対して抱かれた柳宗悦さんの純粋で熱烈な愛情は、その残された数多い著書をとおして、私たちの胸を強く打つものがある」（前掲書）と述べている。

五郎は母静の戒めをしばらくは守っていたが、朝鮮陶磁器に本格的にのめりこんでいったのは昭和十年からだという。その年、五郎は縁戚の画家藤島武二が朝鮮美術展覧会審査員として京城にやってきた際に、伯教に案内してもらった。おりしも日本人蒐集家の売立てがあり、すばらしい品々を手に入れることができた。それからは「毎年数回、仕事の関係で渡鮮するのに、肝腎の牧場経営は二の次で、京城に出ては朝から晩まで伯教さんと一緒に道具屋を素見し、夜は夜で痛飲した」（赤星五郎「伯教さんのこと」）。

当初五郎は高麗青磁に魅せられたというが、李朝のものに開眼させてくれたのは伯教だといい、「驚くべき逸品」が骨董屋で見つかった。さらに彼とともに、大邱・慶州・釜山・会寧まで足を延ばし、「美術行脚と掘り出しものあさりをしたものである」。五郎はこう語っている。

　よく彼奴は金があるから買えるんだ、なんて云いますが、誰方を見ても金だけで良い品は集まりませんね。熱に引き寄せられるんじゃないでしょうか。私は頑固なところがあって、自分でいいと思った物は、みすみす馬鹿げた値を付けられても、兎に角買わないとなくなって了うので、時代なぞ構わず独断で買いました。それが内地へ持って帰ると、いろんな人に批判されるわけですが、私の物には大分掘り出し物があるのです。普通掘り出しと云うと安く買ったように聞こえますが、私のは寧ろ高く掘り出しているのです。

（『日本美術工藝』昭和二十三年十一月号）

亡父弥之助の蒐集癖を彷彿とさせる五郎だが、彼の身近には古美術の蒐集家として名高い人物がいた。妻欣枝の父、守屋孝蔵である。守屋は東京帝国大学卒業後、京都で活躍した弁護士で、開業早々、古美術品にかかわる係争案件を担当したことがきっかけで古美術に傾倒していったという。とりわけ和漢の「古写経」（古い時代に書写した経文。主に室町以前のもの）と、中国の古鏡のコレクションが知られる。彼が没した（昭和二十八年）のち、京都国立博物館と東京の五島美術館におさめられた。

　五郎は伯教との楽しい思い出が尽きないと述べている。五郎本人はひと言も語っていないのだが、伯教の年譜を調べてわかったのは、終戦後の昭和二十一年に日本に引き揚げてきた伯教が、五郎の家（神奈川県鵠沼《くげぬま》）に二十四年まで仮寓しており、そこへ柳宗悦が訪ねてきたこともあることだ。のちにはバーナード・リーチも五郎邸を訪問している。五郎は、伯教著『李朝の陶磁』（昭和三十一年・私家版三百部）を刊行するなど、ふたりの交流は長くつづいた。

「李朝のやきものを好きになったことが、どんなに幸福なことであったかとしみじみ思う。やきもののおかげで世の憂さを忘れ、多くの知友を知る楽しさがふえ、私の貧しい人生がどれほど多彩なものになったか、その恩恵は、はかり知れぬものがある」（『朝鮮のやきもの李朝』）と五郎が述べるように、彼の交友関係は幅広かった。作家・評論家の小林秀雄がエッセイに書いている。

　鵠沼に、A〔赤星五郎〕という焼き物好きの知人がある。古くから、朝鮮ものの収集家として知られた男である。それが、或る日、久し振りでお嬢さんと一緒に遊びに来た。その時、一本の徳利を持参し、近頃手に入れた、としきりに自慢した。「なるほど、これはいい、これで呑んだらさぞうまかろう」と言うと、「この頃はもう医者に言われて酒は止めた」と言う。「何んだ、それじゃ、自慢したって意味ないや、俺が代わりに呑んでやるから置いていけ」「ふん、その手に乗るものか」と笑って還った。

（「徳利と盃」『藝術新潮』昭和三十七年四月号）

このあと、くだんの徳利をめぐる目利き同士のやりとりが軽妙に描かれ、ふたりの親密な関係がよく伝わってくる。

あらかじめ述べておくと、五郎が熱心にあつめた朝鮮陶磁器コレクションのその後をたどったところ、こんな一文が見つかった。

「第二次世界大戦以前の朝鮮陶磁器の大コレクターの一人に、赤星五郎氏がいた。その赤星コレクションのやきものは、ほとんど安宅コレクションに帰した」。その時期は、「昭和39年、安宅氏はある個人を介して、赤星氏から購入」（『美の求道者・安宅英一の眼』）。

総合商社「安宅産業」の会長安宅英一は芸術家のパトロン、美術品コレクターとして知られ、とりわけ東洋陶磁の「安宅コレクション」が名高い。なかでも「安宅コレクションの高麗・朝鮮の陶磁は、私的なコレクションとして世界第一といっても過言ではない」（前掲書）といわれる。おそらく五郎は、自身のコレクションの散逸をおそれて、安宅に託そうと決めたのだろう。五郎の親族によれば、売却当時も彼の資産は潤沢で、コレクションを手放すことに逡巡もあったというが決断した。

五郎は昭和五十年に没するのだが、その二年後に安宅産業は破綻。のちに住友系財界人の尽力により、安宅コレクションの研究・保存・展示のための機関として、大阪市立東洋陶磁美術館が設立（昭和五十七年）された。そのなかに、五郎コレクションの「双璧」ともうたわれた、「鉄《てっ》砂《しゃ》虎《とら》鷺《さぎ》文《もん》壺《つぼ》」（十七世紀後半）と、「青《せい》花《か》辰《しん》砂《しゃ》蓮《れん》花《か》文《もん》壺《つぼ》」（十八世紀。伯教から譲渡された）もある。今日、多くの人が優美なフォルム、のびのびした図柄の美しい焼き物を鑑賞でき、五郎が伯教とともに朝鮮各地を美術行脚したという日々も報われたような気がする。

昭和三年に時を戻すと、この年、伯教は連名による「朝鮮陶器の研究」の助成を啓明会より受けることが決定した。すでに伯教と親しくしていた五郎が申請を促したのかもしれない。申請者は、伯教・巧兄弟のほか、実業家で古陶器蒐集家の倉橋藤治郎（大阪高等工業学校〔現大阪大学工学部〕窯業科卒）と柳宗悦（関東大震災以降、昭和八年まで京都在住）である。啓明会は、朝鮮陶磁器は世界的にも高い評価を得ており、日本の陶磁器も朝鮮の影響を大きく受けたことから、さらなる研究が必要だとし、三千円の助成を決定。伯教・巧兄弟による朝鮮古窯跡調査は長期にわたってつづけられ、多数の著作を発表していく。

また啓明会は、朝鮮文化研究の助成として、昭和四年、仏教学者忽滑谷《ぬかりや》快天《かいてん》の「朝鮮仏教の研究」（千五百円）を決定。翌五年、大著『朝鮮禅教史』が刊行された。さらに、十六年には言語学者・東京帝国大学教授小倉進平の「『朝鮮語方言の研究』の出版」に千五百円を助成し、十九年に刊行されたが、同年に小倉は没し、遺著となった。新羅時代の歌謡「郷歌」を解読した功績が高く評価されている。

啓明会十周年

金融恐慌の余波で揺れていた昭和三年八月、啓明会は創立十周年を迎えた。

大正七年の創立以来、会が研究助成をしたのは八十七件、そのうち二十七件の研究が完成し、六十件が進行中である。啓明会の助成が決定すると官報や新聞各紙に紹介されるなど、会への注目度は高かった。

啓明会主催の講演会はこの時点で二十七回開催されていた。その演題の多くは助成した研究者による成果発表だが、このほか国際情勢について専門家が講演したものも少なくない。前田多門「欧州に於ける労働問題の趨勢」、志立《しだち》鉄次郎「国際経済会議に就いて」（ともに昭和二年）などがある。

研究助成に関連する展覧会はこれまで五回開催されており、その最大規模は、鎌倉芳太郎・伊東忠太が会の助成を受けた「琉球芸術調査」による蒐集品や旧琉球王家の所蔵品を展示した「琉球芸術展覧会」（大正十四年）だった（第六章）。

創立十周年を記念して昭和三年九月、大々的な展覧会が東京美術学校で開催された。伊東忠太（当時東京帝国大学名誉教授・早稲田大学教授）の指導による会場の展示は、琉球・朝鮮・波斯《ペルシャ》・中央亜細亜・一般事業成績の五部門で構成され、約三千点余の工芸品・美術品・図書・文献などが陳列された。『報知新聞』（昭和三年九月六日付）は「世界無比の芸術品のみ　三千点を集めた　日本空前の美術展」と伝えている。展覧会図録には展示品の所蔵者の名前が記されており、美術界の錚々たる人物や蒐集家、侯爵家、美術商社の先駆者山中定次郎《さだじろう》（山中商会初代社長）の名もある。

展覧会に合わせて開催された講演会では啓明会の助成を受けた人々が研究テーマを掘り下げた講演をした。この開会の辞を述べた平山成信理事長は、啓明会設立の経緯と設立資金百万円を寄付した赤星鉄馬の功績を語ったが、鉄馬本人は挨拶を述べることもなかった。この時期の彼は、金融恐慌に伴うさまざまな事柄で苦悩していたと思われるが、啓明会の活動を見るかぎり、その気配を感じさせない。鉄馬は会設立時に、啓明会は公的機関であり、赤星家とは一切関係ないと言明したことを貫いて公私を明確に区別し、研究助成は続行された。

啓明会の財源は潤沢だった。昭和三年度決算によれば、会の資産は百十二万円である。創立以来の助成金累計は四十一万九千七百五十円にのぼったにもかかわらず、当初の設立資金以上になっているのは、債券や株などの利子運用が順調だったからだろう。創立十周年記念事業には五千六百円を投じている。

昭和四年九月、啓明会は理化学研究所と協同して（大河内正敏が双方に関係していた）、海外から量子力学の創始者として名高いふたりの物理学者を招いた。ライプツィヒ大学（ドイツ）のヴェルナー・ハイゼンベルク（昭和七年、ノーベル物理学賞）と、ケンブリッジ大学（イギリス）のポール・ディラック（昭和八年、ノーベル物理学賞）で、来日当時ともに二十代だった。欧州を中心に物理学の世界が白熱化した時期だった。

彼らの招聘事務にあたった仁科芳雄（東京帝国大学卒業後ヨーロッパ留学）は、啓明会委員の鳳秀太郎と、同評議員で物理学者の長岡半太郎に師事しており、のちには理化学研究所を代表する物理学者となる。

啓明会と理化学研究所は連続講座「新物理学」（九月二―七日。東京帝国大学・理化学研究所）を共催。当時としては最先端の内容で、この講座を熱心に聞いていたのが、京都帝国大学を卒業したばかりの朝永振一郎《ともながしんいちろう》だった。「勇気を振い起して東京に出かけて」いったという。

京都という田舎から東京に出てきて、長岡半太郎先生だとか、仁科先生とか杉浦［義勝］先生だとかいうえらいかたがたの姿を見、また見るからに頭のよさそうな東大出の秀才たちの間で圧倒された気持になりながら、ぼくはうしろのほうの席にこっそりと隠れるように坐って講演を聞いていたのです。（略）

東大での講演の最後の日には長岡先生が挨拶に立ち、ハイゼンベルクやディラックが二十代の若さで新理論の建設という大事業をなしとげた功績をたたえるとともに、日本の学者たちはいまなお欧米の糟粕をなめるばかり、学生は学生でその講義をノートにとるばかり、そういうふがいない現状はなんとなさけないことだ、ハイゼンベルクやディラックを見ならえ、といった趣旨の演説をやられたのが頭に残っています。

（朝永振一郎『新版　スピンはめぐる』）

ほどなく朝永は仁科に誘われ、理化学研究所仁科研究室の一員となった。昭和十二年から二年間ドイツに留学し、ハイゼンベルクの下で研究した。のちには「超多時間理論」「くりこみ理論」などの世界的業績をのこし、四十年、ノーベル物理学賞を受賞。

ハイゼンベルクとディラックの講演会を、若き研究者が足を運べるような開かれた場で開催した啓明会と理化学研究所の姿勢は、評価されるべきだろう。啓明会は、仁科芳雄訳述

「ハイゼンベルク・ディラック　量子論諸問題」を紀要十一号（昭和七年）として刊行する。

日本の物理学を牽引した長岡半太郎だが、少々意外とも思えるのは、明治末より江戸時代の測量家伊能忠敬につよい関心を持っていたことだ。長岡の弟子である地球物理学者大谷亮吉が長期にわたる調査研究をつづけ、『伊能忠敬』（大正六年）を刊行。伊能研究の礎となった。長岡は、啓明会に「伊能忠敬測量日記の出版」を助成申請（昭和十二年・二千六百七十九円）し、採用されている。

活発に活動する啓明会だが、初代理事長平山成信は、昭和四年九月、七十四歳で世を去った。啓明会は盛大な「故男爵平山成信君追悼会」を催し、法学者・教育者で京都法政学校（現立命館大学）初代校長などを歴任した富井政章が追悼講演をし、別れを惜しんだ。新理事長には大久保利武が就任した。

ロンドン海軍軍縮会議、浜口首相狙撃事件

啓明会は多分野の研究への助成や講演会を開催したが、日本の経済政策や国際情勢にからんだ活動も注目される。同時期に起きた「世界恐慌」が日本にも大きな影響を及ぼそうとしていた。

昭和四年十月二十四日、株投機熱が頂点に達したアメリカ・ウォール街での株価大暴落（「暗黒の木曜日」）は、世界中を巻き込んでいった。これにより国際貿易は縮小し、とりわけ

日本の輸出品の中心であった生糸の海外需要が急激に落ち込んだ。生糸輸出の不振は養蚕業を営む農村部にとって大きな痛手となる。

「暗黒の木曜日」の二日後、啓明会は講演会を開いた。

その演題の一つは、経済学者木村増太郎による「満蒙の経済的価値」である。木村は啓明会の助成を受け、「支那財政の研究」（大正十二年・五千三百円）を完成させていたが、この講演会では、いわゆる「満蒙問題」（満州・内蒙古の日本の特殊権益をめぐる諸問題）について、中国情勢や日本人移住者増大の現況を紹介しつつ、いかにして日本が満州における権益を得ていくことができるのか、その方策を具体的に論じた。

この講演会のもう一つの演題は「軍縮会議の開かるるに臨みて」（元海軍少将南郷次郎）で、ロンドン海軍軍縮会議（昭和五年一―四月）について述べたものであった。南郷は、この会議の背景には日本の中国進出を警戒するアメリカの思惑があると指摘している。

さかのぼること、第一次世界大戦終結後の大正十一年に開催されたワシントン会議において、中国の領土の保全・門戸開放を求める「九ヵ国条約」を締結。その会議では、海軍軍縮に関する条約も締結され、戦艦および航空母艦などの保有の制限が取り決められたが、巡洋艦以下の補助艦艇は無制限であった。その後、各国の軍拡競争が繰り広げられる中、補助艦艇の保有量制限を主な目的とした国際会議が、このロンドン海軍軍縮会議である。

浜口雄幸《おさち》内閣（昭和四年七月成立）は協調外交と緊縮財政を二本柱としており、その要となるのがロンドン海軍軍縮条約の締結だった。第一次世界大戦終結後、国家予算に占める軍事費の割合は減少したが、この当時（昭和二－四年度）でも二十八パーセント台を占めている。浜口内閣はロンドン海軍軍縮会議に先立って、補助艦総トン数対米七割、大型巡洋艦対米七割、潜水艦現有七万八千トンを要求することを閣議決定（昭和四年十一月）。

だが、この決定に海軍は納得しなかった。加藤寛治軍令部長は、幣原喜重郎外相邸を数回訪ね、内閣の平和的外交策では、対中国問題もふくめ、「結局、アメリカにこちらの足下を見透かされてしまって、あの国一流の高圧的手段を防止することはできぬと思う」と主張する。

一方浜口首相は、若槻礼次郎元首相にロンドン海軍軍縮会議成功のために首席全権となるよう懇請し、受諾された。ほか三名の全権は、財部《たからべ》彪《たけし》海軍大臣、事務総長の役割を担った松平恒雄駐英大使、永井松三駐ベルギー大使である。若槻全権団の随員は五十四名、顧問（全権委員随員）四名のうちのひとりが樺山愛輔であった。彼は六十四歳になっている。

愛輔と松平恒雄は親しく、夏には大磯の樺山家別荘に松平一家が滞在する仲で、「東京ゴルフ倶楽部」や「東京アングリング倶楽部」でもともに名を連ねている。だが愛輔が随員になったのは「奥様［明治三十七年に没した川村純義海軍大将の長女常子］のお兄様、川村鉄太郎［貴族院議員］さんが話をお進めになった、と言われております」（「家人の語る面影」）という証言がある。

愛輔の妻常子はこのころ病床にあり、日に日に衰弱していた。そのこともあって、次女正子は白洲次郎との結婚を早め、昭和四年秋に披露宴を執り行った。ロンドン会議に出席する全権団が出立する同年十二月、危篤状態にあった常子を知る全権団メンバーは愛輔を気遣い、あとから来るように助言したのだが、愛輔は「個人的な事と公の事と、一緒にしてはいけない」と、これを断った。そして家族には、出張中に常子が他界した場合は「コトオワッタ」と電報を打つように言いのこして旅立つ。その数日後、常子は生涯を閉じ、家族は愛輔の言いつけどおりの電報を打った。

ロンドンでの愛輔の様子を、東京朝日新聞特派員として同行取材した浜田常《つね》二《じ》良《ろう》が『大戦前夜の外交秘話』に書いている。

イギリスへ向かう船中で浜田は愛輔にいろいろ尋ねるのだが、要領を得ず、「どうも、問題となっていることが、樺山氏にはわかっていないらしい。のみならず、海軍のことを、勉強しようとしていないらしく、私にはうけとれた」。

ロンドンに到着した全権団一行は、グロブナーハウスホテルに宿泊。全権団は三階に部屋をとったのだが、愛輔ひとりが六階の一室におり、たまに財部彪と会ってはいるものの、ほとんど単独で外出していたという。浜田が会議の動きを尋ねても、「まるで話があわない」。それでもあれこれ質問するのだが、愛輔は、ある家に招待され、その家の娘にピアノを聞かせてもらった、という程度のことしか話さない。

当時三十歳そこそこの浜田は、愛輔を「世間離れした年寄」と評しているが、彼がきわめて口の堅い人間だということをわかっていなかった。愛輔はロンドンで英米のさまざまな人物と接触していたと考えられるが、本人は何も書きのこしていない。

外務次官として条約成立を支えた吉田茂は、ロンドンでの愛輔について、「つねに、蔭の人として、並々ならぬ苦心をせられ、会議をまとめあげるのに、余人のまねのできぬような貢献をされたのであった。（略）深夜、ホテルで、米全権の訪問を受けた樺山さんが、こと重大とばかり、寝衣のまゝ、わが強硬派の財部全権の室に赴いて、説得に努めた、などという逸話は、このときのことであった」（「樺山さんの思い出」）と証言している。

アメリカは日本の補助艦総トン数を対英米六割に抑える腹づもりで会議に臨んだとされる。松平恒雄は、アメリカ側と複数回にわたる交渉をし、対英米六・九七五割という譲歩案を引き出した。アメリカの首席全権ヘンリー・スティムソン（国務長官）の承認を得、さらにはイギリス全権団にも受け入れられ、四月二十二日、条約が調印された。日本側は〇・〇二五割というわずかな譲歩にとどめ、外交的な成功をおさめたといえるだろう。帰国した全権団一行は、東京駅で約十万人ともいわれる市民に出迎えられている。

しかし、加藤海軍軍令部長は、政府側が軍令部を無視して条約調印に至ったとつよく反発。天皇の承諾なしに海軍兵力量を決定したのは、統帥権（軍隊を指揮監督する最高の権限）を犯すものであり、憲法違反だと主張した（統帥権干犯問題）。これに同調する野党政治家、海軍内においては加藤を支持する「艦隊派」と、条約に賛成する「条約派」の対立構造が生まれ、激しい論争が巻き起こった。

この間にも浜口内閣はさまざまな手段を駆使し、十月一日、枢密院本会議において全会一致で条約を可決、天皇の裁可へと漕ぎつけた。翌日、条約は批准されるのだが、この一連の論争はすでに微妙な関係にあった政府と軍部の隔たりを生み、さらには政党政治が軍部の圧力の前に力を失っていき、軍部の台頭へとつながっていく。

　十一月十四日、浜口首相狙撃事件が起こった。東京駅ホームを移動中、右翼団体員の佐郷屋《さごうや》留雄（二十一歳）が至近距離より浜口を銃撃。佐郷屋は首相を襲った理由を統帥権干犯問題だと供述したとされる。浜口は一命をとりとめたものの、このときの負傷による病状が悪化していき、翌昭和六年四月十三日に首相を辞職。浜口内閣に代わって若槻礼次郎が再び組閣した。浜口内閣につづいて、若槻内閣でも大蔵大臣となった井上準之助は、金解禁政策を堅持しようとする。同年八月二十六日、浜口は死去。六十二歳だった。

リンドバーグ来日、ゴルフ界で活躍する赤星兄弟

　浜口首相の容態が案じられた最中の昭和六年春、啓明会は展覧会「支那工芸品」（三月十七―二十四日。東京府美術館）を開催している。

　この二年前、伊東忠太と阪谷芳郎（東京市長、貴族院議員などを歴任）の連名で会に助成申請した「支那工芸図鑑の編輯並びに出版」（二万四千七百円）が採用されていた。申請の背景には、ドイツ工作連盟に刺激を受けて設立された産業デザインの振興団体「帝国工芸会」

（昭和二年設立）の存在がある。帝国工芸会が中心となって、「我国工芸の淵源する所の」中国工芸品を調査研究し、日本製工芸品の輸出振興をはかることを目的として、啓明会への助成申請がなされたのだった。

伊東が中心となって、六角紫水（漆芸）・奥田誠一（陶磁器研究家）・香取秀真《ほつま》（鋳金工芸）・関野貞《ただし》（建築史）ら、錚々たるメンバーが日本および中国の工芸品などの調査と蒐集をした。その成果を示すため、啓明会主催の展覧会と講演会が開催されたのだった。

しかしこの展覧会は、たんに中国工芸品への関心というだけではとらえられないかもしれない。陸軍内部では満州への武力行使に踏み切る方針が決定（昭和六年三月）しており、満州事変勃発が目前であった。「満蒙問題」解決という名目による日本の中国進出が本格化しようとしていたのである。

そんな時期に、明るいニュースとして連日報じられていたのが、アメリカの飛行家チャールズ・オーガスタス・リンドバーグと妻アン・モロー・リンドバーグの大西洋調査飛行と訪日である。

その年の七月二十七日、単葉機ロッキード・シリウス号でニューヨークを飛び立った夫妻は、カナダ・アラスカ・カムチャツカ・千島列島などを経て、八月二十四日に北海道根室、二十六日に茨城県霞ヶ浦に到着。東京に姿を見せた夫妻の様子を新聞は「大歓呼に迎へられて『空の大使』入京す」（『読売新聞』昭和六年八月二十七日付）と報じている。

　帝国ホテルで開催された夫妻の公式歓迎会を報じた紙面には、浜口雄幸の通夜の記事も掲載（『東京朝日新聞』同年八月二十九日付）されており、混沌とした時代の空気を伝えている。リンドバーグ夫妻を迎えた歓迎会は各地で催され、茶室などにも招かれた。さらに大阪・福岡などを訪れ、九月十八日、中国南京へ向けて旅立っていった。

滞日中のアンは、瑞々しい感受性で日本を見つめ、「すべての日本人のうちには芸術家の素質がある」と、著書『翼よ、北に』に書いている。

　しごくあっさりしたキモノのうちにも、毛筆の書き流す文字のうちにも見られる。雨の通りに花ひらく、青や赤の番傘や蛇の目傘のうちにも、普段使いの食器のうちにも見られる。わたしは日常生活のうちの紙と紐すらも、日本人特有のタッチによって、かりそめならぬものに変えられているのだと感じるようになった。

そして彼女が最も印象にのこった日本語は別れの挨拶だった。

「サヨナラ」を文字どおりに訳すと、「そうならなければならないなら」という意味だという。これまでに耳にした別れの言葉のうちで、このようにうつくしい言葉をわたしは知らない。（略）

「サヨナラ」は言いすぎもしなければ、言い足りなくもない。それは事実をあるがままに受けいれている。人生の理解のすべてがその四音のうちにこもっている。ひそかにくすぶっているものを含めて、すべての感情がそのうちに埋み火のようにこもっているが、それ自体は何も語らない。言葉にしないGood-byであり、心をこめて手を握る暖かさなのだ――「サヨナラ」は。

アンはおだやかで美しい日本を見た。『翼よ、北に』をこう締めくくっている。

もしも飛行がガラスの底を持つバケツのように、静かな下界のそうした光景をのぞかせてくれるなら、そのようなさだかな目をあたえて漣の下の静かな世界をのぞませてくれるならば――空の旅はつねに魔法でありつづけるのではないだろうか。

女性飛行家の草分けでもあったアンだが、のちに米軍が日本に対して激しい空爆を繰り返すことを、予期さえしなかっただろう。

「リンディ」（リンドバーグの愛称）を歓迎した日本人の多くは、日米関係が危うくなりつつあることに気づかなかった。

緊迫する軍部の動きをよそに、ゴルフを通じて欧米人との親交を深めていたのが、赤星四郎・六郎兄弟である。

世界大恐慌が起きる直前の昭和四年九月、日本ゴルフ協会の招待でハワイのアマチュアチーム七名が来日し、日本チームと親善対抗試合をした。これが日本初の国際試合とされる。ハワイチームのキャプテンは上院議員のF・H・I・ブラウンで、ハワイ・アマチュア選手権で連続優勝記録を誇る実力者だった。日本チームは四郎・六郎・大谷光明・川崎肇らが参加し、東京ゴルフ倶楽部駒沢コースで五回のフェアウェル・マッチが行われた。結果は日本側の二勝、三引き分けだった。

ブラウンはこの来日時に、日本アマチュア選手権にも出場して優勝をさらった。優勝の挨拶の際、「第二回ハワイアン・オープンゴルフ選手権」（昭和四年十一月）に日本人選手三名を招待し、渡航の経費も持つと述べたのは、日本人ゴルファーに好印象を持ったからだろう。

さっそく日本ゴルフ協会が選手を選考し、プロの宮本留吉と安田幸吉、そしてアマチュアは川崎肇に決定し、宮本と安田のコーチ役には四郎・六郎が指名された。ふたりはゴルフのテクニックとともに、英語での挨拶や会話の仕方、食事作法まで指導したという。ハワイアン・オープンはワイアラエカントリークラブで開催され、全米のトッププロも参加したが、宮本が十三位タイ、安田は十七位タイと好成績をおさめた。

翌昭和五年五月、アメリカのトッププロ、ウォルター・ヘーゲンとジョー・カークウッドが来日した。関西のゴルフコースでプレーしたのち、東京ゴルフ倶楽部駒沢コースで赤星兄弟との試合が行われる。世界的名プレーヤーと日本人の対決は評判を呼び、千人もの観衆が押し寄せた。マッチはアメリカチームの勝利だった。つづく程ヶ谷コースでの対戦では赤星兄弟が引き分けに持ち込んだ。この年の日本アマチュア選手権では六郎が優勝カップを手にしている。

この当時、駒沢コースは、埼玉県北足立郡膝折村（現朝霞市）への移転が決定していた。その新コース設計のために同年十二月に来日したのが、イギリス出身のコース設計家チャールズ・ヒュー・アリソンであった。アリソンは日本に二、三ヵ月滞在し、各地をまわったが、彼の通訳として同行したのが四郎と六郎、そして大谷光明だった。京都の料亭で食事をともにしたとき、庭から聞こえる水のせせらぎの音にアリソンが感嘆したというエピソードを六郎が書いている（赤星六郎「アリソンの印象」）。

すでにコース設計を手がけていた四郎と六郎は、アリソンに大きな影響を受けたといわれる。周囲の風景との調和をはかり、風土に合ったゴルフコースを設計した。四郎が生涯にかかわったコースは、共同設計・改造をふくめて国内で二十二、中国（満州と青島）で五に及んだとされる。六郎も我孫子ゴルフ倶楽部（千葉県）、相模カンツリー倶楽部（神奈川県）など、名コースを設計したが、彼がそれ以上に情熱を込めたのは後進の育成とゴルフ文化の発展だった。昭和六年に創刊された雑誌『ＧＯＬＦ』に創刊号から寄稿をつづける。繰り返し書いているのは、ゴルファーの個性を生かすこと、そして「闘争」のゴルフではなく、「芸術」の域に達するゴルフをめざしたいということだった。彼がよく口にした言葉がある。「朗らかに勝ち、愉快に負けよ」。

赤星四郎（左）と六郎

四郎と六郎は日本ゴルフ界を牽引する存在だったが、鉄馬のゴルフの腕前は弟たちには及ばず、もっぱら熱中したのは釣りだった。やがて五十歳を迎えようとしている鉄馬は、成歓牧場を五郎に託してからは時間の余裕も生まれたのかもしれない。

ハンス・ハンターが発起人となって設立された中禅寺湖の東京アングリング・エンド・カンツリー倶楽部も、国際交流の場だった。

昭和四年五月、イギリス王室のグロスター公ヘンリー王子が来日し、宮中での公式行事や東京倶楽部での晩餐会を終えたあと、日光の金谷ホテルに宿泊。グロスター公はアングリング倶楽部のクラブハウスを訪れ、ハンスをはじめ鍋島直映や秋元春朝らとともにモーターボート遊覧を楽しんだという。しかしこうした華やかな場に鉄馬が顔を見せることはない。

各国大使や日本の政財界人が集う場はゴルフ場が中心ではあったが、中禅寺湖の鱒釣りのシーズンには国際色豊かな光景が見られたようだ。しかし彼らが交わす話題の中には軍縮会議や満蒙問題などもあったのだろう。

ハンスは鉄馬に誘われて、芦ノ湖へブラックバス釣りにも出かけている。鉄馬が芦ノ湖での定宿とした松坂屋旅館（明治半ば創業）に宿泊したのではないだろうか。もっともハンスは、ブラックバス釣りは味気なく、鱒を釣るほうが数段楽しく、芸術的だと語ったという。アメリカ流とイギリス流のスタイルの違いなのだろう。鉄馬はしだいに日本流の鯛釣りへと興味が移っていったようである。

ハンスは釣りのシーズンをのぞけば、東京の自宅で仕事をこなし、昼になると東京倶楽部に顔を出して、鉄馬らアングリング倶楽部の友人たちと昼食をともにしながら歓談するのが常だった。彼らは釣りの話に興じていたのかもしれないが、東京倶楽部には深刻な表情で話し込む人たちの姿も見られるようになった。

昭和六年七月のある日、東京倶楽部に赴いたのは、貴族院議員の原田熊雄である。西園寺公望の片腕でもある原田は、各方面から情報を集めるために、近衛文麿ら議員仲間たちと定期的な会合を持っていた。この日は、天皇親政の下で国家改造をめざす「皇道派」のシンボルでもある陸軍幹部の荒木貞夫（同年十二月、陸軍大臣に就任）の動向などについて語り合っている。なお原田はのちに、吉田茂や樺山愛輔らとともに、戦争終結工作グループ「ヨハンセングループ」の一員と目されることになる。東京倶楽部は、政界の人物や諸外国の大使とも情報交換をする場として重要な意味を持ちつつあった。

まさにこの時期、日本は大きく変質しようとしていた。

満州事変、影を落とす日米関係

リンドバーグ夫妻が日本から中国へ向かった昭和六年九月十八日、中国遼寧省奉天（現瀋陽）郊外の柳条湖で、関東軍が南満州鉄道（満鉄）の線路を爆破した「柳条湖事件」が起きた。これを発端として、関東軍は約五ヵ月で満州全土を占領するに至る（満州事変）。

柳条湖事件直後、日中直接交渉による解決を望んでいた若槻内閣は、不拡大声明を発表。一方中国は国際連盟に提訴し、これを受けた理事会は、満鉄付属地への日本軍撤退を勧告する決議を採択する。だがその直後、関東軍は遼寧省錦州を無警告爆撃。

満州の独立国家化をめざす関東軍は、中国広域で軍事的に制圧する作戦を実行しようと図り、若槻内閣が抑止に努力するものの成功しなかった。

この事態に危機感を抱いた国連理事会が現地調査委員会（リットン調査団）派遣を決定して間もなく、関東軍はさらなる錦州進撃を展開する。

錦州陥落に素早く反応したのはアメリカである。昭和七年一月七日、ロンドン海軍軍縮会議の首席全権であったスティムソン国務長官は、日中両国に向けて「ワシントン九ヵ国条約を侵害し、不戦条約に違反したすべての行為・協定を承認しない」と通告（スティムソン・ドクトリン）。このことが、日米の友好関係にしだいに影を落としていくのだ。

さらには一月二十八日、日本製商品をボイコットするなど排日運動が盛んだった中国上海共同租界周辺で、日中両軍の軍事衝突が勃発（第一次上海事変）。イギリス・フランスの利権も集中する上海での戦闘を重く見た国際連盟は、臨時総会開催を決定した。

この間にも満州事変をめぐって悪化が懸念される日米関係の修復に努めようと動いていたのが、日米交流民間団体「日米協会」（大正六年設立）である。設立以来、多面的な活動を展開し、リンドバーグ夫妻来日歓迎晩餐会（芝・紅葉館）を催したばかりだった。当時の会長は徳川家達、会員は五百九十二名（日本人三百三十七名・米国人二百五十五名。昭和五年）にのぼり、三井財閥の団琢磨ら実業界の人物を中心に外交官、学識者などのほか、米国留学経験者も加入しており、赤星鉄馬と弟たちも会員だったと思われる。

満州事変勃発直後から日本の外務省は、民間人を渡米させ、米国側の理解を得たいという意向を持っていた。その最適任者として白羽の矢を立てたのが、日米協会副会長の樺山愛輔（昭和十五年から会長）だ。愛輔は、若槻首相に面談して諒解を得たのち駐日米国大使にも会い、渡米中の援助を受けることになった。

昭和六年十一月末、日米協会代表として愛輔は横浜港からアメリカに向かい、翌年二月末まで、シアトル・サンフランシスコ・オークランド・タコマ・シカゴ・ニューヨーク・ボストン・フィラデルフィアなど、各地で講演をする。だが、現地での日本に対する反応は厳しいものだった。愛輔は滞米中、満州で進行する日本の軍事行動をつぶさに把握できずにおり、日本は国際連盟の枠内で行動するであろうという趣旨の講演を重ねていたという。

一方日本では、若槻内閣が軍部を抑えるための「挙国一致内閣」を作ろうと画策したが、失敗し、昭和六年十二月十三日、内閣総辞職に至った。同時に幣原喜重郎外相による国際協調主義外交、井上準之助蔵相の緊縮財政政策も終焉を迎えることになる。代わって犬養毅が組閣し、蔵相には高橋是清が就任（四度目の蔵相）した。

渡米中の愛輔が会談した人物が明らかになっている。チャールズ・フランシス・アダムズ海軍長官、ウィリアム・キャッスル前駐日大使、カルビン・クーリッジ前大統領ら政界要人のほか、自動車メーカー「フォード社」の創業者ヘンリー・フォードとも会った。もっとも彼らは日本の軍事行動につよい不快感を示すか、無関心の態度であった。なかでも注目されるのは、スティムソン国務長官との面談の日付である。昭和七年一月八日、すなわち「スティムソン・ドクトリン」通告の翌日だった。

スティムソンの日記によると、樺山との会見は三〇分を予定していた。スティムソンは、アマースト大学の卒業生で貴族院議員である樺山とは前年にロンドン軍縮会議で会ったことがあり、日本政府の非公式使節として何度も渡米してきたと記す。二人は率直に満州の現状を語りあい、満州事変まで日米両国が協調を享受してきたこと、樺山からの話として、日本政府と陸軍の間が一致せず、スティムソンも知らなかったという日本海軍と陸軍の対立などの話があったことをスティムソンの日記は淡々と伝えている。

すでに前年末から日本軍はチチハルを占領し、錦州攻撃が続いていた。そのような事態のなかで、とりわけスティムソン・ドクトリン発表後の樺山との会見は、全く説得力を失って完全に手遅れであった。樺山は、自らの人脈を駆使しながら米国政財界の要人たちと会見を重ね、日本側の立場を説明したが、この渡米は米国に影響を残すどころか、むしろ反日姿勢を見せつけられたのだった。（飯森明子『戦争を乗り越えた日米交流』）

リットン調査団、血盟団事件、五・一五事件

樺山愛輔がアメリカで冷たい風にさらされていた昭和七年一月末、国連の現地調査委員会「リットン調査団」のメンバーが決まった。

委員長にヴィクター・ブルワー＝リットン（イギリス）が就任し、アンリ・クローデル（フランス）、ルイージ・アルドロヴァンディ（イタリア）、ハインリッヒ・シュネー（ドイツ）、フランク・ロス・マッコイ（アメリカ）のほか、紛争当事国のオブザーバーとして、日本から吉田伊三郎、中国からはワシントン会議の中国代表であった顧維鈞（ともに外交官）が加わることになり、国際連盟所属の書記らをふくめ総勢約四十名となった。二月三日、ヨーロッパの委員らがフランスのル・アーヴルから出航し、二月九日、ニューヨークに到着、ここでマッコイが合流した。一行はサンフランシスコへと向かう。

その二月九日、日本では井上準之助が暗殺された。いわゆる「血盟団事件」である。

一連の事件の重要人物が日蓮宗の僧侶井上日召（明治十九年生）だ。前橋中学校（群馬県）を卒業し、東洋協会専門学校（現拓殖大学の前身）中退後、明治四十三年より満鉄の参謀本

部で諜報活動に従事。帰国後の大正十年末から座禅修行をし、日蓮宗の教義の研究に入ったと、本人が裁判で陳述している。昭和三年より、茨城県大洗町の「立正護国堂」を拠点に宗教および政治活動を始め、日召の「国家革新」の思想に共鳴した青年たちが集った。

　昭和金融恐慌、さらには世界恐慌による輸出不振などにより、深刻な打撃を受けた農村部の青年たちを中心に不満が募っていた。政府の緊縮財政、金解禁などの政策は農民たちにとっては功を奏さず、その一方、特権階級への手厚い保護がなされていることへの怒りがあり、若者たちは日召の思想に共感したのである。

　さらに日召は、海軍青年将校らとも知り合っていき、彼らと「ロンドン条約に対しお互いに憤慨して意気相投じ遂に国家革新をやらねば駄目だと痛感するに至ったものです」という。軍縮政策への不満が高まっていた軍部には、陸軍・海軍それぞれに「昭和維新」を唱える国家主義グループが存在し、やがて民間右翼思想家たちと結びついた。満蒙問題ともからんで、青年将校によるクーデター計画（昭和六年三月、十月）がなされたが、未遂に終わっていた。

　昭和七年一月、日召と彼に共鳴する右翼活動家、海軍将校らが集まって要人暗殺計画を協議。「二月十一日紀元節を期し財界政界特権階級を暗殺すること」とし、暗殺目標人物を選定した。

　政治家は、犬養毅首相・若槻礼次郎前首相・井上準之助前蔵相・幣原喜重郎前外相・鈴木喜三郎貴族院議員ら。財閥関係者は、池田成彬と団琢磨ら。特権階級として標的にしたのは、西園寺公望・牧野伸顕・伊東巳代治・徳川家達だった。

この中には、樺山愛輔や赤星鉄馬と親密な仲の人が少なくない。井上や団とは東京ゴルフ倶楽部設立時（大正三年）から親しくしていたし、とりわけ牧野は愛輔・鉄馬ともに最も尊敬する薩摩閥の人物である。

二月九日夜八時ごろ、井上は選挙応援演説のために駒本尋常小学校（本郷区駒込肴町《こまごめさかなまち》）を訪れ、校門にさしかかった時、背後から銃弾三発を撃ち込まれ、絶命。犯人は茨城県出身の小沼正（二十歳）だった。小学校卒業後、大工の徒弟を経て上京するが、挫折して帰郷。昭和五年に日召と出会い、つよく感化されたという。事件の三日前、日召より拳銃を受け取り、当日夜七時、現場で井上を待ち受けていた。小沼はその場で逮捕された。

アメリカ滞在中の愛輔は、井上暗殺の報をどんな思いで受け取ったのだろうか。井上の棺には、愛読した唐の詩人白楽天（白居易）の詩集とともに、死の翌日に届いたという新調のゴルフセットがおさめられた。

リットン調査団は二月十三日、サンフランシスコを出航し、ハワイを経て、二月二十九日明け方、横浜に到着。この日から調査報告書が完成するまでの日本は、刻一刻と深刻な事態に向かっていく。

一行は特別仕立ての列車で東京へ向かい、帝国ホテルで荷をほどいた。芳沢謙吉外相（犬養首相の娘婿）と面会し、犬養首相、つづいて荒木貞夫陸相を訪問する。調査委員のドイツ人シュネーが書いている。

> 最後に陸相は、日中両国人のおもしろい比較をした。中国人は無数の粒子からなる砂に似ている。砂は湿気があると短期間で固まるが、乾燥するとすぐにバラバラの砂粒に分離してしまう。これに反し日本人は、水で固めた粘土に似ている。粘土は非常に固く結びついているので、これを分解しようとすれば、打撃を与え完全に粉砕しなくてはならない、と。
>
> （ハインリッヒ・シュネー『「満州国」見聞記』）

のちの戦中に日本が受ける広範囲の爆撃や原爆の被害を知る私たちにとって、荒木陸相の「打撃を与え完全に粉砕」という言葉は、不気味な予言のようでもある。

三月一日、関東軍との協議を進めていた中国東北部の要人らによる「東北行政委員会」が、清朝最後の皇帝愛新覚羅《あいしんかくら》溥儀《ふぎ》を満州国執政とする「満州国」の建国を宣言。溥儀は「清朝復《ふく》辟《へき》（一度退位した君主が再び位に就くこと）」を望んでおり、関東軍はそれを巧みに利用した。こうして日本の傀儡政権が誕生したのだった。

東京におけるリットン調査団は、連日にわたって閣僚・実業家・新聞社の代表たちと会談し、三月三日に宮中歓迎午餐会にも招かれた。午餐会は和気藹々のうちに進められ、同日、国際連盟協会主催の歓迎会が開かれた。シュネーは同席した団琢磨と英語でさまざまな事柄を語り合い、彼の人柄に好印象を持った。

その二日後、調査団が大角岑生《みねお》海相と昼食をともにするため着席した時、団暗殺を知らされる。三月五日、三井銀行本店（日本橋区駿河町。現三井本館）に出勤してきた団は、近づいてきた男に右胸部へ拳銃を押し付けられて撃たれ、間もなく死亡。

団狙撃の犯人は、血盟団の菱沼五郎（十九歳）である。茨城県出身、上京して岩倉鉄道学校を卒業したが、鉄道会社に就職することがかなわず、失意のうちに帰郷。井上準之助を暗殺した小沼正と同様に日召の影響をつよく受けていた。

警察は菱沼・小沼の出身地がともに茨城県であることから、その周辺を捜査し、日召と暗殺集団の存在を突き止める。日召はほどなく出頭し、関係者十四名が逮捕された。

その後、リットン調査団は京都と大阪へ行き、神戸港から中国へ渡っていった。

上海に到着すると、市街のいたるところに日本軍の爆撃の跡が生々しく、共同租界の住民は夜十時半以降の外出が禁じられるなど、上海事変の余波を感じさせた。その後の調査団は、南京、漢口、浦口から北京、秦皇島から大連、奉天（瀋陽）、新京（長春）、ハルビンなど、五月二十一日まで中国各地を調査する。

その間、日本では五月十五日午後五時半、武装した陸海軍の青年将校十八名が総理大臣官邸に乱入し、犬養毅首相を殺害した（五・一五事件）。

血盟団事件後、クーデターの準備を進めていた海軍将校らによって計画され、このほか日召に感化されていた人物もクーデター計画に加わっていた。犬養殺害現場は、三ヵ月前にリットン調査団と面会した食堂であった。おりしも来日中のイギリス出身の俳優チャールズ・

チャップリンは同日に首相官邸で開かれる予定の歓迎会を直前にキャンセルした。気まぐれなチャップリンの思い付きで、両国国技館へ相撲見物に出かけ、帝国ホテルに戻った時間、官邸に将校らが乱入したのだった。危うく難を逃れたチャップリンは犬養の葬儀に弔電を送った。

犬養首相の後任は、重臣会議の末、斎藤実元海軍大臣が就任。さかのぼること四十五年前の明治二十年、赤星鉄馬の父弥之助と武器購入をめぐってかかわり、のちのシーメンス事件の際には弥之助との関係を取り沙汰された斎藤である。安政五年（一八五八）生まれの彼は七十四歳になっている。

斎藤内閣は「満州国」承認や、国際連盟脱退を通告するなどしたが、斎藤は「二・二六事件」（昭和十一年）で暗殺されるのだ。

リットン調査団の旅程に戻す。ハルビンから再び奉天に滞在して情報収集をしたのち、大連、旅順をまわり、錦州など各地に立ち寄りながら北京に向かい、約二週間滞在したのち、朝鮮京城へ。釜山港から出航した船が山口県下関に到着したのは七月三日である。

リットン調査団は東京で再び荒木陸相と会談したが、要人テロが頻発する日本のこれからを危ぶんだにちがいない。一行は七月十六日、東京を発ち、神戸から青島を経由して北京に到着。北京では、さらなる情報を集めるとともに委員たちが連日協議をし、報告書を仕上げていった。

リットン報告書と時代の空気

リットン調査団報告書は昭和七年九月四日、委員全員が署名し、完成となった。英仏語版で百四十八ページ（日本語訳では十八万字）に達し、十月一日、国際連盟刊行物としてジュネーブで出版されると同時に、日中両国に通達された。また専門家による研究などを盛り込んだ資料集（二百八十ページ）も同年十一月十五日にジュネーブで刊行された。

報告書（全十章）の内容は、一章から八章までを費やし、満州をめぐる日中間の諸問題などの歴史的背景と分析、満州事変勃発前後の経緯を詳述している。

日本軍の行動は、合法的な自衛措置とは認められないとし、「満州国」は日本軍の存在と日本の文武官憲の活動がなければ成立しなかったと論じたうえで、日中間の紛争解決のための一般原則十項目をあげた。日本の満州での軍事行動を弁護することはできないとしつつも、満州における日本の権益は承認しており、日本に対して好意的と思える一面もある。

日本は、報告書の全貌を事前につかんでいたともされ、公表直前の九月十五日に「満州国」を日本政府として承認したのだった。それは、公平な立場で日中両国の和解をめざした国際連盟の努力を挫折させるものだった。

リットン報告書が公表された直後、日本の新聞は足並みをそろえたかのように報告書を批判した。新聞の見出しは、「錯覚、曲弁、認識不足　発表された報告書」（『東京朝日新聞』十月三日付）、「不当極まるリットン報告書　聯盟はどう扱ふか！　成行次第　我国は脱退」（『読売新聞』同日付）など、満州の現実をとらえていないと厳しく批判した記事が、連日にわたって多数掲載された。

報告書日本語訳全文は、公表から一ヵ月後に雑誌『中央公論』付録として刊行されたが、この長文を読み通して冷静に判断しようとする者よりも、センセーショナルな新聞報道に同調した人のほうが圧倒的多数であっただろう。

同年十二月十九日付の新聞に、東京朝日・東京日日・読売・報知などの主要十二社の連名（ほか全国各地の百二十社が加わった）による「共同宣言」が掲載される。

> 満洲の政治的安定は、極東の平和を維持する絶対の条件である。而して満洲国の独立と其健全なる発達とは、同地域を安定せしむる唯一最善の途である。東洋平和の保全を自己の崇高なる使命と信じ、且つそこに最大の利害を有する日本が、国民を挙げて満洲国を支援するの決意をなしたことは、まことに理の当然といはねばならない。いな、ひとり日本のみならず、真に世界の平和を希求する文明諸国は、ひとしく満洲国を承認し、且つ其成長に協力するの義務ありといふも過言ではないのである。

この時期の「人心の変化を示すもの」を、当時、第三高等学校（京都）在学中だった政治学者猪木正道が回想している。彼は京都に立ち寄ったリットン調査団一行を目撃した。

その時私は忘れられない情景に接した。私の反対側の歩道で一人の紳士が帽子をとって、リットン卿等に頭を下げたのである。その丁重な物腰に、私はある種の感動を覚えた。わが同胞の中に国際連盟の調査団に対して素直に敬意を表する人がいるということに、私は強い印象を受けたわけだ。

ところが、それから半年余りたって、リットン調査団の報告が発表された頃、私は学生街の銭湯で、もう一つ強烈な体験をした。浴槽につかっていた私は〝認識不足〟という言葉を何回か聞いたからである。左翼がかった学生たちが当時よく使ったこの言葉が、中年のおやじさんたちから発せられる光景は、まことに滑稽《こっけい》でもあり、異様でもあった。彼等が〝認識不足〟ときめつけているのがリットン報告の内容であることを知って、私は二度びっくりした。

食堂のおやじさんや商店主などが、リットン報告書の内容を知っていたかどうかはすこぶる疑わしい。多分リットン調査団が日本側の言分を全面的に認めなかったことに対して、「日清・日露の両役で血を流した日本の立場が、欧米人にわかるはずはない」という反撥となり、〝認識不足〟もはなはだしいという非難の声に高まったのであろう。大新聞がさかんに国民を煽動した結果といってよい。

（猪木正道『評伝　吉田茂　中』）

昭和八年二月、国際連盟総会はリットン報告書を採択（賛成四十二、反対は日本のみ、タイが棄権）。日本代表は総会から退場し、三月、国際連盟脱退を通告。日本は国際社会から孤立していった。

こうした時代の空気は、啓明会の助成事業にもあらわれている。

昭和七年秋、啓明会理事会は、ジャーナリスト出身の政治家、神田正雄が申請した「『リットン報告書全文解剖』の出版」に五百円の助成を決定（神田は二千円を求めたが減額された）。リットン報告書に対し「根本的に批判を加えたる」著書が、神田自ら興した出版社「海外社」より同年刊行される。

翌昭和八年に啓明会が開催した講演会に、東洋史学者で満州建国を擁護する矢野仁一の「満州支那領土説の批判と満州国の建国」がある。会設立のころ、国際連盟の意義を訴えた啓明会だが、変質する社会の空気を体現していた。また伊東忠太による「満州の文化と遺跡の史的考察」の講演会も開かれている。伊東はこの年、関東軍の依頼により、「満州国」熱河古蹟（現河北省承徳市。清朝時代の離宮と周辺のラマ廟群）の調査に着手。国策と学術研究が結びついたものだったといえるだろう。

「昭和七年は暗殺の年であった」と振り返ったのは、実業家朝吹常吉の妻磯子である。その当時の富裕層周辺の張り詰めた雰囲気を伝えている。

あるとき、主人が池田邸に行くと、すぐ応接間に通された。それと知らずにしばらくして池田成彬氏がはいってこられ、同時に立ち上がった主人の姿にぎくっとされた。それは逆光線に立った主人がだれであるか瞬時に見分けられず、右翼のテロリストだと思われたらしい。主人はその日帰宅してから、「池田さんも命を狙われているらしく、これこれこのようなご様子でお気の毒でならなかった」と私に話した。（朝吹磯子『八十年を生きる』）

鉄馬の別荘仲間である池田成彬は、血盟団事件やのちの「二・二六事件」でも襲撃目標とされたが、難を逃れた。

磯子によれば、常吉もテロの標的にされていたという。常吉は約四半世紀前、三井物産ニューヨーク支店勤務中に親交があった日本人留学生として赤星鉄馬の名を挙げており、ふたりは帰国後も東京倶楽部などで親しくしていた。

鉄馬がよく知る人たちが暗殺され、テロの標的となった時代、彼はどんな思いで日々を過ごしていたのだろうか。

第八章　最期の日々

晩年の鉄馬

お別れの時が——長沢鼎の旅立ち

昭和七年（一九三二）の赤星鉄馬は、公的な場に姿を見せることはほとんどなく、東京倶楽部には顔を出すものの、それ以外の大半の時間は釣りに没頭していたようだ。雑誌『河と海』、『釣之研究』などに釣り指南を執筆し、座談会に登場した際には九州へも釣りに出かけていると語っている。欧米の文献を取り寄せ、『ブラックバッス』執筆に取り組むのもこの時期からだと考えられる。彼はまだ五十歳だが、隠居気分であったのかもしれない。子どもたちは順調に成長していた。

長男猪一は、成歓牧場の後継者になるべく、東京帝国大学農学部農学実科に在学中で、次男弥次はこの年、同大文学部美学美術史科に入学した。やがて三男三弥が同大医学部薬学科に、四男清造は北海道帝国大学農学部畜産学科に進学。彼らは学者の血筋を受け継いだようで、勉学に励み、ラグビーなどのスポーツも楽しみ、それぞれ自分の好きな道を見つけていくことになる。息子たちのなかでやや毛色の変わった分野に進学した次男弥次は、薩摩を舞台にした娯楽時代劇映画『南国太平記』（昭和十二年）の演出助手としてクレジットされている。だが、映画にかかわったのはこの一作だけで、その後兵役に就いたようだ。戦後になって叔父四郎とともにゴルフコース設計に従事する。

息子たちを自分のように米国留学させることはかなわなかったが、鉄馬の資産は依然潤沢であった。昭和七年の鉄馬の収入が高額納税者記録によってわかる。彼の肩書は「千代田火災保険重役」となっており、一年間の所得は約四万四千円。うち、株などによる配当が三万六千円、賃宅地や貸家による収入が四千六百円、俸給などが二千五百円となっている。当時の給与所得者平均年収は七百十円だから、鉄馬は相変わらず高額所得者であるものの、年々減少傾向にはあった。

鉄馬がカリフォルニア・サンタローザの長沢鼎に融資したのは、昭和五年と六年、総額三万五千ドル（当時のレートで約七万円）に達した。

長沢最後の帰国は関東大震災直前の大正十二年（一九二三）夏で、このときには赤星本邸（当時鳥居坂）に逗留し、鉄馬が縁者を集めて歓迎会を催したという。吉祥寺のカントリーハウスにも立ち寄ったこの帰国が鉄馬と会った最後になった。この翌年、「排日移民法」が施行され日本人移民の入国は原則禁止となった。長沢は、大正九年の禁酒法制定による大きな打撃を受けて以降、葡萄ジュースを製造するなどして乗り切っていこうとした。しかし世界大恐慌（昭和四年）や、アメリカにおける排日感情の高まりなどもあって、苦難の日々がつづいた。

昭和九年三月一日、八十二歳の誕生日を迎えた十日後、長沢は息を引き取った。最期の言葉は「お別れの時が近くなったようだ。……死を美しく迎えたい……」だと伝えられている。

幕末、十三歳にして薩摩藩留学生の一員に選ばれ、たどり着いたロンドン。さらにスコットランド、そしてアメリカに渡った。「葡萄王」と称されるほどの成功をおさめ、在米日本人一の成功者ともなり、多くのアメリカ人の友人も得た。日米関係が危うくなりつつある時期の死去は無念であっただろう。波乱に満ちた生涯だったが、長沢の甥やその息子たちなど、鹿児島からやって来た親族が彼を支えたことは、慰めにもなったはずだ。

しかしカリフォルニア州の「排日土地法」によって、長沢の土地資産を日本人親族が相続することはできず、彼の葡萄園ファウンテングローブは、アメリカ人の遺言執行人によって売却された。

鉄馬への借用金などを返済し、甥ら遺族が相続した遺産は、一人あたりわずか二百七十ドルにすぎなかったという。

こののち、親族たちは各地に散っていった。長沢の甥の子、磯長紀一（母は藤島武二の妹）は大正六年に二十一歳で渡米し、ファウンテングローブで働いた。その後の足取りは不明だが、のちの太平洋戦争中にアーカンソー州ローワーの日系人収容所に送られ、昭和十八年に病死したことがわかっている。

長沢の遺体は火葬され、遺骨はサンフランシスコ郊外のメモリアルパークに保管された。鉄馬が伯父の死をどう受け止めたのか、資料や書簡などはのこっておらず、わからない。十五歳の時に初帰国した長沢に会い、米国留学中や新婚旅行中などにも訪ね、成歓牧場の事業にも尽力してくれた伯父の死は大きなショックだったにちがいない。父弥之助たちの時代が遠くなってしまったことを、鉄馬は実感したのではないだろうか。

長沢の遺骨が東京・青山墓地の赤星家墓所におさめられるのは、戦後の昭和二十七年になってからだ。それが弟の弥之助のそばだったとすれば、半世紀以上を経た兄弟再会ということになる。さらに時が過ぎてから、長沢の遺骨は郷里の鹿児島に帰った。長沢鼎の再評価が高まるのはのちのことだ。

レーモンドと赤星兄弟、フォード社

長沢が世を去った昭和九年。吉祥寺の鉄馬邸は、アントニン・レーモンド設計の建物に建て替えられた。コンクリート打ち放しの外観が壮観で、この時代のレーモンド建築の「ハイライト」といわれる。約四十メートルにおよぶ長い二階建て、屋上にはサンルームがある。内側に「く」の字に曲がった建物は、広々とした庭の南面に開放されていた。庭にはゴルフ練習用のグリーンとバンカーがあり、パティオが三ヵ所、離れに使用人のための家屋も連なっていた。赤星家運営全般を担った執事のほか、子どもひとりずつに担当の女中がおり、料理人や庭師も常駐した。

邸宅内部には、鉄馬が三十年前にアメリカから運んだというカリフォルニア産セコイアの巨木を利用した作り付け家具などが配置されており、鉄馬が留学時代の思い出を込めたのかもしれない。すでにレーモンドが完成させていた四郎の週末別荘（神奈川県藤沢）、喜介邸

（東京大森）と同様に、インテリアを妻ノエミが担当。格子柄のカーテン、シンプルなデザインのダイニングテーブルと椅子、ドット柄の絨毯やソファなど、モダンな雰囲気で統一された。

兄たちにつづき、末弟の六郎邸（神奈川県二宮）もレーモンドが設計。六郎は新橋の芸者だったという愛子を妻に迎えており、ゴルフ界で活躍していたが、その一方、鉄馬のように釣りにも凝っていて、海辺に居をかまえたのだった。このころ彼は「関東八倶楽部対抗」戦に藤沢カントリー倶楽部の代表選手として出場している。ゴルフ雑誌に「赤星六郎氏は例の通り釣三昧にひたって一向にゴルフはやっていない」と書かれたが、あっさり優勝をさらった。

アメリカ留学をした赤星兄弟四人がレーモンドに依頼したのだが、ひとり留学しなかった五郎の邸宅（神奈川県鵠沼）は伝統的な日本家屋だった。昭和四十年になって敷地内にじつに個性的な邸宅（富田玲子ら設計）を建てており、兄弟全員が普請道楽であったことは確かである。

鉄馬邸新築後ほどないころの一家の食堂での写真がある。鉄馬夫妻と学生服の息子たちや娘たち。食卓には漆器や焼き物に盛られた料理の数々が見える。和服をまとった鉄馬は一家の長として威厳をたたえつつも、おだやかな表情だ。鉄馬の孫、猿山房枝（長女秋子の娘。昭和十四年生）の記憶によれば、鉄馬は自室で原稿を執筆していることが多かったという。

しかし、この邸宅での一家の暮らしは十年ほどにすぎない。鉄馬邸は戦争末期に陸軍に、終

鉄馬（2列目右から4人目）。鉄馬の右隣から弟の喜介と五郎、長男猪一。左隣から妹の川久保ふさ、ふさの夫の川久保修吉、鉄馬の妻文、弟四郎の妻瑞子、四郎。昭和8年ごろ

戦後はGHQに接収されてしまうのだ。

レーモンドは、東京ゴルフ倶楽部が埼玉県朝霞に移転（昭和七年）した際に、クラブハウス設計を担当した。建坪三百四十坪の三階建て、東西に六十五メートルという白亜の建物である。レーモンド自身が「どこにもまして成功した現代建築の一つである」（『自伝アントニン・レーモンド』）と述べているように会心の作だった。この朝霞コースに、アメリカ野球界のスーパースター、ベーブ・ルースがやって来たのは、昭和九年十一月だ。

満州事変以降、日米協調関係は危うくなっていたが、この年が「日米和親条約」締結八十年の節目にあたっていることから、民間が主体となって日米交流事業が計画され、米国メジャーリーグ選抜チーム来日もその一環だった。十一月初旬、横浜港に到着したベーブ・ルースら一行は、およそ一ヵ月の滞在中、

日本チームと十六試合を行い、全勝した。
ルースはゴルフ好きで、日米野球交流に尽力したレフティ・オドール、駐日米大使ジョセフ・グルー（昭和七年着任）、そして赤星四郎、六郎とともに朝霞コースでプレーを楽しんだ。藤沢カントリー倶楽部でもゴルフをし、四郎の週末別荘でくつろいだ写真がある。四郎の次女隅田光子によれば、四郎は滞日中のルースをアテンドし、彼の気さくな人柄にとてもよい印象を持ったということである。

レーモンドとしてもルースの来訪はうれしい出来事であったにちがいないが、当時のレーモンドは、米国自動車メーカー「フォード社」が日本に建設する新工場計画に大きな期待をかけていた。

フォード社は、すでに横浜・子安に組立工場を設立（大正十四年）。やがてライバルのゼネラルモーターズ社と対抗するためにも、拡張を図っていき、昭和九年に大規模な製造工場を建設する構想を発表し、工場用地買収に乗り出した。紆余曲折の末、翌十年七月、横浜市鶴見区の十一万坪の土地を購入することに成功する。

売主は、浅野財閥の浅野良三（浅野総一郎の次男。ハーバード大学卒）である。彼は「日米協会」（第七章）の役職にも就いている親米派で、鉄馬の釣り仲間でもあり、四郎や六郎のゴルフ仲間でもあった。

レーモンドは、この工場設計の仕事を得ようと渡米し、デトロイトのフォード社で、創業者ヘンリー・フォードや息子のエデセル・フォードとも面会し、重役と交渉を重ねた。「私こそその仕事をする人間であると説き伏せようとした。なぜならば、それまでの耐震デザインの経験と、日本の建設方法と慣習を知っているからであった」（『自伝アントニン・レーモンド』）。レーモンドはこれに成功し、設計に着手。しかしこの直後、フォード社の新工場建設計画を阻止しようと陸軍省と商工省が動き出した。

　日本は大正期半ばから国産軍用自動車の開発に本格的に着手したが、性能は充分ではなく、フォードやシボレーなどの輸入車が主流を占めていた。戦場においては、関東軍が中国東北部で展開した「熱河作戦」（昭和八年）の際に「野戦自動車隊」が機動力を発揮したが、その主役はフォード社製トラックだった。こうした経験を踏まえ、陸軍省は自動車の軍事的有効性を認識し、商工省を巻き込んで国産車製造に本格的に乗り出していった。昭和八年、「日本自動車製造」（日産自動車の前身）が設立され、大衆車「ダットサン」の本格的量産が開始されている。さらに「豊田自動織機製作所」（現トヨタ自動車）も大衆車や軍用トラックの生産に乗り出した。

　アメリカの自動車会社の締め出しを主眼とした法制化（「自動車工業法要綱」）を閣議決定（昭和十年八月）したのは、フォード社が浅野所有の土地を買収した直後である。陸軍省・商工省は浅野に対し、土地を売却しないよう働きかけていたが、功を奏さなかったため、法制化を急いだ。この法の骨子は、自動車の製造事業を、株式や議決権の過半数が「日本臣民に属する株式会社」の許可事業とし、自動車工業の新設および拡張を認めない、というものだった。フォード社を狙い撃ちしたのは明らかだ。

この事態にフォード社は動揺した。その直後、赤星四郎が動いていたことが、一通の書簡のコピー（隅田光子所蔵）から判明した。

昭和十年（一九三五）十月三十一日付で、米国スタンダード・オイル副社長（当時）のJ・A・モフェットが、エデセル・フォードに宛てたタイプ打ちの書簡に、四郎の手紙が添えられていたのだ。四郎は米国留学から帰国後、スタンダード・オイル日本支社に二年勤務しており（第六章）、モフェットは四郎について、つぎのようにしたためている。

同封した手紙は、私の日本の友人から託されたものです。彼は皇族ともつながりのある四人兄弟のひとりで、彼ら兄弟はみなアメリカで教育を受けています。彼とその長兄［鉄馬］はローレンスビル・スクールとペンシルベニア大学の出身です。私は長兄とローレンスビルで同窓でした。

彼［四郎］は、すばらしい人間で、日本のアマチュア・ゴルファーの頂点に立ち、何度もアマチュアチャンピオンになっています。アメリカで教育を受け、八年間も住んでいたので、アメリカに対して、大変好意を抱いています。残念ながら、日本人の大半は現在、そうではないようですが。

この手紙は、貴殿にとって大変興味のある内容だと信じ、お送りするしだいです。

手紙にある「皇族とのつながり」とは、ゴルフを通じた関係をさすのだろう。添えられた四郎の手紙は、昨今の自動車産業をめぐる国内の動きや、自動車工業法成立予定時期などについて述べたのち、こう書かれている。

> 私はこの問題に関して、有力な日本人の意見をヘンリー・フォード氏にお伝えして、日米間の真の友好を作り上げるために、役立てればと考えています。（略）日本で最も裕福で最も明敏な岩崎［小弥太］男爵は、自動車産業で、ヘンリー・フォード氏と協力することを望んでいます。私の親友であり、ヨーロッパ外交会議に特命大使として派遣された吉田［茂］氏は、さきに浅野氏の土地をフォードに売る際、政府との間に立って、厄介な問題の解決に努力を惜しみませんでした。吉田氏は私に、岩崎男爵のような有力財界人の意見を持って渡米し、ヘンリー・フォード氏と会ってきたらどうか、と説得さえしています。駐英大使の松平［恒雄］氏は岩崎男爵の友人であり、吉田氏とも親友ですので、こうした重要人物の支持も得られるものと確信しています。

四郎は、日本にはフォード社に協力する勢力もいることを伝えたのだった。この手紙を書いた理由には、親しくしていたレーモンドの働きかけもあったのかもしれない。とはいえ、この当時、宮城県の仙塩ゴルフ倶楽部・浦霞コース（昭和十年十月開場）を設計するなど、多忙な日々を送っていた四郎が、フォード社の問題に一役買いたいと申し出たことは、いささか唐突な印象がある。

文面に登場するすべての人物が赤星兄弟とかかわりがあるのは事実だが、四郎よりも鉄馬のほうが年齢も近く、密接な関係だ。私の推測ではあるが、この書簡を実際に発案したのは鉄馬であり、自身が表に出るのを避けるために、四郎によるものとしたのではないか。この三年前に渡米した樺山愛輔がヘンリー・フォードに面会した（第七章）ことには触れていないなど、日本政府への批判も意味するこの手紙には細心の注意を払った形跡がうかがえるのだ。

そもそも書簡送付は、日米協調を維持したい吉田茂や愛輔の意向があったと考えるのが自然ではないだろうか。このころの吉田は「待命《たいめい》」（一時的に職務を担当しない期間）にあり、外務査察使として欧米諸国に派遣され、帰国していた。また愛輔は、この年五月に渡英してアメリカに立ち寄り、九月に帰国したばかりだった。この後も、昭和十三年五月、十五年三月に文化事業視察などの名目で訪米する。

モフェットからの手紙を受け取ったフォード社は、すぐさま岩崎小弥太について調査を始め、日本支社に対して、岩崎と赤星に面会するよう指示した。

しかし結果として、フォード社新工場建設計画は頓挫した。レーモンドは「日米関係が日増しに危うくなっていることを信ずるようになった」といい、昭和十三年、日本を離れることになる。

その後、レーモンドはアメリカで設計事務所をかまえ、第二次世界大戦中は軍事基地建設にかかわったほか、米軍が日本への爆撃効果を調査するためにユタ州に造った実験用日本住居群の建設を担った。レーモンドは日本建築にくわしい建築家として米軍に協力した理由を、「この戦争を最も早く終結させる方法は、ドイツと日本を可能な限り早く、しかも効果的に敗北させることだという結論に達した」（『自伝アントニン・レーモンド』）と述べている。その実験結果は東京への空襲などに活用され、多数の民間人が犠牲になった。

　レーモンドが赤星四郎と日本で再会するのは、戦後の昭和二十二年である。彼はＧＨＱに接収されていた鉄馬邸内部が無残に改造されているのを目にして、嘆くことになる。

　フォード社への書簡と鉄馬のかかわりを解き明かすことはできなかった。それでも、米国留学時代にスピード違反で罰金を払い、帰国後の明治四十年代に米国製パッカードを所有し、のちにはロールスロイスを乗り回したという自動車好きの鉄馬が、フォード社新工場建設に期待し、コミットした可能性が高いと思えてならない。

　この昭和十年春、朝鮮の成歓牧場での馬生産事業は廃止となった。馬の病気が発生したためとされる。もともと軍馬育成も企図して取り組んだ事業だったが、数年前から縮小しており、ついに廃止が決断された。日本政府が軍馬資源化を図った「第二期馬政計画」が同年に終了したのは、日本国内での馬生産が順調だったためだろう。日中戦争勃発から昭和二十年まで、五十万頭から六十万頭の軍馬が動員されるのだが、もはや戦場は軍馬が活躍する時代ではなくなりつつあった。

　成歓牧場はこれ以降、乳牛や綿羊などの畜産事業、農産物生産を主軸としていくのだが、この年に着任した新支配人は、赤星家の縁戚の野村盛久である。彼の祖父は初代埼玉県令の野村盛秀（赤星弥之助の姉トクの夫。夫妻の次男が朝鮮総督府勧業模範場長だった本田幸介）だ。鹿児島生まれの盛久は、熊本・埼玉の農商務省農事試験場で技師として活躍し、アメリカ種を導入した良質小麦「埼玉27号」を開発したことで名をのこした（昭和十六年没）。彼を成歓牧場に迎えたのは農産物増産をめざすためだろう。翌年、成歓牧場は「成歓農場」に改称された。

成歓地域には、日本軍の食糧補給廠が設置されており、その食糧供給も担ったと考えられる。

赤星六郎の旅と近衛文隆

昭和十一年二月二十六日「二・二六事件」が勃発。陸軍内「皇道派」の影響を受けた一部青年将校らが、武力によって元老重臣らの殺害を目的とし、襲撃した。高橋是清大蔵大臣・斎藤実内大臣・渡辺錠太郎教育総監が即死。欧米協調を唱えていた牧野伸顕は、神奈川県湯河原の旅館に滞在中のところを襲撃されたが、危機一髪で難を逃れた。牧野の襲撃は鉄馬にとって大きな衝撃だったにちがいない。やがて明らかになったのは、岩崎小弥太も襲撃目標とされていたことだ。身に迫る恐怖を感じた鉄馬は、より一層注意深くなっただろう。

重苦しい空気に包まれた日本だが、二・二六事件から五ヵ月後、イギリス、アメリカへの旅に出たのが、赤星六郎である。

昭和十一年七月、神戸発「箱根丸」で日本を発った。「ゴルフコースのレイアウトの研究」を目的とした旅だったという。日本ゴルフ協会の紹介状を携えてはいるが、旅費などすべての費用は六郎個人によるものだと思われる。身長百八十センチ、日本人離れした体格の六郎は三十八歳。彼の欧米旅行は、赤星家の栄華を物語る最後のエピソードともなる。

神戸を出航した箱根丸はまず上海に到着した。六郎が来たことを聞きつけた三菱の駐在員が、彼をさっそく日本人専用のゴルフコースに引っ張り出している。そのあと寄港した香港、シンガポールでは欧米人専用のコースでゴルフをした。船はサイゴンなどに寄港し、コロンボへ。ここでも港から車で三十分のコースに出向いた。さらに、アデンやリスボンなどに立ち寄った船がイギリスに到着したのは八月末だった。

イギリスには三ヵ月滞在し、ロンドン近郊のコースを中心にいくつも見て回った。おりしもロンドンにやって来て、六郎と一緒にコースを回った旧知のゴルフ仲間がいる。法学者・東京帝国大学教授の末弘厳《いず》太郎《たろう》で、妻冬子（東京婦人ゴルフ倶楽部会員）とともにゴルフ好きだった。末弘は「日本水上競技聯盟」会長でもあり、ベルリンオリンピック（昭和十一年八月）に役員として参加。ナチス・ドイツが威信をかけて開催したベルリンオリンピックでは、日本人水泳選手が大活躍した。末弘はオリンピック閉会直後に開催されたナチ党党大会（第八回）を見学したのち、ロンドンに立ち寄ったのだった。

この年四月、駐英大使に任じられ、六月に再び赴任していたのが吉田茂である。前年のフォード社への四郎の書簡にも吉田が登場しているが、六郎のこの時期の訪英は、偶然にも吉田大使着任と一致したのだろうか。吉田は昭和十三年秋に帰朝命令が下されるまで、日独防共協定締結に反対し、日英関係強化のために奮闘する。末弘からはナチス・ドイツの情勢を聞いたとも考えられるのだが、六郎の訪英について、興味深い証言が見つかった。

［昭和十一年からの］駐英大使としての吉田さんがどのような活動をされたかは、素人の私にはよく判らない。ただ一つ、吉田さんの着眼に敬服したのは、私のよく知っている赤星六郎さんを招いて、一年間ほど大使館の嘱託か何かにして、ゴルフを通じての親善外交を展開されたことである。赤星さんは米国でゴルフの腕を磨き、すでに何回かトーナメントで優勝の経験もある人で、すこぶるマナーのよい紳士である。おそらく英国では、日本人でもこんなにゴルフの出来る立派な紳士がいるのか、と驚嘆したのではないかと思われるほどの人であった。事実、このゴルフ外交は相当な成果を収めたように聞いている。

（樋口一成《かずしげ》「自叙――愛宕下随想」）

こう書いた樋口一成（医学者）は、東京慈恵会医科大学創設者の高木兼寛の孫である。高木家は鳥居坂の赤星家近隣にあり（第四章）、大磯の別荘仲間でもあった。薩摩閥の高木兼寛と牧野伸顕（吉田の岳父）はごく親しい間柄で、樋口がドイツ留学した際には、牧野を通して吉田が在独大使館への紹介状を用意したという。樋口は昭和六年に帰国後、東京倶楽部の会員となり、吉田ともよく顔を合わせ、ビリヤードに興じる仲だった。二・二六事件の直後、倶楽部内の一隅で吉田と広田弘毅（昭和十一年三月、首相に就任）が密談していたのを目撃したこともある。彼はゴルフ好きで、小学生のころから伯父喜寛（兼寛長男）に連れられて東京ゴルフ倶楽部駒沢コースに通っていたといい、ドイツからの帰国後に同倶楽部会員になった。

　こうしたことから樋口は、吉田、六郎ともによく知っており、さきの証言にある「一年間ほど大使館の嘱託」はともかくとして、信憑性がある。吉田が「ゴルフを通じての親善外交」を意図したのであれば、六郎は英国人高官とグリーンを回ったこともあったのかもしれない。

　仮にそうだとして、この「親善外交」は六郎の自発的な意思なのだろうか。これもフォード社の一件と同様に私の推測でしかないが、吉田と鉄馬、さらには樺山愛輔の間には国際協調維持のための民間使節として、政治色のないゴルフを名目に四郎と六郎を活用するという思惑があり、四郎・六郎もそれを理解したうえで協力したのではないだろうか。帰国後の六郎はゴルフ雑誌でこの旅についていろいろ語ったが、あたりさわりのない話に終始した。

　六郎は、イングリッシュ・ゴルフ・ユニオンの紹介状も得て、世界最古のゴルフ場「セント・アンドリュース」（スコットランド）や、北海のサンドイッチ湾に面した名門ゴルフクラブなどを訪れた。五年前に来日した際に親交を温めたコース設計者チャールズ・ヒュー・アリソンとの再会も果たすことができた。

アリソンの紹介で「オックスフォード・ケンブリッジ・ゴルフィング・ソサエティ」（オックスフォード大学・ケンブリッジ大学出身者によるゴルフ愛好家の組織）の晩餐会に出席してもいる。六郎は初の日本人列席者だった。ロンドンのサヴォイ・ホテルでの豪勢な晩餐会の写真を見ると、全員燕尾服にホワイトタイ。ジェントルマンに囲まれた六郎も彼らに引けを取らず堂々としている。主催者挨拶では、日本からの客人を迎えられたのはじつによろこばしいと述べられ、最後に祝宴で歌われる「For He's a Jolly Good Fellow」（彼はいいやつ）を全員で歌い、なごやかなうちにお開きとなった。

イギリスを離れる際、吉田が六郎のために晩餐会を催してくれた。かねてよりの友人で、滞英中の六郎とゴルフをした英国大使館付武官南郷茂章《もちふみ》海軍大尉（戦闘機パイロット）も招いて楽しい一夜を過ごしたのだが、それから約一年八ヵ月後、南郷は中国で戦死。三十二歳。死後、「撃墜王」と称された。

十一月末、六郎はロンドンを発ってアメリカへ向かった。四ヵ月滞在する間に、各地のコースを見て回るとともに、さまざまな人物とゴルフを楽しんだ。アメリカへはベルリンからロンドンに来た末弘厳太郎も同行している。

十二月二十四日付の『ワシントン・ヘラルド・スポーツ』が「日本ゴルフの父――赤星六郎」と題する記事を掲載。六郎が日本のゴルフ普及に尽力したこと、イギリスのコース視察をしたのちアメリカにやって来たことなどを報じた。記事に添えられた写真には、六郎と、斎藤博駐米大使、近衛文隆（近衛文麿長男）のなごやかな顔がある。吉田茂と親しい斎藤大使は日米関係改善に尽力したが、肺結核により昭和十四年二月、アメリカで死去。知米派の斎藤の死を悼んだ米政府は、彼の遺骨を軍艦で日本に送り届けた。

近衛文隆（二十一歳。ローレンスビル・スクールを経てプリンストン大学在学中）は、学習院中等科在学中からゴルフを始めた。十六歳で全日本アマチュア選手権予選会に出場して好成績をおさめ、プリンストン大学ではゴルフ部キャプテンを務めていた。彼の相談相手となって手紙のやりとりをしていたのが、同大卒業生の樺山丑二（愛輔長男）である。

文隆は留学以前からゴルフを通じて六郎と親しくしており、六郎も自分の出身校に学んでいることをうれしく思っただろう。ちなみに、文隆の父、近衛文麿はこの半年後の昭和十二年六月に首相に就任し、そのひと月後に六郎の兄赤星五郎、テナー歌手藤原義江とゴルフをした（第六章）。盧溝橋事件勃発の三日前のことだった。

六郎は文隆や大使館員とワシントン郊外のコースでゴルフをし、さらに文隆とともにパインハースト（ノースカロライナ州）にも行った。六郎が留学中の十二年前、日本人として初めて海外での優勝カップを手にしたコースで、文隆は全米アマチュア選手権チャンピオンのジョージ・ダンロップとプレーした。その時の写真がある。薄手のセーターとコットンパンツがよく似合い、明るい表情だが、のちの彼には過酷な運命が待ち受けている。

昭和十三年夏に帰国した文隆は、父の秘書官などをしたのち召集された。十九年秋に結婚した相手は、鉄馬と親しいゴルフ仲間の大谷光明の次女正子である。文隆の母千代子（毛利家出身）は東京婦人ゴルフ倶楽部会員の中でもトップクラスの実力だった。文隆の結婚は母の勧めとされるが、それ以前から文隆と大谷光明の間にも交流があったはずだ。

文隆は満州で終戦を迎え、ソ連軍の捕虜となった。父文麿は終戦まもなく服毒自殺を遂げた。文隆は抑留されて十一年が過ぎた昭和三十一年十月二十九日、ラーゲリ（収容所）で没する。四十一歳。

彼が最後にラーゲリから送った手紙（同年九月二十三日付）は、帰国が確実とされていた時期であり、軽やかな文面だ。妻正子へ「なつかしいマコ」と呼びかけ、愛情たっぷりの言葉をつづったのち、弟通隆に向けては、「新聞見ていたら日本アマチュアの予選の記事が目についた。皆大したことはないな。アマチュア界も少しレベルが落ちたのではあるまいか。帰ったらお手並み拝見させてもらいたい」としたためている。凍てつく地のラーゲリに閉じ込められた文隆にとって、ゴルフは生きる希望でもあったのだろう。

文隆とゴルフを楽しんだあとの六郎は、サンフランシスコを経てハワイへ向かい、しばらく滞在した。七年前に来日して親善試合をした上院議員Ｆ・Ｈ・Ｉ・ブラウンと再会し、邸宅にも招かれた。「大の親日家」である彼やその友人たちと一緒に、ホノルルから飛行機でマウイ島へ飛んだこともゴルフ雑誌に掲載された写真からわかった。

昭和十二年三月二十六日、六郎は「龍田丸」で横浜に帰った。デッキで撮られた三つ揃いのスーツに中折れ帽の彼の写真がある。しかし、六郎の人生はこの日からちょうど七年後、突然のように閉じられてしまうのだ。

日中戦争、啓明会二十周年

昭和十二年七月七日、盧溝橋事件が勃発し、日中戦争の発端となる。

近衛内閣が不拡大方針を閣議決定した直後、首相官邸に呼ばれ、近衛から「密使として上海に行ってくれないか」と打診されたのが、西園寺公一《きんかず》（三十歳）だ。鉄馬の親友西園寺八郎の長男である。

公一は幼少時に鳥居坂の赤星邸で政財界の子どもたちが集まる催しに参加したといい、そのメンバーには松方ハル（のちのハル・松方・ライシャワー）、タネ姉妹もいたと回想している。幼いころから父八郎に連れられて奥日光で釣りをし、生涯にわたって釣り好きとなった彼は、釣りに関する著作も多い。鉄馬の孫によれば、鉄馬は彼を「キンちゃん」と呼び、かわいがったとのことだ。

オックスフォード大学に留学した公一は、昭和六年に帰国後、外務省嘱託となった。大学の先輩である牛場友彦（近衛文麿秘書官）から「太平洋問題調査会」（国際的な学術調査団体）の国際会議（カリフォルニア・ヨセミテ）に参加しないかと誘われ、昭和十一年七月末に渡米。日本代表団のメンバーには、松方ハルや、のちに「ゾルゲ事件」に関与する尾崎秀実《ほつみ》（ジャーナリスト）もいた。この会議から帰国した公一は、外務省を辞して雑誌『グラフィック』を創刊するなどしていたのだが、盧溝橋事件勃発直後に近衛文麿に上海行きを打診された。

昭和十二年七月末、上海に到着した公一は、政治家・実業家の宋子文（姉は孫文夫人宋慶齢、妹は蒋介石夫人宋美齢）と接触することに成功。近衛内閣の不拡大方針を伝えたが、宋は日本政府の姿勢に疑義を呈し、日本の「満州国」承認は絶対に拒否すると明言。宋との仲介をしてくれた英国人に「日本の良心に期待します」と声をかけられ、帰国の途に就いた公一だが、東京駅前で出征兵士の群れを目にして愕然とする。すでに政府は中国への増派を決定し、総攻撃を開始していたのだ。「僕の『密使』役は道化役になってしまった。そしてこの後、日本は、泥沼のような戦争にまっしぐらさ」（西園寺公一『過ぎ去りし、昭和』）。中国での戦闘は各地に拡大していった。日中和平交渉も試みられたが、やがて決裂し、戦争は長期化の兆候を示しはじめた。

啓明会は翌年八月に創立二十周年を迎えるに先立ち、記念講演会（昭和十二年十月三十日、十一月六日）と記念宴会（十一月八日）を開催した。

満州事変以降、社会の空気は変化しつつあるが、啓明会の活動は滞りなく行われていた。昭和七年度から十二年度にかけて、研究助成申請は三百五十五件、うち採用決定したのは八十五件にのぼる。自然科学・人文科学などの多分野のテーマに研究助成がなされた。助成金支出額は年度によってばらつきがあるものの、年平均約三万一千円、十年度以降は減少傾向にあった。会設立当初、年五万円を研究助成にあてていたが、物価上昇を勘案すれば、助成金額は実質的に半減した。また、年に数回の講演会はつづけられているが、これまで計八回開催してきた展覧会は、「支那工芸品」展（昭和六年）を最後に開催されることはなかった。

二十周年を記念した講演会は、大久保利武理事長が開会の辞を述べ、桜井錠二（帝国学士院長）が「日本に於ける学術の発達」、徳富猪一郎（蘇峰）が「明治維新と国民精神」と題して講演。

徳富は、国民自らが国民であることを自覚した「国民精神」の形成は、明治維新以降ではなく、聖徳太子の時代にさかのぼるといい、昭和十二年の今日、実を結びつつあると述べている。皇室中心主義を唱える徳富は、軍部と手を結び、影響力を発揮していった。徳富を講演者に選んだ啓明会だが、その一方、樺山愛輔が訪米（昭和十年）した際の見聞を中心にして講演した「現今に於ける米国の教育」紀要をこの年に発行しており、国際的視野を保とうとしていたこともうかがえる。

記念宴会は華族会館で催された。会の二十年間の業績を示す出版物などが展示され、来賓の木戸幸一文部大臣、長与又郎東京帝大総長などが祝辞を述べた。彼らは会設立にあたって百万円の寄付をした赤星鉄馬の功績を称えたが、鉄馬が壇上に立つことはなかった。会の助成を受けた人を中心にした出席者リスト（イロハ順）の中に、一出席者として赤星鉄馬の名があるだけなのは、彼の希望によるものなのだろう。この記念宴会が、啓明会の華やかな場面の最後となる。

東京倶楽部、去り行く釣りとゴルフの仲間たち

昭和十三年四月、近衛内閣は「国家総動員法」を制定。日中戦争の長期化による総力戦遂行のため、政府が国民の人的・物的資源を統制・運用できる旨が規定された。軍事費が国家予算に占める比率は、四十七・六パーセント（十一年度）から、六十九・五パーセント（十二年度）、七十七パーセント（十三年度）にまで達したが、このあとさらに伸びていく。

戦争一色になった日本において、「一種の治外法権的存在」となっていたのが東京倶楽部であった。

政府高官や外国人外交官ら会員たちはビリヤードを楽しみ、スコットランドから樽で輸入したウイスキーをバーで飲み、図書室には洋書をはじめ豊富な書籍や英米の新聞・雑誌も取りそろえられ、自由に読むことができた。それ以上に、倶楽部で会員同士が情報交換をしたり、意見を交わしたりすることが以前にもまして重要になっていた。倶楽部内に入れるのは会員とその招待客であり、憲兵も警察官も立ち入ることはできなかった。

昭和十三年度の倶楽部の陣容は、総裁・閑院宮載仁親王、副総裁・林権助、ジョセフ・グルー米大使。理事・樺山愛輔、常任幹事・朝吹常吉、芦田均（のちに首相）、ハンス・ハンター、串田万蔵ら十八人。そして赤星鉄馬は、会員の投票によって選ばれる投票幹事（全十人）だ。副総裁がグルー大使であることからも、倶楽部が独自性を保っていたことがわかり

このほか欧米人役員十人も名を連ねていた。日本人・外国人合わせた会員数は約四百人を数えている（『日本文化団体年鑑　昭和十四年版』）。

外国人会員の中に興味深い人物がいた。新聞社特派員として昭和八年に来日し、倶楽部会員となった（入会時期不詳）、リヒアルト・ゾルゲである。ロシア帝国に生まれたゾルゲは、三歳で家族とともにドイツに移住し、長じてドイツ共産党を経てソビエト連邦共産党に入党。ドイツの有力紙『フランクフルター・ツァイトゥング』記者となって上海で諜報活動をした際に、知友となったのが尾崎秀実だった。

ゾルゲは来日翌年にナチ党東京支部に入党。よもやソ連のスパイとは気づかれなかった彼が東京倶楽部でどのような動きをしたのか、具体的なことはわかっていない。一特派員の立場の彼が鉄馬と接触することはなかったと思われる。ゾルゲが通ったドイツレストランの一つが銀座「ローマイヤ」で、赤星兄弟もよく利用した店だが、友人や家族と食べることを楽しんだ彼らは、店の一隅にいた暗い眼をしたゾルゲに気を留めることもなかったのだろう。

ゾルゲが近衛文麿のブレーンであった尾崎秀実らを仲間にして情報収集活動を展開したことが判明するのは、昭和十六年秋である。この「ゾルゲ事件」に連座して十七年三月に逮捕されたのが、西園寺公一だった。尾崎の友人であることから関与が疑われた。公一は尾崎に国家機密を洩らしたことはなく、ゾルゲとは一面識もないと訴えたが、有罪（執行猶予二年）となり、五ヵ月ほど拘置されたのち釈放された。この一件で公一は廃嫡（西園寺家の相続権を廃すること）となった。ゾルゲと尾崎は十九年十一月、死刑が執行される。

昭和十三年の東京倶楽部に時を戻すと、十二月二十七日に「吉田茂大使歓迎午餐会」が催された。

駐英大使として、日独防共協定締結阻止に動いた吉田だが、昭和十一年十一月に締結され、一年後にはイタリアも加わった日独伊防共協定が調印された。ナチス・ドイツが快進撃をつづけていたこともあり、吉田の立場は危うくなった。十三年九月、吉田に対する帰朝命令が発せられ、翌月にロンドンを離れた吉田は、帰国後、浪人生活を送ることになる。

そのころから憲兵や特高警察が東京倶楽部に出入りする人物に注目するようになったと証言しているのが、前出の樋口一成である。倶楽部従業員の中に密偵が潜入し、地下のバーには隠しマイクが仕掛けられていたという。ほどなく樋口の自宅に私服の憲兵が訪れ、倶楽部図書室に南京虐殺について書かれた英文の冊子があるはずだから盗んでくるように迫られた。樋口はそれを拒否したが、それから一両日後、彼の研究室に憲兵があらわれ、拘引されてしまう。厳しい訊問を受け、倶楽部内に集まっていた英国人についての情報などを求められた。知らないと言うほどに憲兵は態度を硬化させ、樋口はまる一日身柄を拘束されたのだった。浪人の身となった吉田は、東京倶楽部でグルー大使、樺山愛輔らと密会し、情報交換をしていることを、岳父牧野への書簡でしばしば伝えている。

東京倶楽部の常任幹事であるハンス・ハンターは、東京アングリング倶楽部の発起人であり、鉄馬の釣り仲間だ。だが、中禅寺湖のアングリング倶楽部を訪れる会員は激減していた。彼らの大半は東京倶楽部の会員でもあるのだが、日本人会員は釣りを楽しむような余裕はなく、一方、外国人会員の出国が相次いでいた。ハンスの英国人友人たちも日本をあとにしている。やがてアングリング倶楽部を維持するのは難しくなり、借地権を放棄するしかなくなっていた。

昭和十二年、ハンスは東京郊外の小平に一万六千坪の土地を購入して「範多農園」を開設、庄屋を移築した別荘を建てた。すでに彼の鉱山事業の存続は難しくなっていたのだ。ハンスはラトビアの名誉領事でもあったが、ソ連のラトビア占領（昭和十五年）により、その地位を失った。英国籍でいることに危険を感じたハンスは、日本国籍を取得し、名を「範多範三郎」とあらためた。

アングリング倶楽部のクラブハウス（旧グラバー別荘）が火災に見舞われたのは、昭和十五年八月である。会員や、中禅寺湖畔に別荘をかまえる人々が集まってダンスパーティを開いたあとの深夜、電源を切り忘れた蓄音機から出火。あっという間に火の手がまわり、建物の大半が焼け落ちた。暗闇の中禅寺湖の水面に、赤い炎が映ったという。それが、アングリング倶楽部の事実上の終焉だった。正式に解散手続きがとられるのは十九年四月である。やがてハンスはアルコールにおぼれるようになったといい、終戦後は東京に転居し、二十二年九月、その生涯を閉じる。六十三歳。

クラブハウスの元の所有者であったグラバーの息子、倉場富三郎（長崎在住）も苦境をしいられていた。

満州事変以降、長崎在留の中国人は続々と引き揚げていき、長崎・上海間の貿易も中絶した。昭和十二年十二月、特高警察は市内の中国人街を一斉捜索し、中国人成人男子を検挙してスパイ容疑で取り調べ、ほどなく多数が強制送還された。

昭和十三年三月末、富三郎が暮らす「グラバー邸」から見える三菱重工業長崎造船所で、戦艦「武蔵」の建造がはじまる。建造にかかわる工員から「秘密厳守」の誓約書を取り、造船所はシュロのすだれで覆われ、建造中の様子がわからないようにされていた。それでも市民はただならぬことが起きていることを察知しており、造船所を見ているだけで厳しい取り調べを受けた。長崎の街から欧米人の姿も消えていた。

富三郎のもとに市役所幹部が訪れたのは昭和十四年春。三菱がグラバー邸を欲しがっているので譲るようにとのことだった。三菱総帥は、かつて富三郎とともに学習院上等小学校に通学した岩崎小弥太で、その後も親交があったものの、すでに途絶えて久しい。機密保持のためグラバー邸を明け渡すよう要求しているのは海軍であることが明らかで、富三郎はグラバー邸を譲渡し、市内の洋館に転居する。彼は憲兵隊による監視対象となり、かかわりをおそれた人が富三郎のまわりから去っていった。

七十歳ちかくになっていた彼は孤独な日々を送るようになる。富三郎が設立に尽力した雲仙ゴルフ場のクラブハウスで、ひとりたたずんでいる姿が見かけられたという。ゴルフクラブを手にすることもなく、人の声もないグリーンをただ静かに見つめていた。

ゴルフコースから人影が消えていたのは東京ゴルフ倶楽部朝霞コースでも同様で、来場者数は昭和十年から急激に減っていた。

昭和十三年、日本ゴルフ協会は「大日本体育協会」（明治四十四年設立。現日本スポーツ協会）に加盟し、その時、深紅の団旗（大谷光明デザイン）がつくられた。その年の十一月三日（当時は「明治節」）から四日間開催された「国民精神作興体育大会」（明治神宮外苑競技場など）のパレードにゴルフ協会も参加し、団旗が翻った。なお、この年の七月、東京オリンピック（昭和十五年開催予定）返上が決定している。日中戦争に対する諸外国の批難が高まったこと、さらには戦争による資材不足などが開催返上の背景にあった。またゴルフ協会は、贅沢なスポーツだと批判する世論もあって自粛案をまとめ、各地の加盟クラブに通達。赤星四郎はこの自粛案の再検討を迫る文章をゴルフ雑誌に発表している。

昭和十五年春、陸軍は朝霞コース敷地に陸軍予科士官学校を移転することを立案した。東京倶楽部との折衝中の五月末、このコースでの最後となる「日本オープン選手権」が開催される。これまでで最多の九十七名（アマチュア三十名、プロ六十七名）が参加したが、欧米人のゴルファーは二名しかおらず、赤星兄弟の姿はなかった。意図的に参加しなかったと思われる四郎・六郎がこのコースでベーブ・ルースと肩を組んで笑い合ったのは六年前。鮮やかなグリーンの風景は一変しつつあった。

同年八月に譲渡が決定し、翌昭和十六年三月、東京ゴルフ倶楽部朝霞コース閉場式が行われた。その半年後、陸軍予科士官学校が市谷から朝霞に移転。終戦まで一万九千百四十七人が学ぶのだが、アリソン設計の美しいコースは踏みつぶされ、レーモンド設計の白亜のクラブハウスは食堂となった。この敷地と建物は終戦後、ＧＨＱに接収されることになる。

母静への贈り物、子どもたちの結婚、藤村操

日中戦争が泥沼化し、ヨーロッパでの戦雲は日ましに濃くなっていった。ドイツはポーランドに侵攻、イギリスとフランスがドイツに宣戦布告。ソ連はフィンランドに侵攻し、領土を割譲。こうした事態が進行する昭和十五年の日本で、さかんに叫ばれた言葉が「バスに乗り遅れるな！」だった。日本はナチス・ドイツの勢いに便乗するしかないという意味で使われた。日中戦争収拾のめどは立たず、行き詰まりの様相を呈しており、ドイツとの同盟に一縷の望みを託そうとしたのだ。近衛内閣は同盟によって、対米戦争を避けることができると考えていたともされるが、その判断が大きな誤りであったことは、その後の史実が証明している。同年九月、日独伊三国軍事同盟が締結され、翌月には文化活動に多大な影響をもたらす「大政翼賛会」が発足した。

　こうした社会状況の中で、赤星鉄馬が何よりも案じていたのは、大磯で隠居生活を送る母静のことだったのかもしれない。静の夫弥之助は、明治日本の軍拡路線に乗じて巨富を得たが、鉄馬が戦争ビジネスに関与しなかったのは、静の意向でもあったといわれる。直面している日中戦争は、明治期に自国権益の拡大を狙った日清・日露戦争の延長線上にあり、弥之

助の時代が尾を引いていたともいえるのだが。

静が喜寿（七十七歳）を迎えた昭和十三年、鉄馬が祝いとして母に贈ったのが、絹布に金色で描かれた豪華な「観音経」だ。古来の形式に則っているという折りたたみ式の冊子に、一ページずつ計三十三の観音菩薩像が描かれている。その菩薩像をよく見ると、像をかたどっているのはただの線ではなく、米粒よりも細かい文字で描かれた観音経の経文である。観音菩薩に静の加護を願ったのだろう。こののちも鉄馬は、大磯在住の画家安田靫彦に「赤星母堂像」（昭和十八年。現平塚市美術館蔵）を依頼しており、母への深い愛情を感じさせる。

赤星家は世代交代を迎えていた。

昭和十六年一月、朝鮮の成歓農場の代表となったのが、鉄馬の長男猪一である。すでに結婚していた相手は、鉄道省出身で朝鮮総督府鉄道局を経て奈良電気鉄道社長の戸田直温《なおはる》の次女欣子《きんこ》だ。彼女は幼少時に父の勤務に伴って朝鮮に暮らしたことがあり、寒さの厳しい地でもやっていけるだろう、と鉄馬の弟喜介（一時、成歓牧場にいた）が勧めたという。猪一夫妻は弥一と静雄の二男を得ていたが、この前年の十五年一月から八月までアメリカに滞在し、長沢鼎の農場にいた縁戚から農場経営を学んでいる。猪一一家は成歓農場の一角に建つ「翠遠閣」（鉄馬が成歓牧場設立時に移築した朝鮮伝統様式の邸宅。昭和十二年増築）に暮らした。

猪一が代表となった成歓農場は、米や麦の生産のほか、洋種乳牛七十頭前後、朝鮮牛百頭前後を飼育し、牛乳やチーズを生産し、精米・製粉などの事業を拡大していった。戦時下の食糧増産の使命を担っていたが、その一方、植樹も千本単位で毎年のように実施された。

鉄馬の子どもたちはそれぞれ伴侶を得ていった。長女秋子は、「三菱銀行の三羽ガラス」のひとりとうたわれた黒川久と結婚。次男弥次は、鉱山学者で三井鉱山神岡鉱業所所長の崎川茂太郎の四女美栄と結婚したのだが、美栄の母千代（明治十七年生。旧姓馬島）にまつわる驚く話を、鉄馬の孫から聞いた。

千代は北海道生まれで幼少時に医師の父とともに東京へ転居した。評判の美貌だったといわれる。近隣に住んでいたのが、遺書「巌頭之感」をのこして華厳の滝で投身自殺（明治三十六年五月）する第一高等学校学生の藤村操（明治十九年生）だ。千代は藤村の母に茶道の指導を受けており、彼とも顔を合わせていた。藤村は自殺する直前に千代の家を訪れ、一冊の本と手紙を手渡した。高山樗牛著『滝口入道』で、手紙には「傍線を引いた箇所をよく読んでください」とあった。本には千代への恋心を吐露したと思われる書き込みがあった。

藤村の自殺は当時の青年たちに衝撃を与え、「人生不可解なり」が流行語となり、彼の死の理由がさまざまに論じられた。千代、藤村は鉄馬と同世代である。藤村が華厳の滝に身を投げた時期、鉄馬はアメリカのローレンスビル・スクールに在学中で友人たちとブラックバス釣りに夢中だったことを思い返せば、藤村との明暗がくっきりとする。

千代が崎川茂太郎と結婚後も藤村からの書簡と『滝口入道』を保管していたのは、衝撃的な死を選んだ十六歳の藤村への複雑な思いを胸に秘めていたからだろう。長い歳月が流れ、千代は九十七歳で没した。その四年後の昭和六十一年、息子の崎川範行（東京工業大学名誉教授）によって、藤村が千代に贈った本や書簡は日本近代文学館に寄贈された。

赤星家を追っていくと、このようにいくつもの予期せぬ事実にめぐり合うことになる。

日米開戦

日中戦争開始の前後から、鉄馬が暮らす武蔵野町にも軍需工場がつぎつぎと造られるようになった。「中島飛行機」（大正六年、群馬県に設立）の武蔵製作所が昭和十三年四月ごろに完成し、陸軍用航空エンジンの製造を開始。さらに海軍の要請により海軍用の工場として多摩製作所が十六年十一月に完成する。陸海軍の確執があったものの、両製作所が十八年に合併したのは、飛行機の大量増産が求められたためだ。

武蔵製作所の敷地面積五十五万九千ヘクタール、三万四千人の従業員のほか、徴用工や勤労動員された学生などが働き、月間千九百台のエンジンが製造された（昭和十九年）。このエンジンは飛行機を生産する群馬の工場に運ばれ、機体に装着された。よく知られる「零戦」のエンジンのすべて、機体の三分の二が中島製だった。

武蔵野町にはこのほか、精密機器を製作していた横河電機吉祥寺工場（昭和五年建設）があり、やがて航空機器などの生産をはじめ、軍需工場の色彩が濃くなっていった。中島や横河を支える下請け工場も多数造られていき、郊外の住宅地であった吉祥寺一帯は、軍需工場地帯に変貌していった。昭和十九年十一月から米軍による空襲が始まると、武蔵製作所周辺は繰り返し攻撃を受けることになる。

赤星猪一ら、鉄馬の子どもたちが学んだ成蹊学園の光景も変わっていった。生徒たちの軍事教練が強化され、昭和十五年には運動部・文化部のクラブ活動は廃止。成蹊高等学校の第一回学徒出陣壮行式は十八年十一月だった。

日独伊三国軍事同盟は締結されたが、その一方で日米交渉がスタートした。昭和十六年四月、米国務長官のコーデル・ハルが交渉文書（ハル・ノート）を日本側に提示したことがはじまりだ。それ以前に、さまざまな人物が日米開戦を回避するための民間外交を展開しており、樺山愛輔は十五年三月から六月まで文化事業視察の名目で訪米した際に、ハル国務長官にも面会したとされる。

ハル・ノートをめぐる交渉は複雑な経緯をたどっていった。その間、吉田茂は東京倶楽部で情報交換をし、対米開戦を避けるために努力していたが、その最中の十月、妻雪子ががんのため死去。グルー駐日大使は葬儀を取り仕切る吉田のために自動車を提供するなどして、悲しみに沈む友を支えようとした。その一方グルーは、事態の進行を冷静に見極めており、ハルに対する電報では、「日本の行動は、危機にして劇的な突然さを以て行われるかもしれない」と正確に予測し、「国家的ハラキリ」という言葉を使っている。

十一月五日、御前会議において「帝国は現下の危局を打開して自存自衛を完うし、大東亜の新秩序を建設するため、この際、対米、英、蘭戦争を決意」するという「帝国国策遂行要領」を決定。同月二十九日、グルーは東京倶楽部で吉田に会い、和平派とされる東郷茂徳外相に会見を申し込んでもらいたいと頼んだが、会見は実現しなかった。十二月七日、日本は交渉を打ち切り、翌八日、真珠湾攻撃へと至った。

満州事変以降も日本が引き返すチャンスは何度もあり、日米開戦を回避する努力もつづけられてきたが、すべては無に帰した。外交官の資格を停止されたグルーは、憲兵の監視下で大使館内に抑留され、日米間の協定によって運航された「日米交換船」に昭和十七年六月に乗船し、八月に帰国。

愛輔が会長を務める日米協会は、日米開戦の一週間前に休会を決定していた。

情報交換の舞台であった東京倶楽部では、日米開戦直前の昭和十六年九月に、日英の血をひくＪ・Ｄ・メーソン（名誉書記）がスパイ容疑で逮捕された。彼の父Ｗ・Ｂ・メーソンはイングランド生まれの電気技師で、明治八年ごろに来日したいわゆる「お雇い外国人」だ。工部省でモールス信号の改良に尽力したほか、第一高等学校で英語を教えた。Ｂ・Ｈ・チェンバレン（日本研究家）との共著『日本旅行案内』（明治二十四年）がある。

息子のメーソンは、「高田商会」の顧問であったといい、明治末期からの倶楽部会員だった。彼の自宅にあった口ひげなどの素人芝居の小道具が、変装するスパイの証拠だとされた。憲兵が倶楽部内に踏み入るための口実としか思えない逮捕だが、禁固三年の判決が下され、投獄は免れたものの自宅軟禁された。首相・閣僚経験者らが名を連ねた東京倶楽部でさえ官憲の介入がおよんでいたのだから、戦争反対論者や左翼運動への弾圧は苛烈だった。

開戦後、東京倶楽部は英米人会員を除外し、昭和十七年の会員は日本人三百十八人、外国人は四十八人。その翌年に倶楽部は定款を改正、会員は日本人に限ることとし、新規会員募集も見合わせた。東京倶楽部の機能は実質的に停止となった。

官憲は、英米留学経験者を監視対象にしたともされ、鉄馬は息苦しい毎日を送ったことだろう。還暦を迎える彼に心の平安をもたらしたのは、釣り糸を垂れている時だけだったのかもしれない。

弟たちはゴルフを楽しむこともできなくなっていた。四郎がコース設計した藤沢カントリー倶楽部は陸軍の飛行場計画により接収され、四郎はレーモンド設計の週末別荘を鵠沼に移築して日々を過ごした。六郎は二宮で釣りと農業にいそしみながら、近隣に暮らす画家二見利節《としとき》の援助をしていた。

二見は昭和十八年に召集され、二等兵として満州に赴いたが、ある日突然、師団長の面会を受けた。師団長は六郎から二見の無事を確かめるよう依頼されたという。師団長の配慮があってか、それからは二見の待遇がよくなり、毎日のビンタもなくなった。師団長は六郎のゴルフ仲間だったのだろう。現在、「二宮町ふたみ記念館」に二見作品が収蔵されている。

啓明会の危機、六郎の死

「大政翼賛会」が成立した昭和十五年以降、文化部・情報局の指導・統制のもとに文化諸団体が再編成されるとともに「翼賛文化運動」が展開され、啓明会にも多大な影響をおよぼした。大政翼賛会総裁（十六年十月―十九年七月）は東條英機である。
『日本文化団体年鑑　昭和十四年版』では、筆頭の「学術・研究団体」の項に啓明会が記載されており、「職業・社交団体」には東京倶楽部、「国際団体」には日米協会など、計三百九十団体の名があった。

　昭和十八年版になると、記載された団体は約千にのぼる。本の冒頭に「国内体制の整備に伴い、我国の文化活動の諸領域における団体は、質的並びに量的にも尠《すくな》からざる変化を遂げ、国民的組織への強化再編成が行はれて来た」とある。部門別で筆頭にあるのは「政治・思想団体」で、翼賛政治会・大政翼賛会などが掲げられ、「軍事・国防団体」「産業・経済団体」とつづく。しかし「学術団体」の項に啓明会はなく、「厚生団体其他」という、およそ不似合いな場に入れられている。東京倶楽部や日米協会は掲載すらされておらず、存在自体が消された。

　啓明会が学術団体の項目から外れているのは、いかなる理由なのか。「凡例」によれば、各団体の部門別分類は「編輯の都合」とされているので、啓明会側の意思によるものではないのだろう。考えられるのは、「大政翼賛会実践要綱」（五）にある「文化新体制の建設に協力す。即ち、国体精神に基き雄渾・高雅・明朗にして科学性ある新日本文化を育成し、内は民族精神を振起し、外は大東亜文化の昂揚に努む」という方針に啓明会が合致しないとみなされたためではないか。

　昭和十八年の啓明会の陣容は、顧問に牧野伸顕、理事長は大久保利武（同年七月死去）に代わって樺山愛輔が就任。国際協調派として知られた彼らの存在が、学術団体として認められないという理由だったのかもしれない。

それ以外にも啓明会の活動に対してさまざまな圧力があったことは、保管された書類や、会主催講演会の変容からも推測できる。昭和十七年七月、安岡正篤《まさひろ》（陽明学者。政界の黒幕と目された）「大東亜共栄圏の指導者たるべき日本人の教育」が目を引く。翌十八年度の講演会の主な演題をあげてみる。村川堅固（西洋史学者）「国家興亡戦における歴史の教訓」、武田祐吉（国文学者）「愛国精神と和歌」、山田孝雄《よしお》（国文学者）「国体精神と思想戦」、井上兼雄（栄養学者）「戦時下の食料と栄養問題」などだ。タイトルだけでも重苦しい気持ちになる。同年に啓明会が研究助成を決定したのは十一件。近藤杢《もく》（漢文学者）「日本漢学大辞典の編纂」（二千円）、利根川東洋（国民錬成所）「国魂神信仰の研究」（千五百円）、戸谷敏之（日本常民文化研究所）「日本肥料史の研究」（千五百円）などだった。

会創設以来、昭和十八年度までの事業実績は、研究助成が二百六十七件（助成申請総数は八百十七件）、約九十六万六千円が費やされた。研究が完成したのは二百一件、その成果として、出版社などから刊行された書籍は百八点にのぼる。また啓明会主催の講演会は百二十八回、展覧会は八回開催され、講演集百九点、紀要二十八点が会から刊行されていた。

だが、毎年刊行してきた『啓明会事業報告書』は昭和十八年度が最後となる。すでに出版統制が進行し、用紙の確保が困難になっていた。そのような状況にあっても、研究助成事業は続行され、十九年度は十一件の採用を決定した。そのうち最高額の助成は、かつてルネッサンス美術研究を助成した美術史家矢代幸雄の「東洋水墨画の研究の内支那水墨の研究」（六千円）であった。この時期においても、なお維持しようとした啓明会の姿勢がうかがえるだろう。

昭和十九年度、軍事費が国家予算に占める割合は、八十五・三パーセントにまで達した。国民に詳細が知らされることはなかったが、戦場においては軍隊の撤退や「玉砕」が相次ぐ「絶望的抗戦期」にあった。日中戦争をふくむ日本の戦没者数は、軍人・軍属二百三十万人、民間人八十万人の計三百十万人におよんだが、そのうち九十一パーセント（二百八十一万人）が十九年一月以降の戦没者であったとされる（吉田裕『日本軍兵士』）。政府・軍部らが戦争終結の決断を遅らせたために、米軍による本土への空襲が本格的に開始されて以降、民間人の戦没者が増大した。

吉祥寺の鉄馬邸が陸軍に接収された時期ははっきりしないが、昭和十九年のことと見られ、鉄馬一家は大磯への疎開を余儀なくされた。

昭和十九年七月に、成蹊学園本館に移転してきたのが、本土防空を任とする「第一航空軍」（昭和十七年編成）司令部だ。その司令官は李垠《イウン》中将（二十年三月末まで）である。準皇族扱いの「朝鮮王公族」である李垠は、皇族男子と同じく陸海軍の武官になる義務があるため、陸軍大学校に進学、将校として任を担った。さかのぼれば明治末、十歳で来日し、鳥居坂の赤星邸近隣に住んだ彼は、梨本宮方子と結婚したのちも波乱の人生を歩んでいた。彼は鳥居坂の坂道で鉄馬ともすれ違ったはずだが、それから約四十年後、ふたりが吉祥寺界隈で顔を合わせることがあったのかどうかはわからない。李垠は藤沢カントリー倶楽部の名誉会員（昭和七年より）であり、赤星兄弟とプレーしたことがあったのかもしれない。

この年の鉄馬は深い悲しみの中にあった。最も可愛がった末弟の六郎が昭和十九年三月二十五日、他界したのだ。四十六歳だった。イギリス、アメリカへの旅を終えてからの六郎は、ゴルフコースに出ることもほとんどなく、二宮に暮らして釣りと農業に明け暮れていたのだが、釣り針が身体に刺さり、その傷口が細菌に感染したことによる敗血症だった。妻愛子との間に子はなかった。

六郎の人生は赤星兄弟のなかでもとりわけ華やかで、たくさんの人たちに愛された。ゴルフ雑誌『日本打球』（『ＧＯＬＦＤＯＭ』を改題）が六郎の死を悼んで特集を組み、大谷光明・森村市左衛門・野村駿吉・石井光次郎（日本ゴルフ協会理事長。政治家）らが心のこもった追悼文を寄せた。四郎は特集が組まれたことに「兄として厚くお礼申上げます」と述べ、六郎のゴルフ界での功績を「打球の方法を前より自由に、又礼儀も窮屈に過ぎず面白く遊べるものであるという事を我打球界にもたらし一革命をなさしめました」と書いている。ゴルフ用語を日本語に変更せざるを得なくなったゴルフ界だが、同誌は、この号が終刊となった。

六郎を失った四郎は、この年、妻子を日本にのこし単身満州へ渡る決断をする。五十歳を間近にしていたが、弟との別れが辛く、ゴルフもできない日本を離れたい気持ちになったのかもしれない。満州へ行ったのは、旧知のゴルフ仲間の白石多士良《たしろう》の縁だとされる。東京ゴルフ倶楽部会員で、吉田茂の縁戚でもある白石は、満州でも事業展開した「白石基礎工事会社」社長だった。四郎は満州電気化学に入社。吉林工場長として働くのだが、住まいは独身寮の一室だったという。ここで終戦を迎え、進駐してきたソ連兵の下で使役されるなどし、帰国するのは昭和二十一年八月である。

陸軍中野学校、大磯のスパイ

昭和二十年一月。鉄馬の四男清造は、諜報・防諜などの秘密戦の訓練を目的とする「陸軍中野学校」の学生隊（第九期・8丙）の一員に選抜された。北海道帝国大学で畜産学の研究者として歩みはじめたばかりで、中野学校の入校は本人の意思ではない。清造の成績が優秀だったため入校が定められたともされ、当人が拒否することはできなかった。同期生百四十三名のうち、九割が一般大学や高等専門学校の出身者だったのは、軍人の専門教育を受けた者よりも、一般社会になじんだ学生の方が諜報員に適するとされたからだ。

入校が決まると家族との連絡も禁じられたという。清造がどのような訓練を受けたのか、本人は生涯にわたってひと言も語らなかったのだが、『陸軍中野学校』（中野校友会編）の記述によれば、清造が所属した8丙が主に受けた教育は、秘密戦の基礎と遊撃戦の展開である。戦局が不利に展開している地域に潜入し、敵軍が撤退するまで戦い続けることを目的とした。中野学校はこの年四月に群馬県富岡市に疎開し、富岡中学校校舎などを利用して講義が行われ、清造は七月まで学生隊に所属したことが判明している。

大磯で母静とともに暮らす鉄馬夫妻は、清造の身を案じたことだろう。鉄馬の子どもたちは家から離れており、身辺はさみしくなっている。朝鮮にいる長男猪一には二男に加え、一女（京子）が誕生していた。次男弥次も結婚して独立。三男三弥は東京帝大で薬学を修めたことから陸軍衛生部の薬剤中尉として任にあたっていた。娘ふたりは、長女秋子につづいて、末っ子の次女繁子が塩原良三（医薬品メーカー三共創業者・塩原又策の息子）に嫁いでいった。

大磯には、樺山愛輔が暮らし、別荘をかまえる吉田茂がしばしば滞在していた。鉄馬は彼らと頻繁に会っていたが、この時期、愛輔と吉田は陸軍当局から厳重な監視を受けていたのだ。ふたりは、戦争の早期終結をめざすグループ（吉田・愛輔・牧野伸顕・幣原喜重郎・鳩山一郎・原田熊雄ら）の中心人物と目された。彼らを監視する憲兵隊当局の隠語で「ヨハンセングループ」と名付けられた。

吉田は、昭和二十年二月十二日、天皇に参内する近衛文麿を通じて戦争終結を訴えるための「上奏文」を、近衛と協議して作成する。近衛は十四日、天皇に拝謁し、上奏。しかし、すでに前年から東京永田町の吉田邸（旧樺山愛輔邸。串田万蔵に譲渡されたが、串田は昭和十四年に死去）と、大磯の吉田別荘に陸軍秘密機関のスパイである男女三人が女中や書生に化けて潜入しており、上奏文はスパイを通じて複写されていた。

大磯には妻雪子を失ったあとの吉田を支えた元新橋の芸者、通称「小りん」（坂本喜代が十九年五月から疎開していたが、スパイは彼女と吉田の電話を盗聴し、手紙や書類をカメラで写すなどしていた。

大磯の吉田別荘に昭和十九年十一月末から潜入したのは、陸軍中野学校出身（第四期）の東《あずま》輝次《てるじ》軍曹である。彼は戦後に手記「防諜記（ある軍曹の告白）」を執筆し、大磯におけるスパイ活動を明かした。それによれば、東は経歴などを偽った書類をととのえ、大磯吉田邸の書生になることにまんまと成功。ヨハンセングループの「策動を偵諜し、検挙の手口を早くつかまねばならない。このまま放置すれば、軍閥の野望も瓦解するであろう」との決意だった。

東のほか、中野学校出身者を中心に九名のスパイがヨハンセングループの監視に従事し、ホテルのボーイ、新聞記者、クリーニング店店員、駅の改札掛に化けた。東京と大磯を往復する吉田は常に憲兵に尾行されていた。

吉田邸に起居する東は、一家に配給される食料を受け取ったり、畑仕事をしたり、風呂焚きなどもしながら、スパイグループと密に連絡をとり、吉田の動静を逐一報告。吉田が交わす書簡は憲兵が郵便局に指令し、検閲されていたが、東はその噂を魚屋から耳にしたと吉田に伝えると、今後は重要な書簡は東か、女中が直接相手に届けることになった。この女中もスパイだったのである。このふたりが書簡をスパイグループに密かに渡し、開封されてカメラで撮影された。

大磯に暮らす樺山愛輔や原田熊雄は、連日のように吉田邸にやって来て吉田と密談していた。愛輔はやがて八十歳になる。東の手記には愛輔と原田の名が出てくるが、鉄馬はまったく登場していない。だが、鉄馬の親族はこう語っている。

「のちに聞いた話ですが、吉田さんはよく鉄馬を訪ねてこられたし、鉄馬も庭で栽培した野菜などを届けたとのことでした。食料不足が深刻でしたから。鉄馬邸には吉田さんのほか、ペンシルベニア大の同窓生でゴルフ仲間でもあった川崎肇さんもよくいらしたそうです。吉田さんは大きな声で、日本は何と馬鹿な国なんだ、アメリカにかなうはずがない、といった話をしていたそうです。家のお手伝いさんが、そんな会話を誰かに聞かれたら非国民と言われてしまうと、ずいぶんひやひやしたものだと話していました」

スパイの東は、政治に関与しない鉄馬に注意を払わなかったのだろうか。鉄馬の四男が中野学校在学中であることを把握していたはずだから、鉄馬を監視対象にしなかったのかもしれない。もっともこのスパイ活動の報告書はすべて焼却されたので、詳細は不明だ。

大磯の吉田邸に憲兵四人がやって来たのは昭和二十年四月十五日朝。すでに東京大空襲（三月十日）により、約十万人が犠牲となっていた。しかし、ただ職務に忠実な憲兵は命令に従って吉田邸を訪れ、吉田を拘引すると告げた。朝食をとる吉田から目を離さなかったといい、そのすきに、小りんは東にこのことを愛輔と原田に電話で伝えるように頼んだ。東が極秘任務を負ったスパイであることは憲兵すら知らない。東は小りんの言いつけどおり、配給の牛乳を取りに出かけ、その道すがら民家の電話を借りてふたりに知らせた。東は吉田によくしてもらったことから、「この老人［吉田。当時六十六歳］は悪人ではない。任務上、こうして密偵として余がいるけれど、決して憎める人ではないのである」と思うようになっていた。

吉田は東京九段の憲兵隊に連れていかれ、厳しい取り調べを受けた。上奏文の件やグルー米国大使との関係が主だったという。憲兵隊は、グルーが日米交換船で帰国する際（昭和十七年六月）に吉田が送った手紙を問題にした。手紙の最後にある「Some Better days」の文言は、密会を企んでいる証拠ではないか、と吉田に迫った。それは単なるサヨナラの意味だと説明しても、相手にまったく通じなかった。

吉田が検挙された翌日、大磯では愛輔邸が家宅捜索された。吉田からの手紙が見つかり、愛輔は連日、平塚の憲兵隊に出頭して取り調べを受けた。また原田は、病身であることから出頭はせず、自宅で聴取に応じた。その後、吉田は代々木の陸軍刑務所に移され取り調べられたが、五月二十五日、ここにも焼夷弾が投下され焼失。憲兵の誘導により吉田は明治神宮に避難したのち、目黒の刑務所や小学校などに移された。結局、仮釈放となり、大磯に帰った一週間後に憲兵がやって来て不起訴が告げられた。拘引中は吉田を謀反人扱いした憲兵は、この期におよんで彼を「閣下」と呼んで持ち上げたという。

日本がこの戦争に負けることを誰もが身に沁みてわかっていた。日米開戦以降においても、戦争を終結させる機会は何度もあったのに、政府・軍部はその決断をしなかった。そうして、おびただしい民間人が死んでいき、徴兵制度の下で兵士とされた人々が痛ましい死を迎えていた。さよならも言えずに。なぜ、自分が死んでいくのか、何のために死んでいくのかもわからずに――。彼や彼女ら、そして日本が侵略し、また戦争に巻き込んでいったために死んだ諸国の人々に、Some Better days（いつの日か、また）は訪れなかった。

東は吉田が拘引中の六月、適当な理由をつけて大磯を去った。戦後になって大磯を訪ね、吉田にすべてを明かしたとき、首相になっていた彼は「お互い、お国のためと思ってやったんだからよいよ。当時は君が勝ったけれど、今はわたしが勝ったね」と言って、大笑いしたという。

陸軍の秘密機関による吉田への処遇もさることながら、愛輔に対しても厳しい取り調べがされたと思われる。

愛輔はスパイに監視されていた時期も、啓明会理事長としての職務をまっとうしていた。啓明会議事録によれば、昭和十九年には三回の理事会が開催され、予算案や研究助成について審議した。大磯から東京への鉄道切符を入手するのも容易ではなくなっていたが、それにもまして老体の愛輔の身にこたえたはずだ。しかし理事長を引き受けた以上、その責務を果たすのが当然だという態度だった。

昭和二十年三月十六日、研究助成案件を決定する評議会が帝国ホテルで開催された。ホテルがある日比谷一帯も、前年十一月からの度重なる東京への空襲被害に見舞われていることが、米軍機が偵察飛行して撮影した写真に見て取れる。

東京を離れ疎開した人も多く、八名の評議委員（全十八名）が出席した評議会では、二件の研究助成を決定。関山直太郎（厚生省民族政策研究所）「我国に於ける異民族接触に関する調査研究」（三千六百円）、中村浩（東京帝大農学部講師）「馬鈴薯催芽技術並びに冬期作に関する研究」（五千円）である。前者は日本人と異民族との接触を社会的・文化的な視点で解き明かすというもので、後者はじゃがいもの増産をめざすための研究だった。

　この日の評議会の最後に、会創設以来の常任理事の鶴見左吉雄が「現下空襲頻来の帝都にありては縷々会合なすこと不可能の場合これあるべきに付、余り重要ならざる事項に就いては書簡にて承認を求むることとしては如何」と提案し、承認された。啓明会議事録は、この記述が最後となった。採用決定した右二件の研究助成が実現しなかったのは、啓明会初のことだった。

　大正七年からの啓明会の研究助成事業は、このときに実質的な終止符が打たれた。しかしこの後も会の活動は細々ながらも継続されるのである。

　戦争はまだ終わらなかった。

　昭和二十年四月、沖縄本島に上陸した米軍は進撃を開始し、激しい戦闘を展開。六月、沖縄住民約十万人、日本軍兵士約九万人の戦死者を出した組織的戦闘が終了。七月二十六日、米・英・中によるポツダム宣言が発表されるが、日本政府は黙殺した。八月六日、広島へ原爆が投下され、十数万人が犠牲となった。その三日後、長崎に原爆が投下された。

　グラバーの息子、倉場富三郎は「グラバー邸」を退去したあと南山手地区の洋館「九番館」に暮らしていた。同年春以降、長崎への空襲が激しくなり、戦艦「武蔵」が建造された長崎造船所も爆撃された。長崎への原爆投下から数日後、焼け野原と化した長崎駅前で呆然と立ちつくしていた富三郎が目撃されている。すでに妻は他界し、子もなかった。

ようやく終戦を迎えた十一日後の八月二十六日朝、九番館の一室でこときれていた富三郎が発見された。「ベランダにかけられていた洗濯物のひもを首に巻きつけ、寝室の窓際のタンスに両手をつき、外をのぞき込むような姿勢で死んでいた」（多田茂治『グラバー家の最期』）。死亡時刻は午前四時ごろと推定されている。長崎の街に陽がのぼる前、七十四歳の富三郎は、自らの手で人生を閉じてしまった。

彼が心血を注いでまとめた魚類図譜は、遺言に記したとおり、渋沢敬三に遺贈された（第六章）。渋沢は昭和二十五年、長崎を訪れ、図譜すべてを長崎へ返したいと申し出て、長崎大学水産学部による全五巻『グラバー図譜』の刊行が終了したのは、その四半世紀後である。国境も、戦もない水の世界を自由に泳ぐ魚たちの美しい姿は、富三郎がかなえることのできなかった夢であったのかもしれない。

終戦後の財産税

終戦となった昭和二十年八月十五日の翌日。朝鮮の成歓農場に暮らす赤星猪一に三男建三が誕生した。

この四年前、成歓農場代表となった猪一は、日米開戦以降も苦闘の日々を送った。猪一自身が一時徴兵され、農場社員も召集されていった。それでも乳牛を中心に飼育し、牛乳の生産をし、米や麦、雑穀を生産した。昭和十七年になると、農場で働く人々のための食料米をすべて供出し、配給を受けることになる。長年にわたって植樹してきた樹木も当局の指示により伐採され、炭とし、電柱用としても供出した。敷地の一部売却もなされる一方、植樹はつづけられ、十九年にも松・櫟・山桜など数千本が植えられた。『成歓農場要覧』の最後の記述は、長雨により水田の七割が水浸しになってしまい、「作況甚だ楽観を許さざるものなり」（昭和十九年）。

猪一の長女足立京子は、成歓農場で昭和十八年に生まれた。

「終戦の時、私は二歳でしたので成歓農場の記憶はほとんどないのです。浴室の水が外へ流れたとたん、凍ってしまった光景をかすかに憶えていますね。戦争が終わって間もなくのことですが、父の末弟清造が突然成歓農場にあらわれたのです。陸軍中野学校に入ってから消息がわかりませんでしたが、何らかの任務で朝鮮か、中国にいたのかもしれません。本人は何も話しませんでしたから、くわしいことはわかりません。終戦から二ヵ月後、私は母とともに一足先に日本に引き揚げました。清造が同行してくれました。母は生まれたばかりの弟を抱え、汽車や船の手配など大変だったようです。父はしばらくとどまりましたが、この地にのこっていた日本軍兵士から早く帰国するよう再三要請されたそうです。進駐した米兵もやって来て、父が農場の牛などをごちそうすると、物資を持ってしょっちゅう遊びに来て、帰国するまで自分たちが守ると言ってくれたとのことです。資産を持ち帰ることはできませんでしたが、家族みな無事に帰ることができました」

猪一は昭和二十一年二月、福岡県博多港に到着し、大磯へと向かった。

〔昭和二十一年〕三月十四日（木）

昨夜電報あり、赤星本家母堂逝去の由。今朝七時十六分電車に乗れず、同四十七分にて、湛一同道大磯に赴き同家族葬に列す。

と日記に記したのは、石橋湛山（ジャーナリスト出身の政治家）である。鉄馬の弟喜介の長女敏子が湛山の長男湛一と結婚していた（第六章）。鉄馬兄弟の母静が八十四歳で世を去り、湛山が葬儀に駆け付けたのだった。

静は十四歳で赤星弥之助と結婚し、六男七女を産み、弥之助亡きあと一家の中心だった。「お金はきれいに使いなさい」と息子たちに諭した彼女の身なりは、質素なままだった。兄弟のなかでも、とりわけ鉄馬にとっては悲しみが深かっただろう。終戦間もない時期でもあったからか、静の希望なのか、葬儀は身内だけで営まれた。静は東京・青山墓地の赤星家墓所に葬られた。ひときわ目立つ大きな墓碑に弥之助と同じ文字の大きさで刻まれた静の名は、鉄馬の母への敬愛の念が込められていた。

なお石橋湛山は、この二ヵ月後、第一次吉田茂内閣（昭和二十一年五月成立）で大蔵大臣に就任。だが昭和二十二年五月、ＧＨＱにより公職追放となる（二十六年六月まで）。吉田と激しく対立もした湛山は、三十一年十二月、首相に就任するのだが、脳梗塞で倒れ、石橋内閣は二ヵ月の短命で終わった。

静の死去から五ヵ月が過ぎた昭和二十一年八月、満州から四郎が帰国した。さっそく旧知の白石多士良に連絡をとり、彼の会社「白石基礎」でしばらく働くことになった。白石はアントニン・レーモンドの再来日に尽力し、レーモンド設計の建物の施工を多く担うことになる。

猪一が去ったあと、成歓農場の敷地は韓国の国有地となり、成歓農場の施設などを利用して、国立畜産試験場（現国立畜産科学院）となった。大正四年の設立以来、約三十年にわたった成歓牧場・農場の歴史は幕を閉じたが、整備された敷地や施設が活用されたのであれば、戦後韓国の畜産業発展に多少なりとも役立ったのではないだろうか。

鉄馬が朝鮮伝統様式の邸宅を移築した「翠遠閣」は、李承晩《イスンマン》が大韓民国初代大統領となった（昭和二十三年・一九四八）直後に大統領別荘となり、周辺に滑走路も整備されたが、李承晩がここに滞在することはなかったといわれる。建物は畜産試験場職員の宿泊所としても長く使用された。畜産科学院報告書（一九九九年度版）に、こう記されている。「花が咲く春と紅葉の美しい秋には遠足の人が集まり、休息空間として脚光を浴びたが、一九八四年以降は放置され手入れする人もなく、雨漏りするなど荒れ果てた廃屋となってしまった。とても残念だと言わざるを得ない」。

成歓周辺地域の住民や、朝鮮戦争勃発（昭和二十五年）から二十年以上存続した米軍基地

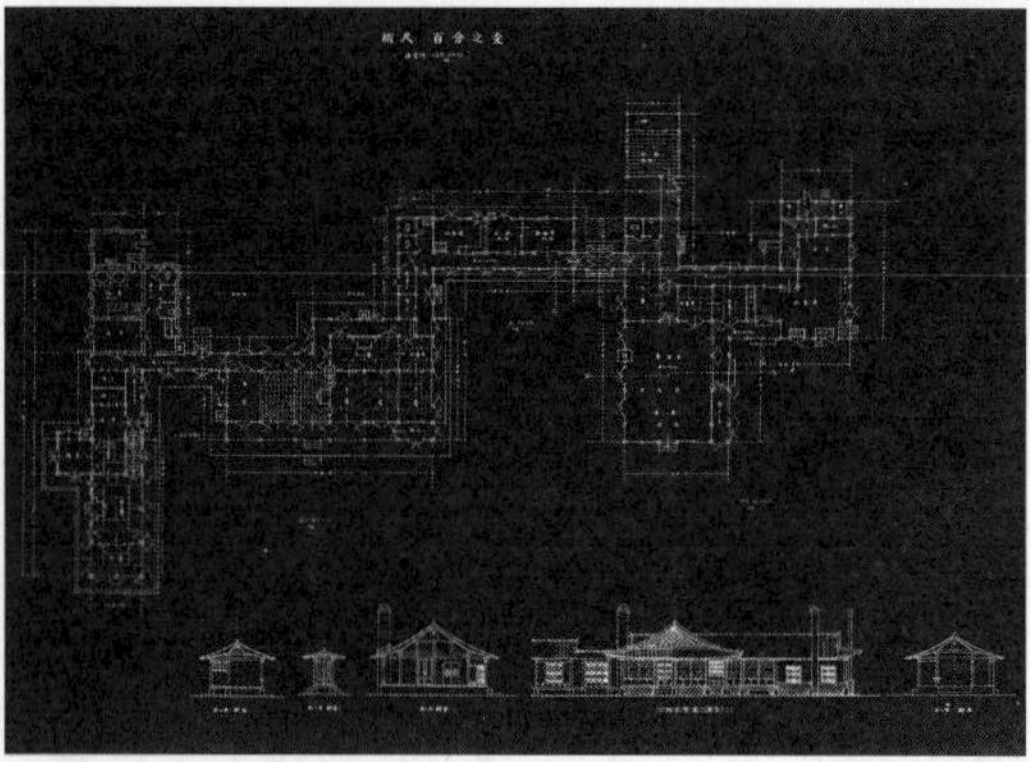

猪一一家が暮らした、成歓牧場の一角にあった「翠遠閣」の平面図

キャンプ・ハワードの弾薬部隊に駐屯する米兵などがピクニックに訪れる場所となったという。成歓一帯では珍しい豪壮な建物である翠遠閣が荒廃していくのを惜しむ声も少なくなかった。

猪一一家は、大磯で鉄馬らとともに暮らすことになる。足立京子はこう振り返る。

「私たちが成歓にいたころ、大磯の家には日本軍兵士もいたようですね。大量の防毒マスクが置き去りにされていました。戦後すぐ、鉄馬の留学時代の同級生がＧＨＱの高官として厚木の基地にいらしたそうで、英字新聞に鉄馬の所在を知らないかという広告を出したそうです。アメリカで親しくしていたお友だちだったのでしょうか。ほどなく大磯にいることがわかり、その方から毎週のように食料が届けられました。パンやバター、缶詰や、チョコレートやビスケットなどのお菓子、コカ・コーラ。クリスマスには七面鳥の缶詰が贈られてきました」

鉄馬や猪一は、成歓農場の土地や資産のすべてを失ったことを嘆くような言葉をまったく言わなかったという。

赤星家に決定的な打撃を与えたのは、「財産税法」の施行（昭和二十一年十一月）だった。

戦後、ＧＨＱの指導による経済にかかわる社会改革で最も大きなものが「財閥解体」であり、「農地改革」だった。さらに「財産税」は、「個人の物持ち、金持ちに対して、相当な財産を召し上げたという効果は大きかった」と、大蔵省ＯＢは語っている（『昭和税制の回顧と展望』）。

戦後の財政経済の再建をはかることを目的とし、国民の全財産を課税対象とした財産税は、徴収のための徹底した調査がなされた。「通常生活に必要な」財産等をのぞき、宅地・田畑・家屋・有価証券および出資・預貯金・事業用動産、さらには書画骨董にいたるまで財産評価をし、課税価格が決定された。それに対する税率は信じがたいほど高い。

赤星家資産（課税価格）に該当したと思われる税率を抜き出すと、課税価格百—百五十万円では税率七十パーセント、百五十—三百万円では七十五パーセント、三百—五百万円では八十パーセントだ。ついでながら、千五百万円以上は九十パーセントにも達した。財産税の申告期限は、昭和二十二年一月末。納税期限は同年二月末とされた（課税は一回かぎり）。

財産税の最高の納税者は皇室だった。皇室への課税額は三十三億四千二百万円にのぼったが、現金で納付されたのは二千四百万円で、大半は有価証券や不動産等による物納だった。そのうちには各地の御料林、皇居外苑、帝室博物館などがふくまれていた。日本国憲法の施行（昭和二十二年五月三日）により、皇室財産はすべて国有財産に移管された。

財産税の高額納税者では、住友家、三井家、岩崎家などの人々が、課税価格の九十パーセント近くが課税された。最高税率の適用を受けた人は約百人いたが、この中に岩崎小弥太の名はない。小弥太は終戦直後の昭和二十年十二月、六十六歳で没した。鳥居坂の旧赤星邸敷地に建てた豪壮な邸宅は同年五月の空襲により焼失し、失意のまま世を去った。敷地は岩崎家より国に物納された。

鉄馬資産の課税価格は不明だが、預貯金のほか、千代田火災の株一万株（昭和二十一年時点）などの有価証券、土地は大磯と吉祥寺、箱根や山中湖、軽井沢にもあったという別荘など不動産を多く所有していた。課税率はおそらく七十－八十パーセントに達したのではないだろうか。鉄馬は、財産税の納税のためと思われるが、大磯や吉祥寺の土地を切り売りしていき、箱根などの別荘を手放した。

資産家の資産はまさに「召し上げ」られたわけだが、財産税の賦課をめぐっては大きなトラブルもなかったという。その理由は「納税者が各地の富豪、名士等のエスタブリッシュメントを中心としていたこと、また納税者に戦後経済再建のためのやむをえない犠牲として受けとめ、納税を果たそうとする気風があったことがその理由であったと考えられる」（大蔵省財政史室編『昭和財政史　第八巻』）。

資産家たちが実際どのような思いであったのかはわからないが、皇室が納税している以上、従わざるを得なかったのだろう。所有の平均化をめざした財産税だが、その一方、闇経済で儲ける人が出現し、富の不均衡が解消されることはなかった。いつの時代も、機に乗じて巨利を得る者はいるものだが、その富をどう使うのかは人それぞれである。鉄馬が啓明会に資金提供をしたような事例は、まれであったといえよう。

終戦直後の昭和二十年九月十日、啓明会事務所が入居していた東京海上ビルディング（旧館）がＧＨＱに接収され、会は困難に直面した。会創設以来の常任理事鶴見左吉雄は、大量の書籍・書類をはじめ、机や椅子などを運びだし、目黒区自由が丘の自宅に保管。ここを仮事務所とし、議事録や助成申請書類など貴重な文献が今日のこされた。事務所はその後、転々とした。

鉄馬は会の運営に一切かかわらない方針をこのときも貫き、すべてを鶴見らに託した。会の基本資産百万円（有価証券）は保持されていたが、戦後のハイパーインフレーション発生対策として実施された「新円切替」などにより、その価値は著しく下落した。

そんななかで、鶴見とともに啓明会を支えてきた笠森伝繁は、会の建て直しに動きだした。啓明会主催の講演会が再開されるのは、会設立三十周年の昭和二十三年からだ。戦後の研究助成は数件にとどまったが、笠森没後も、鉄馬の三男三弥をはじめ、多くの人が会存続に尽力した。会の解散が決断されるのは平成二十二年。会の資産三百万円は東京大学に寄贈され、九十二年の歴史に終止符を打った。

鉄馬最期の日々

昭和二十四年十月、アントニン・レーモンドは本格的な再来日を果たした（戦後初の来日は二十二年で、一ヵ月滞在）。戦前からの親友であった白石多士良が、日本の復興のためにダム建設が必要だと訴え、レーモンドに再来日を促したのだった。白石と、彼の会社で働いていた赤星四郎とも再会し、ともにダム建設調査のために福島県・只見川流域へ赴いた。

レーモンドは、米軍の空襲により荒れ果てた東京を目の当たりにして愕然としたが、米軍が爆撃効果を調査するための実験に自分が関与したことへの悔悟を述べることはなかった。ただ、レーモンドが設計した邸宅の大半がＧＨＱに接収されていたことは嘆いている。

> 一部の占領軍は、大変横柄に物を取り扱った。たとえば、赤星邸にいた司令官は、造りつけの寝台や家具を好んでいたため、移動の時簡単にとり外して持ち去ってしまった。心をこめてデザインした家具、敷物、吊物などのほとんどが損害をうけ、こわされ、占有者の気の向くままにはずされもしたのである。
>
> （『自伝アントニン・レーモンド』）

鉄馬邸は昭和十九年ごろ日本陸軍に接収され、終戦後はＧＨＱが接収。接収解除の時期は不明だが、そののち赤星家の縁戚とされる人物が購入。さらに昭和三十一年、カトリック・

ナミュール・ノートルダム修道女会に売却された。同修道女会はベルギーで創設され、大正十三年に岡山県に修道会を設立。戦後、米国で広まった原爆投下への贖罪という募金を資金にして鉄馬邸を購入し、シスター養成施設として使用した。内部は大きく改造されたが、鉄馬がアメリカから運んだセコイアの木でつくられた家具の一部と、二階へのらせん階段があり、キッチンには料理を上階に運ぶ小型のエレベーターものこっていた。鉄馬が自ら作ったというポーク・アンド・ビーンズの一皿も運んだのかもしれない。庭には鉄馬が植樹させた樹木が枝を伸ばし、葉を茂らせ、三十五本が武蔵野市の保護樹木に指定されている。

　戦後の赤星家は、財産税の納税など困難にも直面したが、乗り切っていき、やがて三男と四男も独立していった。

　三男三弥は、横河清枝（横河時介長女。祖父民輔は建築家・横河グループ創業者）と結婚。東京大学や研究機関で研究者として活躍し、薬学・化学・放射線防護などの多数の論文と学術書を著していくとともに後進を育てた。

　四男清造は、三島通隆（日銀総裁三島弥太郎の次男）の長女弥栄子《みえこ》と結婚。弥栄子がこう語ってくれた。

「私どもの結婚は、以前からの薩摩の縁と申しましょうか。戦後の清造は薔薇づくりに没頭しました。大磯の赤星家の土地は切り売りされましたが、のこった一角で清造は薔薇園を営んだのです。改良したり、新種をつくったり。私も薔薇園の仕事をいたしました。手入れや水やりなど大変でしたけれど、楽しゅうございましたよ。赤星の者は道を決めると一生懸命やりますね。吉田茂さんも薔薇がお好きでしたから、清造がお庭の手入れに伺いましたし、新種の薔薇を差し上げたこともございますね。清造は戦争中のこと、中野学校のことも私には一切話しませんでした」

朝鮮から帰国した猪一一家は、鉄馬の心の支えにもなっただろう。猪一の次男静雄は、六歳で帰国した直後に鉄馬の海岸への散歩にお供したと回想している。生まれてすぐ朝鮮に渡った彼は、それまで海を間近に知らず、大磯の海をとりまく雄大な風景に圧倒された。

> その時祖父は海についての、又海に住んでいる魚やその他の動物、植物について色々と話をしてくれました。私にとってその時以来「海」に強い関心と興味を持つことになり、現在の仕事へのスタートとなったのです。（略）
>
> 「そのころの鉄馬は」釣り道具の手入れと「釣り」や「魚」に関する資料の整理、執筆等が日々の日課となっておりました。（略）話をしてくれる祖父は優しかったのですが、釣り道具に手をふれようとすると、厳しい顔になり、びっくりしたものです。
>
> （赤星静雄「祖父赤星鉄馬の思い出」）

赤星静雄は、日本大学で水産学を学び、卒業論文のテーマに鉄馬が日本に移入したブラックバスを選んだ。卒業後は水産学者として青森県水産増殖センターなどに勤務。やがてブラジル・チリ・エクアドルで活躍することになる。

戦後の鉄馬は原稿執筆にいそしむ日々だった。このころに書いたとされる原稿に「鯛釣りの要領」がある。釣り道具についての細かな工夫、釣り方、釣った魚の処理方法まで、図入りで論理的に指南した。万が一、釣りをしている時に船が転覆などしてしまった際のアドバイスもしている。

難船の場合は決して泳いではなりません。そして船を離れずにおることです。必ず船に取り付いておるか、板子などに取り付いて、静かに助けの来るまで浮かんで、待っておらねばなりません。このようにすれば必ず生命は無事であります。

（赤星鉄馬「鯛釣りの要領」、永田一脩『釣りの世界』所収）

この一文は、これまで幾多の危機に見舞われながらも、それを乗り越えてきた鉄馬の人生訓のように思えてならない。事態を冷静に見極めて対処し、何より生命の無事を優先することが大事なのだ、と。「船」とは「家族」をさすようにも感じられる。

再び、雑誌にも登場するようになった。『アサヒグラフ』（昭和二十三年六月九日号）の特集記事「有名釣師告知板」に六人の著名釣師とともに鉄馬が取り上げられた。きちんとしたジャケット姿の鉄馬が釣り道具を手入れする写真が掲載されている。『水之趣味』（昭和二十四年八月・九月号）では「欧米及び日本　リール釣縦横談」と題された座談会で欧米の釣り事情なども交え、楽しそうに語らっている。座談相手のひとりが、樺山愛輔の長男丑二であった。

大磯に暮らしていた樺山愛輔は、昭和二十二年六月、GHQの指令により、公職追放になっていた。戦争犯罪者・戦争協力者などを中心に公職を追われた者は約二十万人といわれる。かつて国際協調関係維持のために奔走した彼が公職追放されたのは意外であるが、日本製鋼所幹部だった経歴（第四章）が問題になった（二十六年六月追放解除）。

愛輔は昭和二十三年から「グルー基金」（現グルー・バンクロフト基金）設立のために動いていた。戦中の盟友であったジョセフ・グルー元駐日大使が、著作『滞日十年』の印税を寄付したいと愛輔に相談したことがきっかけとなり、日米協会（二十三年より活動を再開）が中心となって広く基金への寄付を呼びかけることになった。愛輔は基金の理事長となり、二十五年六月、理事・監事・評議員などが会合を開いた。基金の主な目的として、日本の若者をアメリカの大学で学ばせ、アメリカの学生を日本の大学で学ばせるべく招待すること、などを決めた。二十六年三月から募金活動が開始され、実業界を中心に六千八百万円もの寄付が集まった。愛輔が日米協会や東京倶楽部で培った人脈などがものをいったのではないだろうか。

東京倶楽部のクラブハウスは、昭和二十年春から初夏にかけての空襲で被害を受け、戦後は丸の内のレストラン中央亭や、京橋の明治屋の一室を仮倶楽部として再出発した。クラブハウスの応急修復が終了した二十四年、戦時下に改定された定款をあらためている。「皇国ノ精神ノ高揚ニ資スル」と、会員を「日本人ノミトシ」を定款から削った。この時期、鉄馬は東京倶楽部によく行っていたという。倶楽部の米国人会員によれば、戦後の困難な時期にＧＨＱ関係者からワイン数ケースが贈られたことがあったという。戦前に会員だったのかもしれない。孫の足立京子は語る。

鉄馬は「大磯から電車に乗って倶楽部に通っていましたね。ガソリンが手に入らず車に乗れなかったのでしょう。お土産に中村屋のかりんとうを持って帰るので、憶えているのです。吉田茂さんはとてもお忙しかったようですが、大磯滞在中はよくお見えになりましたよ。鉄馬と文と食事をなさっておられました。吉田さんが鉄馬とどんな会話をしていたのかはわかりません。ご冗談でしょうけれど、鉄馬を外務大臣にしたいとおっしゃられたとか。吉田さんは鉄馬が他界したあとも、私たち孫に遊びにいらっしゃいと声をかけてくださいました。お菓子をいただく私たちをうれしそうにごらんになっていて、優しいおじいさまという印象でした」

鉄馬は昭和二十六年十一月八日、大磯で世を去った。六十九歳。葬儀は自宅で営まれた。鉄馬が自身についてほとんど語ることのないまま生涯を終えたのは、彼のつよい意思だったのだろう。そして彼をよく知る周囲の人間にも、自分のことは書かないように言いのこしていたとしか考えられない。啓明会をはじめとするさまざまな寄付について、陰ながら日米親善に尽力したことなど、自らの功績を語ることはなかった。

樺山愛輔は昭和二十七年八月、ロックフェラー財団など内外の支援により設立された財団法人国際文化会館の理事長に就任。国際相互理解の増進を目的とした文化交流センター建設構想が立ち上がった。岩崎家より物納され、国有地となっていた鳥居坂元赤星邸敷地を、政府に安く払い下げるよう松方三郎（松方正義の息子）が要請するなどして、動き出した。実際に政府に要請したのは松方三郎であるにせよ、この敷地にこだわったのは愛輔だったとは考えられないだろうか。亡き鉄馬への深い思いがあったと思えてならない。

昭和二十八年八月、愛輔はグルー基金による第一回の留学生を見送るため、横浜港に行った。八十八歳になった彼の体調は優れなかったが、船が出航するまで港に立っていたという。愛輔が最後に渡米したのは十五年三月だった。あれから日米間に戦争が起こり、こうして留学生を見送る日が訪れたことには格別の感慨があっただろう。

九月に入ると起き上がることもできなくなった。見舞った次女の白洲正子が語っている。

時には、

「俺は実に疲れた。疲れ切ってしまったのだよ。長い長い一生だったなあ」

などとも申しました。私は父の為に、むしろホッとしました。長い年月、父は余りに我慢しすぎましたから。

いよいよ悪くなってからは、うわ言も半分は英語になり、看護婦さん達を困らせました。

（白洲正子談「父を語る」）

十月二十一日午前四時、脈をとった看護師が、愛輔がすでに息を引き取っていたことを確認した。連日の看病で疲れ切っていた家人が眠りに落ちたころ、ひとり静かに旅立っていた。

世を去る三、四年前、愛輔は鹿児島への最後の旅をしていた。同行した鉄馬の弟五郎が述懐している。「西郷［隆盛］さんのお墓にお参りしたり、御自分の生まれた所や、私の母［静］の生まれた所に連れてってくれて、ここは何、あそこは何と、大層喜んでいました」（「古い近親者は語る」）。

愛輔は最晩年の一年、父資紀について語り、原稿にまとめる作業に取り組んだ。周囲が愛輔自身の体験も語っておくよう勧めたが、「わしの事はまだ早い」と言って取り合わなかった。資紀についての記憶は鮮明で、父の仕事を補佐した愛輔が勝海舟（明治三十二年没）に何度も面談したことなど、興味深いエピソードが語られている。

しかし赤星家についてはまったく触れていない。計画が進行する国際文化会館敷地には、かつて赤星家があり、明治の時代、鳥居坂の坂道を馬車の音を響かせたびたび訪れたことなども述べてはいない。国際文化会館が完成するのは昭和三十年。鉄馬も愛輔も、この世のひとではなかった。

エピローグ

二〇一五年十月、米国カリフォルニア州ソノマ郡。「ワインカントリー」と呼ばれる緑濃い一帯にたどりついた私は、起伏のある地形に葡萄畑が延々と広がる光景に目を奪われた。ちょうど収穫を終えたばかりの時期で、四百数十といわれる郡内のワイナリーはどこも仕込みの真っ最中だった。めざすワイナリーに到着すると、赤星映司が笑顔で迎え入れてくれた。映司は、鉄馬の孫赤星静雄（二〇一〇年他界）の次男、つまり鉄馬のひ孫になる。

水産学者となった静雄は、一九七一年、妻子とともにブラジルへ渡り、貝類などの養殖技術の発展に尽力した。映司は七八年にブラジルで生まれ、その後、父の仕事に伴って、チリ、エクアドルで暮らした。

映司は静雄から赤星一族の話を聞いたことはなく、ブラジルに渡った理由も知らずにいたという。仕事に夢中だった静雄だが、一日の仕事を終えると、南米産のワインをおいしそうに飲んでいた姿が映司の記憶にのこっている。その後映司は、ハワイ大学で生物学を専攻し、微生物と遺伝の研究をしたのだが、やがて醱酵学に興味を持ち、カリフォルニアの大学院に進んで醸造学を学んだ。

「誰から言われたのでもなく、ワインをつくろうと決めたのです。父からおめでとう、と言われました。私が自分の道を見つけたことへの、おめでとう、だったのでしょう。そして父は、そういえば……という感じで、先祖に長沢鼎という人がいたな、と言うのです。でもその時は長沢についてくわしく調べることもなく、あとになって知っていきました」

大学院を卒業した映司は、ワイン産地として世界的に名高いカリフォルニア・ナパのワイナリーを皮切りに、ソノマでのワインづくりに取り組んで十年を過ごしてきたが、当地で長沢鼎の名が広く知られていることに驚いたという。一九八三年、ロナルド・レーガン米大統領が来日して国会で演説した際、「カリフォルニアの葡萄王」長沢の功績を称えたことから、長沢再評価の機運が日米双方で高まっていた。

長沢のファウンテングローブ（ソノマ郡サンタローザ）の土地は、彼の没後に所有者が変転し、一部はワイナリーとして存続したものの、分割されて転売され、宅地としても開発が進んだ。ファウンテングローブに隣接するパラダイス・リッジ・ワイナリーのオーナーが長沢の資料室を開設したのは一九九四年である。

映司の案内でそこを訪れた。長沢が着用した着物や袴、洋服などとともに多数の写真が展示されており、留学中にこの地にやって来た鉄馬や四郎の顔もあった。ヴィクトリア朝様式の邸宅のポーチで、笑顔を見せる彼ら。一瞬にして時がさかのぼったような、不思議な気持ちになった。長沢が手がけたワインの古いボトルや、自筆の原稿などもあり、長沢の奮闘ぶりがしのばれる。映司はこう語った。

「長沢鼎を知っていったのはカリフォルニアに来てからですが、一世紀以上も前にここに日本人がいて、それが私の祖先であるというのは衝撃でした。私は運命とか、使命とか信じていませんでしたけれど、私が感じる以上につよい何かがあるのかもしれません。父が安定した職場を捨ててブラジルに行ったのは、朝鮮で育ったことに加えて、ＤＮＡが日本の外へ出なさいと叫んでいたのかもしれませんね。それ以外の理由では説明できない気がします。私がワインの世界に入ったのは、ワインをおいしそうに飲む父の背中を見ていたからですが、やはり長沢との血のつながりを感じざるを得ません」

　鉄馬について、静雄が語ったことはなかったという。

「南米に暮らした父は和食を好んでいて、母が現地の食材を使って料理していましたが、ただ、ポーク・アンド・ビーンズは大好物でした。それは鉄馬が赤星家に伝えた味だったのですね。大磯の家で食べていたのでしょうか。鉄馬や啓明会のことはくわしくは知りませんが、一つのことを突きつめて研究する人たちを応援するという気持ちであったならば、わかるような気もします。父は権力とは距離を置く人でしたが、親しくした友人が多かったのは、相手のパワーや立場にとらわれず、人間性を見て友情を深めていったからでした。赤星にはそんな人間関係をつくる血筋もあるように思います」

　ワインづくりはとても繊細な仕事で、長い時間がかかる。葡萄の出来も毎年違い、映司は長沢の苦労を実感するという。

「ワインをつくることは、人生であり、生き方であるのだと感じます。私も手間を惜しまず、時間をかけていいワインをつくっていきたい。ワインづくりで大事なのは味のバランスです。一つの葡萄畑でも、陽のあたり具合によって味が違うのです。微妙に異なるものを組み合わせていくのですが、よいものを引き出し、一つのワインにまとめていく。叫ぶような、ささやくような、舌に深く届くワインをめざしています。長沢が書きのこしたものも参考にしています」

長沢の資料室から外へ出ると、眼下に葡萄畑が広がっていた。夕陽に照らされたその光景は神々しいほど美しかった。長沢や鉄馬ら兄弟もこの景色をながめたと思うと、特別の感慨が湧き上がってきたのだった。

　しかしそれから二年後の二〇一七年十月、ソノマ郡・ナパ郡一帯は大規模な原野火災に見舞われた。焼失面積は東京二十三区の一・四倍にあたる約八百六十平方キロメートルに達し、七千近い建物が焼失した。とくに被害が大きかったのがサンタローザ一帯だった。長沢の資料室があるパラダイス・リッジ・ワイナリーや、かつてのファウンテングローブ敷地内に長沢を顕彰するために保存されていた厩舎なども全焼した。

　映司は無事だとわかり、ひとまず安堵したものの、ワイナリー再建には多くの苦難が待ち受けているだろう。それでも、長沢のように苦難を乗り越える日がやってくると信じている。

韓国・成歓へ行ったのは二〇一六年十月だった。ソウルから電車で約二時間、途中、水原を通過した。駅から車で五分ほど、旧成歓農場は現在国立畜産資源の研究・開発などをしている。本来、部外者の立ち入りはできないのだが、赤星鉄馬について調べているのでぜひお願いしたいと事前に交渉したところ、特別の許可をいただくことができた。成歓一帯の歴史にくわしい郷土史家も招いてくださっていた。

　現在の敷地は四百三十万平方メートル。カートに乗って敷地内を走ると、緑の草地の向こうに鬱蒼とした木立が広がっていた。その奥に、鉄馬が百年以上前に移築した韓国伝統様式の建物「翠遠閣」があったのだ。

　翠遠閣は、戦後しばらくしてから職員の宿泊所や会議室などにも使われたが、荒れ果てる一方だった。この伝統建築を朽ちていくままにするのは惜しいという声が高まり、二〇〇六年に修復、一部が復元されたという。その際に赤星鉄馬について調査し、日本語文献にもあたったのだが、ほとんど解明できず、私が赤星鉄馬を調べていると聞いて大変驚いた、と畜産科学院職員は話した。戦後に猪一が持ち帰った『成歓農場要覧』のコピーを差し上げると、よろこんでいただけた。

　翠遠閣は豪壮な建物だったが、そのすべてを復元することはかなわなかった。それでも往時の面影をしのぶには充分だった。どっしりとした門をくぐって中に入ると、黒い瓦を載せた屋根の建物が中庭を取り囲んで建つ。基壇が高くつくられているのが特徴で、その内部は天井の太い梁や、柱が存在感を示し、漆喰の壁とのコントラストが美しい。

　郷土史家によれば、一九七〇年代末まで敷地内に日本様式の牛舎や、農場で働く人が居住した日本家屋がのこっていたという。成歓農場で働いた老人が二十年ほど前まで健在で、農場の思い出をよく語っていた。「農場の仕事に携わったことを誇りにしていましたよ。花のお屋敷はとても美しかったと言っていました。労働条件や環境も、ほかの日本人経営の農場などに比べるとずいぶんよかったようですね。その人から成歓農場について悪い話を聞くことはありませんでした」とのことだ。

畜産科学院の整備に伴って多数の樹木が伐採されたが、それでも樹齢百年を超える松・楓・モミなどが百本以上のこっている。鉄馬が植樹をした樹々が成長し、秋の気配を感じさせる風を浴びていた。鉄馬に見せてあげたい光景だった。

鉄馬の子孫はそれぞれの人生を歩んだ。鉄馬他界後も、相続税などのために土地を手放すことになったが、それを嘆くことはない。資産運用を考えては、と助言する人もいたのだが、孫のひとりはこう言って笑う。「赤星の人間はそのアドバイスを誰もまともに聞いていませんでしたね。資産運用よりも、個々人が楽しく暮らすのを優先させる。それが赤星の家風といえば、家風ですからね」。

大磯の土地の一角にはいまも鉄馬時代の門柱がのこっているが、それに気づく人はほとんどいない。大磯の海はむかしと変わらずおだやかな風景だ。

あとがき

赤星鉄馬とは何者なのだろう。ただ一つの疑問に導かれて、六年近い月日を過ごした。鉄馬との出会いは、『首里城への坂道　鎌倉芳太郎と近代沖縄の群像』の取材をしていた最中だった。琉球芸術に魅せられた無名の青年鎌倉芳太郎に多額の研究助成をした学術財団「啓明会」を知り、会に資金提供をした若き富豪を知った。

鉄馬を追いかけるように旅をするうちに、彼の親族や、身近にいた人たち、交錯した人物など、思わぬ人びとがつぎつぎと姿をあらわし、それとともに幕末から明治、大正、そして昭和の時代が浮かびあがってきて、私自身が驚くばかりだった。鉄馬本人は釣りに関することを除いて書きのこしていないが、それでもさまざまな資料をあたるうちに、彼の生涯が見えてきたような気がする。

絶大な力を持った野心的な父弥之助に対して複雑な思いも抱いたであろう鉄馬だが、通算八年におよんだ米国留学の体験は彼の内面に大きな変化をもたらした。さらに兄のような存在の樺山愛輔の尽力もあって、「啓明会」が誕生し、近代学術研究の蓄積という大きな遺産が今日にのこされた。本書で多くのページを費やした樺山愛輔の活動の一端を紹介することができたのは、私にとってもよろこばしいことだった。

鉄馬は、莫大な資産を受け継いだゆえの苦悩もあっただろう。彼が愛読したと思われる『釣魚大全』の一節に「富がなくても不幸があるように、富があっても多くの不幸を避けることはできない」とあるごとく、やがて赤星家の資産はあらかた失われた。鉄馬の資産は、後世のために有意義に使われ、彼自身は静かに消えていった。

鉄馬が人生を満喫したのは、米国留学時代に集中していたと思われる。のちの時代状況も相まって心痛も多い日々を慰めたのは、釣り糸を垂れる時間であり、ときに水面を眺めながら、自身の人生を振り返ることもあっただろう。

たとえ大きなことを成し遂げた人物でも、本人にとってみれば、人生は未完のかたちで終わるものなのかもしれない。さまざまな事情で果たすことのできなかったことや、無念の思いを胸に秘めながら、この世を去っていく時を迎える。けれども、その人を記憶する人がいるかぎり、また没後であってもその人とあらたに出会う人がいるかぎり、その人は時代を超えて生きる。

執筆にあたって多くの人の力を賜った。とりわけ赤星家の人びとにはさまざまなご協力をいただいた。お名前を記して感謝申し上げたい。

足立京子・隅田光子・赤星映司・猿山房枝・黒川純子・赤星弥栄子・浦野由美・赤星敬子・赤星直弥・横河鉄弥・横河洋子。

長期にわたった執筆期間中、常に励ましていただき、真摯な助言をくださった中央公論新社編集者の木佐貫治彦・山田有紀の両氏に心から御礼申し上げる。幾度も挫折しそうになった私にとって編集者は、洞窟の闇の中の一点の光のようなものだった。それを頼りに私は出口まで歩いてこられた。光は、私が迷わないように、迷ったとしても再び戻れるように、ずっと見守ってくれていた。

最後に、本書の執筆中も私を支えてくれた親友矢幡英文へ、「ありがとう」の言葉を。彼と出会ったことで、私の人生がどれほど豊かなものになったのか、楽しい時間をもたらしてくれた彼との二十七年が、私の生きる力になったことを、いつの日か語ることができればと思う。

二〇一九年十月

与那原　恵

解説　消えた「貴族」の物語

宇野重規

本書はノンフィクション作品『首里城への坂道――鎌倉芳太郎と近代沖縄の群像』などで知られる著者の本格的評伝の傑作である。ただし、問題がある。主人公である赤星鉄馬がほとんど知られていないことだ。

薩摩出身の富豪であると説明されても、ピンとくる人はあまりいないだろう（正確には薩摩出身の富豪である父から財産を受け継いだが、彼自身は東京生まれである）。敗戦後に吉田茂の側近として活躍した白洲次郎の妻であり、随筆家として著名な白洲正子の「又いとこ」にあたると言われても、さほど理解が進むとも思われない。

何をした人かと言われても、なかなか説明が難しい。米国のペンシルベニア大学に留学し、帰国後は日本初の学術財団「啓明会」を設立、多くの研究者を支援した。趣味人であり、特に釣りが大好きで、ブラックバスをアメリカから持ち込み、日本で繁殖させたことでも知られる。とはいえ、である。今日、その名を記憶する人は決して多くないだろう。

もちろん、本書を読めば、赤星の人となりが浮かんでくる。自然科学を含む多くの学術研究を支援し、公共的目的の組織への寄付を惜しまない。現代的に言えば、メセナやCSR（企業の社会的責任）の先駆者であるが、売名を嫌い、ほとんど前に出ることはなかった。自ら役職につくこともなく、組織を私することを慎重に抑制した。

このように書くと、謙虚ではあるが、地味な人物の一生に見える。だが、赤星はけっして地味ではなかった。その名のごとく、戦前の日本における文化的公共圏の明るい星であった（赤星とはさそり座の一等星アンタレスを指す）。赤星は吉田茂や樺山愛輔（白洲正子の父）、岩崎小弥太らと若き日から接し、終生の友人であった。彼らは日常を共にし、ビジネスだけでなく文化的事業でも志を共有した。

そのようなネットワークは政治的にも意味を持った。赤星自身は非政治的な人物であったが、大磯の別荘の隣人である吉田や樺山らは終戦工作を行っている。彼らの多くは明治の元勲の子孫であったが、欧米の大学に学び、リベラル派であった。赤星もまた、そのような人脈に連なっていた。とはいえ、政治史に赤星が出てくることはほとんどない。

＊

本書の単行本の副題にあるように、赤星鉄馬は「消えた富豪」である。にもかかわらず、彼の存在が気になるのはなぜだろう。本書を読み出すと、止まらなくなるのはなぜだろう。一つには、戦前の日本に存在した「貴族」というものを感じられることがある。といっても、赤星自身は爵位を持っていたわけではない。どれだけ富豪であっても、彼自身は文字通りの「貴族」(近代日本の場合は「華族」)ではなかった。

それでも本書で描かれる人々の多くは、まごうことなき近代日本の「貴族」たちである。例えば、すでに触れた樺山愛輔は、赤星にとって頼り甲斐のある親戚の兄貴分的な存在であったが、海軍大将であった樺山資紀を父に持つ伯爵である。それ以外にも明治維新の元勲である大久保利通の子である牧野伸顕をはじめ、本書には多くの薩摩閥の「貴族」が登場する。ちなみに鉄馬という名前も、赤星鉄馬の伯父長沢鼎の親友であった森有礼の変名である「沢井鉄馬」に由来するのではないかと著者は推定している。赤星は、これらの人々に連なる「薩摩アリストクラシー」の一員であった。

薩摩出身者は郷中教育に基づく強い団結を示し、相互に支え合った(おかげで他藩出身者からは「薩摩の芋蔓」と揶揄された)。ただし、明治の元勲などの第一世代と比べると、第二世代の多くは政治と距離を置き、政治と関わる場合もなるべく表舞台に立たないように努力した気配がある。彼らはしばしば英米に留学し、そこで(特に寮生活において)習得した価値観や生活習慣を保持した。活躍したのもむしろビジネスや文化の領域である。赤星の生涯の趣味であるゴルフや釣りも、典型的に英米的なジェントルマン文化であった。赤星が終生好んだのも「ポーク・アンド・ビーンズ」である。

重要なのは、彼らが英米の議会政治に親近感を持ち、日本においても政党政治の発展に貢献したことである。赤星自身は政治について語ることはなかったが、すでに触れた牧野伸顕を通じて吉田茂と親しみ、大磯の相互の別荘を行き来した。樺山愛輔もまた穏健な自由主義者であり、赤星が彼らと価値観を共にしたことは想像に難くない。

しかしながら、赤星の父弥之助がアームストロング社との武器ビジネスで財をなしながら、その詳細を秘して決して語ることがなかったように、息子の鉄馬も政治との関わりについて語ることはなかった。本書においても著者は、赤星と白洲次郎の関係を探っているが、そのつながりは明らかではない。想像を逞しくすれば、赤星もまた戦前の「薩摩アリストクラシー」のリベラリズムの星座の中枢近くにいたものの、その軌跡を綺麗さっぱり消去してしまった「ミッシングリンク」なのかもしれない。

とはいえ、「貴族」とは本来、そのようなものなのだろう。彼らはあえて政治と距離を保つことによって、自らを守ろうとする。元々学者の家系であった赤星の場合も、その兄弟や子供は学問や文化、技術やスポーツの分野で活躍している。その中にはアメリカにおけるワイン醸造で活躍した人間がいるように、時間をかけないと成果の出ない分野において献身的な努力を続けるのもまた「貴族」の資質であろう。その意味で、本書はやはり戦前日本の「貴族」の物語である。

*

この点とも関わるが、本書が魅力的な一因は、自らフェードアウトしていく人々を描いている点にある。著者の表現を借りるとこうなる。

> けれど私には、父弥之助が築いた資産を少しずつ失っていくことが、彼の一生を懸けた「事業」だったように思えてならない。そうして自分の姿を消していく――、意識的にそれを選んだのではないだろうか。
>
> （「プロローグ」、9ページ）

背景にあったのは、シーメンス事件である。海軍の一大疑惑である事件と何のかかわりもなかった赤星は、にもかかわらず事件で大きく取り沙汰されることになる。海軍といえば薩摩閥であり、しかも赤星の相続した財産の多くは、父の武器ビジネスに由来したものであった。「シーメンス事件の赤星」として糾弾されることで、赤星は大きく傷つき、自分が世間の厳しい目にさらされていることを痛感したはずである。

赤星は父の所蔵の美術品や茶具を処分したが、その莫大な収入によって始めたのが「啓明会」である。それ以前から皇室や政府の補助金、あるいは民間からの寄付金による学術助成の営みが存在したものの、「本格的な助成活動を展開した財団としては、一九一八（大正七）年八月設立の（財）啓明会がその最初のものであろう」（林雄二郎・山岡義典『日本の財団』）。赤星は資金を提供したものの、自らは設立者にならず、役員に名を連ねることもなかった。もちろん財団に「赤星」の名を掲げることは絶対に避けた。助成先を選考するにあたって介入すること、あるいはそれを疑われることは、彼にとって何としても避けるべきことであった。この点において、赤星は実に徹底していた。

しかしながら、啓明会の助成した対象は非常に興味深い。「古社寺所蔵図書の調査」から「東洋音楽理論の科学的研究」まで、実に多様なテーマを採用し、その基礎的研究を支えた。アイヌ研究や沖縄研究に力を入れたのも示唆的であり、高群逸枝（『大日本女性史の著述』）を含む女性研究者を支援したことも特筆に値する。啓明会の助成活動は、幅広い学術を、短期的な成果を求めず支え続けた。赤星が前面に出ることがなかったとはいえ、そのような助成方針は彼の思想に基づいていたはずだ。

にもかかわらず、本人は戦後改革で財産を失い、静かに消えていった。その間、設立した泰昌銀行は清算され、力を入れた朝鮮の成歓農場も敗戦により手を離れた。それでも赤星はそのことを嘆くような言葉をまったく言わなかったという。父から引き継いだ資産は自分のものではなく、それを少しでも意味ある事業へと活用し、最後は手放していく。そして「自分の姿を消していく」のが彼の生涯の「事業」であり、「父からの自立」であったとする著者の言葉が重い。

それでも赤星がしたことが無になったわけではない。彼が育てた近代学術研究は目に見えない資産として後世に残された（啓明会の事業は、規模ははるかに縮小されたものの赤星の死後も続き、最後は平成二二年に東京大学に寄贈されたという）。本の「エピローグ」には、赤星の子孫を探して著者が米国カリフォルニア州ソノマ郡のワイナリーを訪れた話が出てくる。あるいは韓国の成歓では、赤星の農場が現在は国立畜産科学院として発展していることが紹介される。赤星の事業は確かに受け継がれているのだ。そのような赤星の人生は、どこか今を生きる私たちにとって心打つものがあるのではないか。

東京の鳥居坂にあった赤星の自宅跡に、今は国際文化会館が立っている。昭和二七年に財団法人国際文化会館が設立された際に、理事長になったのは樺山愛輔であった。この法人のフェローシップを得て初めて在外研究を行なったこの解説の筆者としては、赤星との不思議な縁を思わざるを得ない。

（東京大学教授）

文庫版あとがき

本書は『赤星鉄馬　消えた富豪』の文庫化にあたって改題したものである。評伝とはいえ、日本近代史としての要素もつよいのではないか、という編集部の意見を取り入れた。単行本執筆時には赤星鉄馬の名も、学術研究のパトロンとしての功績もほとんど知られておらず、彼の存在をアピールするために付けたタイトルだったが、言われてみれば、たしかに困難な時代を背景に多彩な人物が織りなす歴史ドラマになっていたのかもしれない。

単行本刊行から四年になる今、鉄馬が広く知られるようになったのは、東京都武蔵野市の旧赤星鉄馬邸（アントニン・レーモンド設計）が二〇二一年、カトリック・ナミュール・ノートルダム修道女会より武蔵野市に寄贈され、翌年に国の登録有形文化財（建造物）に登録されたことが大きな理由で、今後の有効活用に向けて検討が進められている。鉄馬がこの邸宅に暮らしたのは十年ほどではあったけれど、その建築的価値のみならず、彼が生涯を通して貫いた自由な精神や献身的な姿勢も知っていただく機会になればうれしいかぎりだ。

鉄馬が資金提供した啓明会の研究助成は多分野におよんだが、その一例として挙げた「琉球芸術調査」の成果も活用し、沖縄戦で失われた首里城正殿が復元されたのは一九九二年。

その後も首里城の建造物が順次復元されていき、啓明会の功績を実感しつつ単行本を執筆した。ところが最後に「あとがき」を書き終えた直後、沖縄に滞在していた私は首里城正殿焼失を目の当たりにすることになってしまった。私は言葉を失うばかりだったが、時をへずに再建計画が始動する。復元の際にプロジェクトチームが琉球芸術調査をはじめ多数の史料を徹底的に分析・研究し、その成果がくわしくまとめられており、さらには技術継承もなされていたのだ。今、二〇二六年の正殿再建に向かって関係者一丸となって力を尽くしている。百年前、研究助成をした啓明会の決断が、沖縄戦や焼失の悲劇を乗り越え、未来へとつながってゆく。再び赤い城がよみがえるとき、夜空には赤い星が瞬くかもしれない。

なお、赤星家から私に託された啓明会資料（研究助成申請書、議事録など）は、今後、広く活用していただくために公的機関への寄贈を計画している。啓明会が高く掲げた理念、それを支えた鉄馬に敬意を表するためにもそうするべきだと考えた。

私にはおよばなかった視点で赤星鉄馬を読み解いてくださった宇野重規さん、すてきな装丁をしてくださった間村俊一さん、そしてお付き合いをつづけさせていただいている赤星家の皆さまに心より感謝申し上げます。

二〇二四年二月

与那原　恵

参考文献

【第一章】

犬塚孝明「赤星弥之助略伝」／「長沢鼎」（『新薩摩学』南方新社・二〇一三年）／『薩摩藩英国留学生』（中央公論社・一九七四年）／「近代西欧文明と鹿児島」（『薩摩と西欧文明』鹿児島純心女子大学・二〇〇〇年）
『復刻版　第一版　人事興信録』（興信データ株式会社・二〇〇〇年）
大植四郎編『明治過去帳』（東京美術・一九八三年）
南日本新聞社編『郷土人系　中』（春苑堂書店・一九六九年）
浅野俊光「明治〔実業家文献〕よりみた企業家の分析」（『経営史学　第十四巻三号』経営史学会・一九八〇年）
根占郷土誌復刻版編さん委員会『根占郷土誌復刻改訂版』（根占町・一九九六年）
岡田芳朗「薩摩暦について」（『文化女子大学紀要・人文・社会科学研究　九号』二〇〇一年）
会田雄次・大石慎三郎監修『人づくり風土記　江戸時代46　鹿児島』（農山漁村文化協会・一九九九年）
門田明、テリー・ジョーンズ『カリフォルニアの士魂』（本邦書籍・一九八三年）
渡辺正清『評伝　長沢鼎』（南日本新聞開発センター・二〇一三年）
公爵島津家編輯所編『薩藩海軍史』（薩藩海軍史刊行会・一九二八―二九年）
塩満郁夫編『鹿児島城下絵図（文政・天保・安政）索引』（「鹿児島県資料拾遺」刊行会・二〇〇二年）
ハル・松方・ライシャワー、広中和歌子訳『絹と武士』（文藝春秋・一九八七年）
防衛研究所所蔵資料「帰住願　磯長吉輔」（一八七七年）
友野春久「鹿児島城下絵図にみる三方限の名士」（『敬天愛人　第二十一号別刷』財団法人西郷南洲顕彰会・二〇〇三年）
霞会館諸家資料調査委員会『昭和新修　華族家系大成　上巻』（霞会館諸家資料調査委員会・一九八二年）

国史大辞典編集委員会『国史大辞典　第三巻』（吉川弘文館・一九八三年）
藤井哲博『長崎海軍伝習所』（中央公論社・一九九一年）
カッテンディーケ、水田信利訳『長崎海軍伝習所の日々』（平凡社・一九六四年）
海舟全集刊行会編『海舟全集　第八巻』（改造社・一九二八年）
芳即正「薩摩の洋学」（『薩摩と西欧文明』鹿児島純心女子大学・二〇〇〇年）
薩摩のものづくり研究会「集成館溶鉱炉（洋式高炉）の研究」（『薩摩藩集成館溶鉱炉跡発掘調査報告書』薩摩のものづくり研究会・二〇一一年）
林匡「薩摩藩の書役」（『黎明館調査研究報告　二十八号』鹿児島県歴史資料センター黎明館・二〇一六年）
千鹿野茂『都道府県別　姓氏家紋大事典　東日本編　西日本編』（柏書房・二〇〇四年）／『日本家紋総鑑』（角川書店・一九九三年）
国会図書館憲政資料室所蔵・樺山愛輔関係文書
出雲晶子編著『星の文化史事典』（白水社・二〇一二年）
横井勝彦『大英帝国の〈死の商人〉』（講談社・一九九七年）
杉山伸也『明治維新とイギリス商人』（岩波書店・一九九三年）
鹿児島県歴史資料センター・黎明館編『五代友厚・寺島宗則・森有礼』（黎明館・一九九二年）
トラベル・メイツ社企画・編集『鹿児島県風土記』（鹿児島書店組合・一九八二年）
「葡萄王　一―五」（『鹿児島新聞』一九一六年九月二十日―二十六日付）
マイケル・ガーデナ、村里好俊＋杉浦裕子訳『トマス・グラバーの生涯』（岩波書店・二〇一二年）
松村淳蔵「松村淳蔵洋行日記」（公爵島津家編纂所編『薩藩海軍史　中巻』原書房・一九六八年）
『官報』（一八八九年二月十五日付）
『日米』（一九二四年七月十日付）
長沢鼎、門田明訳「長沢鼎英文日記　一、二、三」（『鹿児島県立短期大学地域研究所年報　二十三号、二十五号、二十七号』）
ローレンス・オリファント、岡田章雄訳『エルギン卿遣日使節録』（雄松堂書店・一九六八年）

倉塚平『ユートピアと性』（中央公論新社・二〇一五年）
喜安朗・川北稔『大都会の誕生』（筑摩書房・二〇一八年）
田尻先生伝記及遺稿編纂会『北雷田尻先生伝記　上』（一九三三年）
名越護『鹿児島藩の廃仏毀釈』（南方新社・二〇一一年）
日本経営史研究所編『五代友厚伝記資料　第一－四巻』（東洋経済新報社・一九七一－七四年）
大阪商工会議所『五代友厚関係文書目録』（大阪商工会議所・一九七三年）
植村澄三郎編『呑象高嶋嘉右衛門翁伝』（植村澄三郎・一九一四年）
宿利重一『荘田平五郎』（対胸舎・一九三二年）
多田健次「横浜高島学校の研究」（福沢諭吉協会『福沢諭吉年鑑　七』・一九八〇年）
米山光儀「高島嘉右衛門の学校経営に関する一考察」（慶應義塾大学日吉紀要『社会科学　一九九六年七月号』）
『幕末明治大正回顧八十年　第五輯』（東洋文化協会・一九三九年）
文部省編『日本教育資料』（臨川書店・一九七〇年）
内藤久寛『春風秋雨録』（民友社・一九一九年）
京都大学文学部日本史研究室編『吉田清成関係文書　四』（思文閣出版・二〇〇八年）
横山錦柵編『横浜商人録』（横浜商人録社・一八八一年）
啓明会『創立二十年記念会誌』（啓明会・一九三八年）
林権助述『わが七十年を語る』（第一書房・一九三五年）
樺山愛輔『父、樺山資紀』（大空社伝記叢書四十四、・一九八八年）
『生活　一九一四年三月号』（博文館）
『報知新聞』（一九一四年一月二十六日付）
「郷友会名簿」（国会図書館憲政資料室所蔵「樺山資紀関係文書」一八八二年）
岩下清周『藤田翁言行録』（大空社・二〇一〇年）
国立公文書館所蔵資料「呉鎮守府軍法会議病院監獄署鍬入式執行状況佐藤大佐報告の件」（一八八六年）
『郵便報知新聞』（一八八七年三月十六日付）

樺山資紀「日記六」（国会図書館憲政資料室所蔵「樺山資紀関係文書」）
『朝野新聞』（一八八七年四月七日付）
『朝日新聞』（一八八七年三月二十日付）

【第二章】

奈倉文二『日本軍事関連産業史』（日本経済評論社・二〇一三年）
「関東関西の財閥鳥瞰」（『大阪毎日新聞』一九二三年二月―九月）
国立公文書館所蔵資料「樺山海軍次官欧米派遣ノ件」（一八八七年九月十九日）
樺山愛輔『父、樺山資紀』（大空社・一九八八年）
尚友倶楽部、季武嘉也編『三島弥太郎関係文書』（芙蓉書房出版・二〇〇二年）
国会図書館憲政資料室所蔵資料「樺山資紀関係文書」／「斎藤実関係文書」
『東京朝日新聞』（一九一四年三月十七日付）
長島要一『明治の外国武器商人』（中央公論社・一九九五年）
アーネスト・サトウ、長岡祥三＋福永郁雄訳『アーネスト・サトウ公使日記Ⅰ　Ⅱ』（新人物往来社・一九八九―九一年）
中川清「明治・大正期の代表的機械商社高田商会（上）」（『白鷗大学論集　第九巻二号』一九九五年）
髙田教子「中禅寺湖畔別荘地の形成過程と近代日本における外国人建築家と施主の関係性に関する研究」（首都大学東京博士論文・二〇一四年）
井戸桂子『碧い眼に映った日光』（下野新聞社・二〇一五年）
福田和美『日光鱒釣紳士物語』（山と渓谷社・一九九九年）
『報知新聞』（一九一四年一月二十六日付）
『東京日日新聞』（一八九〇年十一月二十二日付）
『日本国有鉄道百年史　第四巻』（日本国有鉄道・一九七二年）
門田明、テリー・ジョーンズ『カリフォルニアの士魂』（本邦書籍・一九八三年）

多胡吉郎『長沢鼎　ブドウ王になったラスト・サムライ』（現代書館・二〇一二年）

加藤新一『米国日系人百年史』（新日米新聞社・一九六一年）

「長沢鼎君一―四」（『鹿児島新聞』一八九七年七月六日―九日付）

『鹿児島新聞』（一八九七年十月三日付）

「長沢鼎氏の談話」（『鹿児島新聞』一八九七年十月六日―八日付）

「葡萄王一―五」（『鹿児島新聞』一九一六年九月二十日―二十六日付）

寺島宗則「洋行に関する寺島宗則自記履歴抄」（公爵島津家編纂所編『薩藩海軍史　中巻』一九六八年）

『立身致富信用公録　第5編』（国鏡社・一九〇三年）

松本逸也『シャムの日本人写真師』（めこん・一九九二年）

遠山景澄編『京浜実業家名鑑』（京浜実業新報社・一九〇七年）

『写真新報　一九一〇年一月十日号』（写真新報社）

『太陽　一八九七年四月五日号』（博文館）

村嶋英治「戦前期タイ国の日本人会および日本人社会：いくつかの謎の解明」（『タイと共に歩んで』タイ国日本人会・二〇一三年）

飯沢耕太郎「撮る者と撮られる者と　タイ写真史の夜明け」／松本逸也「シャムに生きた日本人写真師」（『アサヒカメラ』一九八七年十月号）

宮崎滔天『三十三年の夢』（『人間の記録62　宮崎滔天』日本図書センター・一九九八年）

『読売新聞』（一八九八年八月十九日―二十日付）

『東京朝日新聞』（一九〇九年二月二十五日付）

『成歓農場要覧』（私家版・一九四四年）

井上馨侯伝記編纂会『世外井上公伝　全五巻』（原書房・一九六八年）

原田伴彦『近代数寄者太平記』（淡交社・一九七一年）

鈴木皓詞『世外井上馨』（宮帯出版社・二〇一四年）

堀雅昭『井上馨　開明的ナショナリズム』（弦書房・二〇一三年）

竹内正浩『地図と愉しむ東京歴史散歩』（中央公論新社・二〇一五年）／『重ね地図で読み解く大名屋敷の謎』（宝島社・二〇一七年）
藤森照信「明治の東京パリ計画」（『東京人　二〇一八年二月号』）
東京倶楽部『東京倶楽部物語』（東京倶楽部・二〇〇四年）／『東京倶楽部と日本の近代化―井上馨を軸として―』（東京倶楽部・二〇一六年）
東京市区調査会編『東京市及接続郡部地籍台帳』（東京市区調査会・一九一二年）
東京市麻布区編『麻布区史』（東京市麻布区・一九四一年）
御厨貴編『後藤新平大全』（藤原書店・二〇〇七年）
鶴見祐輔『正伝・後藤新平』（藤原書店・二〇〇五年）
『なごみ　二〇一一年八月号』（淡交社）
松田延夫「収集界の巨擘・赤星弥之助」／『美術話題史』（読売新聞社・一九八六年）
『東京人　二〇一二年七月号』（都市出版）
齊藤康彦「近代数寄者の大寄せ茶会と社会文化事業」（『山梨大学教育人間科学部紀要　第十巻』二〇〇八年度
高橋箒庵（義雄）『近世道具移動史』（慶文堂書店・一九二九年）／『東都茶会記　五』（淡交社・一九八九年）
斎藤兼蔵「初代琳琅閣主人とその周辺」（反町茂雄編『紙魚の昔がたり　明治大正篇』八木書店・一九九〇年）
東美研究所編『東京美術市場史』（東京美術倶楽部・一九七九年）
薄田泣菫「飛青磁」（『完本　茶話　中』冨山房・一九八三年）
奈良岡聰智「近代日本政治と『別荘』」（筒井清忠編『政治的リーダーと文化』千倉書房・二〇一一年）
猪木正道『評伝　吉田茂　上』（読売新聞社・一九七八年）
ジョン・ダワー、大窪愿二訳『吉田茂とその時代』（ＴＢＳブリタニカ・一九八一年）
水沼淑子「明治期家屋台帳による大磯の初期別荘建築の実態」（『日本建築学会計画系論文集　第七二〇号』二〇一六年）／「明治大正期における大磯町東小磯の別荘建築」（『日本建築学会大会学術講演梗概集』二〇一二年）
サッポロビール株式会社広報部社史編纂室編『サッポロビール１２０年史』（サッポロビール株式会社・一九九六年）

第一生命保険相互会社編『第一生命百年史』（第一生命保険相互会社・二〇〇四年）
日本経営史研究所編『日本郵船百年史資料』（日本郵船株式会社・一九八八年）
グルー基金ほか編『樺山愛輔翁』（国際文化会館・一九五五年）

【第三章】

グルー基金ほか編『樺山愛輔翁』（国際文化会館・一九五五年）
東京倶楽部『東京倶楽部物語』（東京倶楽部・二〇〇四年）／『東京倶楽部と日本の近代化－井上馨を軸として－』（東京倶楽部・二〇一六年）
横浜開港資料館編『図説　横浜外国人居留地』（有隣堂・一九九八年）
東洋汽船株式会社『東洋汽船六十四年の歩み』（東洋汽船株式会社・一九六四年）
日本郵船歴史博物館『東洋汽船そのあしどり』（日本郵船歴史博物館・二〇一四年）
一柳松庵編『増訂　渡米の栞』（掃葉軒・一九〇四年）
下川耿史編『明治・大正家庭史年表』（河出書房新社・二〇〇〇年）
『汽車汽船旅行案内　明治三十六年一月号　復刻版』（新人物往来社・一九九八年）
正岡藝陽（猶一）『米国見物』（昭文堂・一九一〇年）
桜府隠士『在米成功の日本人』（宝文館・一九〇四年）
加藤新一『米国日系人百年史』（新日米新聞社・一九六一年）
白洲正子『白洲正子自伝』（新潮社・一九九九年）
ローレンスビル・スクール史料館所蔵資料
永井荷風『あめりか物語』（岩波書店・二〇〇二年）
池内紀『出ふるさと記』（新潮社・二〇〇八年）
赤星鉄馬『ブラックバッス』（宮崎県淡水漁業指導所・一九五九年／芦ノ湖漁業協同組合・一九七〇年／イーハトーヴ出版・一九九六年）
梅若実『梅若実日記』（八木書店・二〇〇二年）

『日本国有鉄道百年史　第四巻』（日本国有鉄道・一九七二年）
『東京朝日新聞』（一九〇四年十二月二十二、二十三、二十四日付／一九一四年六月七日付）
加藤雍太郎『青山霊園』（東京都公園協会・一九九四年）
作道好男・江藤武人編『北辰斜にさすところ』（財界評論新社・一九七〇年）
加藤雄吉・坂田長愛編『鹿児島県案内』（篠原書肆・一九〇七年）
東京市区調査会編『東京市及接続郡部地籍台帳』（東京市区調査会・一九一二年）
東京中央電話局『明治四十三年十月改　電話番号簿』（東京中央電話局・一九一〇年）
遠山景澄編『京浜実業家名鑑』（京浜実業新報社・一九〇七年）
『日産化学工業八十年史』（日産化学工業・一九六五年）
石橋財団ブリヂストン美術館ほか『藤島武二展』（石橋財団ブリヂストン美術館・二〇〇二年）
鈴木一男・國見徹「『コンデルさん』の足跡」（『梅檀林の考古学』二〇一一年）
河東義之編『ジョサイア・コンドル建築図面集２』（中央公論美術出版・一九八一年）
実業力行会『無資奮闘成功家実歴』（実業力行会・一九一〇年）
浅倉稔生『フィラデルフィアの野口英世』（三修社・一九八七年）
小檜山六郎『医聖　野口英世を育てた人々』（歴史春秋出版・二〇〇八年）
野口英世記念会『野口英世書簡集Ⅰ』（野口英世記念会・一九八九年）
犬塚孝明「有島生馬の原風景」（『薩摩学　風土と人間』南方新社・二〇〇三年）
本多秋五編『初期白樺派文学集』（筑摩書房・一九七三年）
『大正元年改正　費府大学同窓会規約　会員名簿』（三菱史料館所蔵・一九一二年）
湯本城川『財界の名士とはこんなもの？』（事業と人物社・一九二四年）
中島従宜編『現代業界人物集』（経世社・一九三六年）
人物評論社編輯部『時代を創る者』（人物評論社・一九三八年）
長江銈太郎『東京名古屋現代人物誌　第二編』（金鱗社・一九二一年）
東理夫『アメリカは食べる。』（作品社・二〇一五年）

石毛直道ほか編『日本の郷土料理　十二』（ぎょうせい・一九八七年）
柳田諒三『自動車三十年史』（山水社・一九四四年）
加藤陽子『徴兵制と近代日本』（吉川弘文館・一九九六年）
城丸章夫「徴兵制度上の特典と師範学校における兵式体操」（『千葉大学教育学部研究紀要　第一部二十九号』一九八〇年）
陸軍省編『陸軍後備役将校同相当官服役停年名簿』（偕行社・一九二三－四年）
玉利伝十『我観郷国』（択善社・一九一八年）
三田商業研究会編『慶応義塾出身名流列伝』（実業之世界社・一九〇九年）
『東京朝日新聞』（一九〇六年八月二十一日付／一九〇九年十二月一日付）
猪野三郎編『大衆人事録』（帝国秘密探偵社・一九二七年）
『読売新聞』（一九〇六年八月二十一日付）
内田青蔵監修『明治・大正の邸宅』（柏書房・二〇〇九年）
古尾照治郎『近畿医家列伝　前編』（大阪史伝会・一九〇二年）
加藤新一『米国日系人百年史』（新日米新聞社・一九六一年）
赤星文子「思ひ出づるまゝを」（福島行信編著『偲ぶ草』私家版・一九三九年）
ピアーズ・ブレンドン、石井昭夫訳『トマス・クック物語』（中央公論社・一九九五年）
横浜開港資料館『世界漫遊家たちのニッポン』（横浜開港資料普及協会・一九九六年）
石川周行編『世界一周画報』（東京朝日新聞社・一九〇八年）
野村みち『ある明治女性の世界一周日記』（神奈川新聞社・二〇〇九年）
フェノロサ夫人、村形明子編訳『フェノロサ夫人の日本日記』（ミネルヴァ書房・二〇〇八年）
猪木正道『評伝　吉田茂　上』（読売新聞社・一九七八年）

【第四章】

村岡花子『腹心の友たちへ』（河出書房新社・二〇一四年）

大日本帝国陸地測量部『一万分一地形図東京近傍十三号』（大日本帝国陸地測量部・一九一七年）
東京中央電話局『明治四十三年十月改　電話番号簿』（東京中央電話局・一九一〇年）
渡辺慎治『現代実業家月旦　天才乎人才乎』（東京堂・一九〇八年）
遠間平一郎『財界一百人』（中央評論社・一九一二年）
新城道彦『朝鮮王公族』（中央公論新社・二〇一五年）
白洲正子『白洲正子自伝』（新潮社・一九九九年）
都新聞社経済部編『倶楽部めぐり』（倶楽部研究会・一九二八年）
黒田清輝『黒田清輝日記　一－四巻』（中央公論美術出版・一九六六－六八年）
『東京朝日新聞』（一九〇八年十月三日付／一九一一年六月二十日付／一九一一年十月十七日付／一九一四年一月二十六日付／一九一六年二月六日付）
『読売新聞』（一九一一年六月二十一日付）
横山源之助『横山源之助全集　第六巻』（法政大学出版局・二〇〇五年）
柳田國男『故郷七十年』（講談社・二〇一六年）
公爵島津家編輯所『薩藩海軍史』（薩藩海軍史刊行会・一九二八－二九年）
河東義之編『ジョサイア・コンドル建築図面集』（中央公論美術出版・一九八一年）
『美術新報　第十五巻第一号』（画報社・一九一一年）
『大正元年改正　費府大学同窓会規約　会員名簿』（三菱史料館所蔵・一九一二年）
エー・アール・ニクル編『日本自動車倶楽部年鑑』（日本自動車倶楽部横浜支部・一九一四年）
東京倶楽部『東京倶楽部物語』（東京倶楽部・二〇〇四年）
アルベール・ド・バッソンピエール、磯見辰典訳『在日十八年』（鹿島出版会・一九七二年）
朝吹磯子編『回想　朝吹常吉』（私家版・一九六九年）
安藤せん子『紅灯情話　二代芸者』（新栄社・一九一三年）
摂津茂和『世界ゴルフ大観　日本篇』（ベースボール・マガジン社・一九七七年）
ハル・松方・ライシャワー、広中和歌子訳『絹と武士』（文藝春秋・一九八七年）

75年史編纂委員会編『東京ゴルフ倶楽部75年史』（東京ゴルフ倶楽部・一九八九年）／東京ゴルフ倶楽部１００年史編纂部会企画・編集『東京ゴルフ倶楽部１００年史』（同・二〇一五年）／『List of Members of Tokyo Golf Club』（同・一九二六年）
田代靖尚『昭和天皇のゴルフ』（主婦の友インフォス情報社・二〇一二年）
井上勝純『わが旅路のフェアウェイ』（広済堂出版・一九九一年）
宮内庁『昭和天皇実録 第二 第三 第四 第五』／（東京書籍・二〇一五－一六年）
福田和美『日光鱒釣紳士物語』（山と渓谷社・一九九九年）
田中阿歌麿『湖沼めぐり』（博文館・一九一八年）
土方寧「丸沼の鱒釣り」（『釣りの趣味 一九一九年九月号』）
『東京朝日新聞』（一九一六年七月三十一日付）
赤星鉄馬『ブラックバッス』（宮崎県淡水漁業指導所・一九五九年／芦ノ湖漁業協同組合・一九七〇年／イーハトーヴ出版・一九九六年）
『読売新聞』（一九一六年七月二十六日付）
山中湖村史編集委員会編『山中湖村史 第四巻』（山中湖村・一九九二年）
山本清龍「山中湖にみる保養地及び観光地としての史的展開と空間構造について」（『日本造園学会研究発表論文集』・二〇〇二年）
鈴木康弘「箱根地域における別荘地開発について」（『郷土神奈川 三十三号』神奈川県立図書館・一九九五年）
『開けゆく別荘地・箱根史展図録』（箱根町立郷土資料館・一九九六年）
グルー基金ほか編『樺山愛輔翁』（国際文化会館・一九五五年）
土屋俊幸「第一次大戦以降における観光資本の別荘地開発」（『林業経済 一九八五年十月号』）
千代田火災海上保険株式会社『千代田火災百年史』（千代田火災海上保険株式会社・一九九八年）
『社史で見る日本経済史 第78巻 中日実業株式会社三十年史』（ゆまに書房・二〇一四年）
深町英夫『孫文』（岩波書店・二〇一六年）
孫文記念館編『孫文・日本関係人名録』（孫中山記念会・二〇一一年）

白洲正子「金平糖の味」（『朝日ジャーナル　一九六四年六月七日号』朝日新聞社）
山村順次「伊香保・鬼怒川における温泉観光集落形成の意義」（『地理学評論　第四十二巻八号』一九六九年）
国会図書館憲政資料室所蔵資料「樺山家関係文書」
島津出版会編『しらゆき』（島津出版会・一九七八年）
『人事興信録　第八版』（人事興信所・一九二八年）
玉井浩嗣「併合前後期の朝鮮における勧農体制の移植過程」（『朝鮮学報　第二二三輯』二〇一二年）／「本田幸介関係文献目録」（『海外事情研究　第四〇巻一号』二〇一二年）
樺山愛輔『父、樺山資紀』（大空社・一九八八年）
楊普景、渋谷鎮明訳「18世紀朝鮮の理想都市水原の歴史地理的考察」（『歴史地理学　第五十巻一号』二〇〇八年）
酒井政之助『発展せる水原』（一九一四年・私家版）
朝鮮総督府勧業模範場『勧業模範場報告　第一号』（朝鮮総督府勧業模範場・一九〇七年）
石橋財団ブリヂストン美術館ほか『藤島武二展』（石橋財団ブリヂストン美術館・二〇〇二年）
『成歓農場要覧』（一九四四年・私家版）
大瀧真俊「帝国日本の軍馬政策と馬生産・利用・流通の近代化」（『日本獣医史学雑誌　第五十三号』二〇一六年）
農林省畜産局編『外地及満洲国馬事調査書』（農林省畜産局・一九三五年）
木村光彦『日本統治下の朝鮮』（中央公論新社・二〇一八年）
金容燮、鶴園裕訳『韓国近現代農業史研究』（法政大学出版局・二〇〇二年）
宮嶋博史「朝鮮における植民地地主制の展開」（『植民地化と産業化』岩波書店・一九九三年）
『朝鮮の農業』（朝鮮総督府殖産局・一九二四年）
門田明、テリー・ジョーンズ『カリフォルニアの士魂』（本邦書籍・一九八三年）
石塚粂蔵談「翁と日本製鋼所」（『樺山愛輔翁』国際文化会館・一九五五年）

【第五章】
盛善吉『シーメンス事件』（徳間書店・一九七六年）
奈倉文二、横井勝彦、小野塚知二『日英兵器産業とジーメンス事件』（日本経済評論社・二〇〇三年）
下川耿史編『明治・大正家庭史年表』（河出書房新社・二〇〇〇年）
島田三郎『島田三郎全集　第一巻』（島田三郎全集刊行会・一九二四年）
『東京朝日新聞』（一九一四年一月二十四、二十九日付／三月十七日付）
『報知新聞』（一九一四年一月二十五、二十六日付）
『山陽新聞』（一九一四年一月二十六日付）
『読売新聞』（一九一四年一月二十九、三十日付）
『生活』一九一四年三月号（博文館）
『成歓農場要覧』（私家版・一九四四年）
『全国五十万円以上資産家表　時事新報社第三回調査』（時事新報社・一九一六年）
高橋箒庵（義雄）『東都茶会記　四』（淡交社・一九八九年）／『近世道具移動史』（慶文堂書店・一九二九年）
東美研究所編『東京美術市場史』（東京美術倶楽部・一九七九年）
東洋経済新報社編『明治大正国勢総覧　復刻版』（東洋経済新報社・一九七五年）
中村隆英「第一次世界大戦下の日本経済」／春日豊「財閥の確立と展開」（朝日新聞社『朝日百科日本の歴史』一九八九年）
鶴見俊輔ほか『日本の百年　5』（筑摩書房・一九七八年）
熊倉功夫『近代数寄者の茶の湯』（河原書店・一九九七年）
『読売新聞』（一九一七年六月十二日付）
啓明会『啓明会創立十年記念講演集』（啓明会事務所・一九二八年）／『日本文化最近二十年誌』（同・一九三七年）／『啓明会創立五十年記念誌』（同・一九六八年）／『啓明会第一回大正七、八年度事業報告書』（同・一九一九年）／『啓明会第一回講演集』（同・一九一九年）
赤星家所蔵啓明会資料

林雄二郎・山岡義典『日本の財団』（中央公論社・一九八四年）
『東京朝日新聞』（一九一八年十月十八日付／十二月二十日付／一九一九年二月二十四日）
故笠森伝繁先生記念録刊行委員会『故笠森伝繁先生記念講演録』（駒沢大学・一九七一年）
山邨長千代編『東京海上ビルディング新築記念』（東京海上保険・一九二一年）
『実業之世界 一九二二年五月号』（実業之世界社）
猪木正道『評伝 吉田茂 上』（読売新聞社・一九七八年）

【第六章】

朴慶植『朝鮮三・一独立運動』（平凡社・一九七六年）
成田龍一『大正デモクラシー』（岩波書店・二〇〇七年）
『成歓農場要覧』（私家版・一九四四年）
『大阪朝日新聞』（一九一九年五月四日付）
新城道彦『朝鮮王公族』（中央公論新社・二〇一五年）
春日豊「財閥の確立と展開」（朝日新聞社『朝日百科日本の歴史』一九八九年）
東洋経済新報社編『明治大正国勢総覧 復刻版』（東洋経済新報社・一九七五年）
『東京朝日新聞』（一九二〇年三月十六、十七、二十九日付／一九二一年二月二十七日付／同三月二十四日付／一九二四年四月八日付／一九三七年七月五日付）
『読売新聞』（一九二〇年五月二十五日付／一九二一年二月二十七日付／一九二三年六月十一日付／一九二四年四月二十、二十四日付）
賀川豊彦『貧民心理の研究』（警醒社書店・一九一五年）
河上肇『河上肇全集9』（岩波書店・一九八二年）
塩田庄兵衛編『河上肇「貧乏物語」の世界』（法律文化社・一九八三年）
多田吉三編『大正家計調査集1』（青史社・一九九一年）
林宥一『「無産階級」の時代』（青木書店・二〇〇〇年）

今井清一・高橋正衛編『現代史資料（4）』（みすず書房・一九六三年）
佐藤亮太朗・桑原冊次郎『平民大宰相原敬』（現代公論社・一九二二年）
奥野貫『嗚呼朝日平吾』（神田出版社・一九二二年）
中島岳志『朝日平吾の鬱屈』（筑摩書房・二〇〇九年）
谷川健一ほか『ドキュメント日本人3　反逆者』（學藝書林・一九六八年）
『東京人　二〇一三年九月号』（都市出版）
白洲正子『白洲正子自伝』（新潮社・一九九九年）
グルー基金ほか編『樺山愛輔翁』（国際文化会館・一九五五年）
防衛省防衛研究所所蔵資料「樺山海軍大将葬儀の件（6）」（一九二二年・海軍省）
『人事興信録　第八版』（人事興信所・一九二八年）
『婦人画報　一九二一年九月号』（婦人画報社）
東京市麻布区編『麻布区史』（東京市麻布区・一九四一年）
東京中央電話局『東京電話番号簿』（東京中央電話局・一九二四年／一九二五年）
『富士　二〇〇六年二月号』（富士カントリークラブ）
赤星六郎アーカイブスデジタル化有志の会編『赤星六郎アーカイブス』（我孫子ゴルフ倶楽部・二〇〇九年）
柳田諒三『自動車三十年史』（山水社・一九四四年）
『中央公論　一九二四年五月号』（中央公論社）
赤星家所蔵啓明会資料
アイザック・ウォルトン、森秀人訳『釣魚大全』（角川書店・一九七四年）
井戸桂子『碧い眼に映った日光』（下野新聞社・二〇一五年）
福田和美『日光鱒釣紳士物語』（山と渓谷社・一九九九年）／「倉場富三郎」（『大日光　六十四号』一九九二年）
アルベール・ド・バッソンピエール、磯見辰典訳『在日十八年』（鹿島出版会・一九七二年）
山口晋一編『諸官省用達商人名鑑』（運輸日報社・一九一〇年）
『全国五十万円以上資産家表　時事新報社第三回調査』（時事新報社・一九一六年）

東京倶楽部『東京倶楽部物語』（東京倶楽部・二〇〇四年）
東京ゴルフ倶楽部『List of Members of Tokyo Golf Club』（東京ゴルフ倶楽部・一九二六年）
多田茂治『グラバー家の最期』（葦書房・一九九一年）
ブライアン・バークガフニ、平幸雪訳『花と霜』（長崎文献社・二〇〇三年）
柴田恵司「長崎の初期汽船とトロール漁業」（『海事史研究　第五十九号』二〇〇二年）
岡本信男「日本のトロール漁創始　倉場富三郎」（『水産界　九百八十一号』一九六六年）
倉場富三郎『グラバー図譜　第一巻－第五巻』（長崎大学水産学部・一九七三－七六年）
斎藤憐『ピンカートンの息子たち』（岩波書店・二〇〇一年）
藤原義江「私の履歴書」（『私の履歴書　第四集』日本経済新聞社・一九五七年）／『歌に生き　恋に生き』（文藝春秋・一九六七年）
アントニン・レーモンド、三沢浩訳『自伝アントニン・レーモンド』（鹿島研究所出版会・一九七〇年）
『日本近代建築の父　アントニン・レーモンドを知っていますか』（教文館・二〇一六年）
髙田教子「中禅寺湖畔別荘地の形成過程と近代日本における外国人建築家と施主の関係性に関する研究」（首都大学東京博士論文・二〇一四年）
赤星鉄馬『ブラックバッス』（宮崎県淡水漁業指導所・一九五九年／芦之湖漁業協同組合・一九七〇年／イーハトーヴ出版・一九九六年）
濁川孝志「ブラックバス問題の現状について考える」（『立教大学コミュニティ福祉学部紀要　第三号』二〇〇一年）

【第七章】

成蹊学園創立50周年記念行事委員会編『成蹊学園五十年のあゆみ』（成蹊学園・一九六二年）／成蹊学園『成蹊学園百年史』（同・二〇一五年）
藤原音松『武蔵野市史』（武蔵野市役所・一九四八年）
武蔵野市教育委員会『武蔵野市教育史　資料編　第二巻』（武蔵野市教育委員会・一九九五年）

『東京人　二〇一二年六月臨時増刊号』（都市出版）
東京ゴルフ倶楽部１００年史編纂部会編『東京ゴルフ倶楽部１００年史』（東京ゴルフ倶楽部・二〇一五年）
赤星六郎アーカイブスデジタル化有志の会編『赤星六郎アーカイブス』（我孫子ゴルフ倶楽部・二〇〇九年）
高橋亀吉・森垣淑『昭和金融恐慌史』（講談社・一九九三年）
大阪朝日新聞経済部編『昭和金融恐慌秘話』（朝日新聞社・一九九九年）
三島康雄「薩州財閥の成立と崩壊」（『経営史学　第十五巻一号』一九八〇年）
永原慶二編『日本経済史』（有斐閣・二〇〇五年）
矢部洋三ほか編著『現代日本経済史年表』（日本経済評論社・二〇〇五年）
木佐木正男「翁と銀行業」（グルー基金ほか編『樺山愛輔翁』国際文化会館・一九五五年）
『読売新聞』（一九二七年五月三十一日付／一九三一年八月二十七日付／一九三二年十月三日付／一九三二年十二月十九日付／一九四〇年三月二十四日付）
白洲正子『白洲正子自伝』（新潮社・一九九九年）
『人事興信録　第八版』（人事興信所・一九二八年）
青柳恵介『風の男　白洲次郎』（新潮社・一九九七年）
赤星家所蔵啓明会資料
三菱広報委員会編『岩崎家四代ゆかりの邸宅・庭園』（三菱広報委員会・一九九四年）
高島屋スペースクリエイツ編『おかげにて１３５』（高島屋スペースクリエイツ・二〇一四年）
岩崎小弥太伝編纂委員会編『岩崎小弥太伝』（岩崎小弥太伝編纂委員会・一九五七年）
東京中央電話局『東京電話番号簿』（一九二八年）
小島勝「日本人学校の比較研究」（京都大学博士論文・二〇〇〇年）
『成歓農場要覧』（私家版・一九四四年）
朝鮮総督府鉄道局『京城』（朝鮮総督府鉄道局・一九二七年）
赤星五郎・中丸平一郎『朝鮮のやきもの　李朝』（淡交社・一九六五年）
赤星五郎「伯教さんのこと」（『民藝　一九六四年三月号』）／「愛蔵弁あり　赤星五郎氏」（『日本美術工芸　一九

五八年十一月号』)
大阪市立東洋陶磁美術館ほか編『浅川伯教・巧兄弟の心と眼』(美術館連絡協議会・二〇一一年)
京都国立博物館編『守屋孝蔵氏蒐集古経図録』(京都国立博物館・一九六四年)
石橋財団ブリヂストン美術館ほか『藤島武二展』(石橋財団ブリヂストン美術館・二〇〇二年)
小林秀雄「徳利と盃」(『藝術新潮　一九六二年四月号』新潮社)
大阪市立東洋陶磁美術館編『美の求道者・安宅英一の眼』(読売新聞大阪本社・二〇〇七年)
啓明会『啓明会第十回昭和三年度事業報告書』(啓明会・一九二八年)／『啓明会第二十九回講演集』(同・一九二八年)／『啓明会第三十四回講演集』(同・一九二九年)／『啓明会第十一回昭和四年度事業報告書』(同・一九二九年)／『啓明会第五十五回講演集』(同・一九三四年)／『啓明会創立十年記念講演集』(同・一九二八年)／『啓明会創立十年記念展覧会図録』(同・一九二八年)／『啓明会第十九回昭和十二年度事業報告書』(同・一九三七年)／『日本文化最近二十年誌』(同・一九三七年)
朝永振一郎『新版　スピンはめぐる』(みすず書房・二〇〇八年)
イアン・ニッシュ、関静雄訳『戦間期の日本外交』(ミネルヴァ書房・二〇〇四年)
関静雄『ロンドン海軍条約成立史』(ミネルヴァ書房・二〇〇七年)
日本通信社編『日本外交百年小史』(山田書房・一九五四年)
グルー基金ほか編『樺山愛輔翁』(国際文化会館・一九五五年)
浜田常二良『大戦前夜の外交秘話』(千代田書房・一九五三年)
『松平恒雄追想録』(私家版・一九六一年)
ステファン・ペルツ「ロンドン軍縮会議と世論」(『国際政治　第四十一号』一九七〇年)
村井良太『政党内閣制の展開と崩壊一九二七~三六年』(有斐閣・二〇一四年)
クリストファー・ソーン、市川洋一訳『満州事変とは何だったのか　上下巻』(草思社・一九九四年)
加藤陽子『満州事変から日中戦争へ』(岩波書店・二〇〇七年)／『戦争まで』(朝日出版社・二〇一六年)
日米協会編『もう一つの日米交流史』(中央公論新社・二〇一二年)
飯森明子『戦争を乗り越えた日米交流』(彩流社・二〇一七年)

ハインリッヒ・シュネー、金森誠也訳『「満州国」見聞記』（講談社・二〇〇二年）
長山靖生『テロとユートピア』（新潮社・二〇〇九年）
社会問題資料研究会編『社会問題資料叢書　第一輯』（東洋文化社・一九七五年）
警察思潮社編『五・一五事件の真相』（警察思潮社・一九三三年）
アン・モロー・リンドバーグ、中村妙子訳『翼よ、北に』（みすず書房・二〇〇二年）
福田和美『日光鱒釣紳士物語』（山と渓谷社・一九九九年）
勝田龍夫『重臣たちの昭和史　上』（文藝春秋・一九八一年）
原田熊雄『西園寺公と政局　第二巻』（岩波書店・一九五〇年）
大野裕之「チャップリンが見たファシズム　第５回」（『中央公論　二〇一九年六月号』中央公論新社）
『中央公論　第四十七年第十二号付録　リットン報告書　英文和文』（一九三二年・中央公論社）
『東京朝日新聞』（一九三一年八月二十七、二十九日付／一九三二年十月三日付）
神田正雄『リットン報告書全文解剖』（海外社・一九三二年）
猪木正道『評伝　吉田茂　中』（読売新聞社・一九八〇年）
朝吹磯子『八十年を生きる』（読売新聞社・一九七二年）／『回想　朝吹常吉』（私家版・一九六九年）

【第八章】

『東京帝国大学一覧』（東京帝国大学・一九三〇年、三二年、三九年）
門田明、テリー・ジョーンズ『カリフォルニアの士魂』（本邦書籍・一九八三年）
渡辺正清『評伝　長沢鼎』（南日本新聞開発センター・二〇一三年）
アントニン・レーモンド、三沢浩訳『自伝アントニン・レーモンド』（鹿島研究所出版会・一九七〇年）
『アントニン・レーモンド作品集１９２０－１９３５』（城南書院・一九三五年）
『朝日百科　日本の歴史別冊　十五号』（朝日新聞社・一九九五年）
ＮＨＫ〝ドキュメント昭和〟取材班『ドキュメント昭和　３』（角川書店・一九八六年）
『成歓農場要覧』（私家版・一九四四年）

赤星六郎アーカイブスデジタル化有志の会編『赤星六郎アーカイブス』（我孫子ゴルフ倶楽部・二〇〇九年）
東京慈恵会医科大学編『樋口一成伝』（慈恵大学・一九七六年）
近衛正子ほか編『近衛文隆追悼集』（陽明文庫・一九五九年）
西園寺公一『過ぎ去りし、昭和』（アイペックプレス・一九九一年）
啓明会『創立二十周年記念誌』（啓明会・一九三八年）／『日本文化最近二十年誌』（同・一九三七年）
東京倶楽部『東京倶楽部物語』（東京倶楽部・二〇〇四年）
『日本文化団体年鑑　昭和十四年版　昭和十八年版』（日本文化中央聯盟・一九三九年、四三年）
F・W・ディーキンほか、河合秀和訳『ゾルゲ追跡（上）』（岩波書店・二〇〇三年）
福田和美『日光鱒釣紳士物語』（山と渓谷社・一九九九年）
多田茂治『グラバー家の最期』（葦書房・一九九一年）
東京ゴルフ倶楽部１００年史編纂部会編『東京ゴルフ倶楽部１００年史』（東京ゴルフ倶楽部・二〇一五年）
『朝日新聞』（一九八六年七月一日付）
『武蔵野市百年史　記述編Ⅰ』（武蔵野市・二〇〇一年）
相馬登監修『目で見る三鷹・武蔵野の１００年』（郷土出版社・二〇〇四年）
飯森明子『戦争を乗り越えた日米交流』（彩流社・二〇一七年）
猪木正道『評伝　吉田茂　中下』（読売新聞社・一九八〇－八一年）
五百旗頭真「吉田茂とジョセフ・グルー」（吉田茂記念事業財団編『人間　吉田茂』中央公論社・一九九一年）
鶴見俊輔・加藤典洋・黒川創『日米交換船』（新潮社・二〇〇六年）
B・H・チェンバレン、W・B・メーソン、楠家重敏訳『チェンバレンの明治旅行案内』（新人物往来社・一九八八年）
北河賢三編『資料集　総力戦と文化　第一巻』（大月書店・二〇〇〇年）
啓明会『啓明会第二十五回事業報告書』（啓明会・一九四三年）
赤星家所蔵啓明会資料
吉田裕『日本軍兵士』（中央公論新社・二〇一七年）

新城道彦『朝鮮王公族』（中央公論新社・二〇一五年）
『追憶　白石多士良』（白石基礎工事株式会社・一九五五年）
早瀬利之『ゴルフ翔ぶが如く』（広済堂出版・一九九〇年）
中野校友会編『陸軍中野学校』（中野校友会・一九七八年）
吉田茂『回想十年　第一巻』（新潮社・一九五七年）
東輝次『私は吉田茂のスパイだった』（光人社・二〇〇一年）
『東京人　二〇一四年二月号』（都市出版）
石橋湛一・伊藤隆編『石橋湛山日記　下』（みすず書房・二〇〇一年）
韓国・農村振興庁畜産技術研究所資料
平田敬一郎編『昭和税制の回顧と展望　上巻』（大蔵財務協会・一九七九年）
大蔵省財政史室編『昭和財政史　第七―八巻』（東洋経済新報社・一九七七年）
笠森伝繁「啓明会五十年」（『啓明会五十年記念誌』啓明会・一九六七年）
赤星静雄「祖父赤星鉄馬の思い出」（『ブラック・バス』芦ノ湖漁業協同組合・一九七〇年）
『日本大学農獣医学部校友会会報　一九七七年五月二十日号』（日本大学）
永田一脩『釣りの世界』（ひかりのくに昭和出版・一九六四年）
グルー基金ほか編『樺山愛輔翁』（国際文化会館・一九五五年）

『赤星鉄馬　消えた富豪』二〇一九年一一月　中央公論新社刊
文庫化にあたり、改題しました。

中公文庫

歴《れき》史《し》に消《き》えたパトロン
——謎《なぞ》の大《だい》富《ふ》豪《ごう》、赤星鉄馬《あかほしてつま》

2024年３月25日　初版発行

著　者　与《よ》那《な》原《はら》恵《けい》

発行者　安部順一

発行所　中央公論新社
〒100-8152　東京都千代田区大手町1-7-1
電話　販売 03-5299-1730　編集 03-5299-1890
URL https://www.chuko.co.jp/

ＤＴＰ　今井明子
印　刷　三晃印刷
製　本　小泉製本

Published by CHUOKORON-SHINSHA, INC.
Printed in Japan　ISBN978-4-12-207501-6 C1123

各書目の下段の数字はISBNコードです。978-4-12が省略してあります。

中公文庫既刊より

よ-58-1
首里城への坂道 鎌倉芳太郎と近代沖縄の群像 与那原恵
大正末期から昭和初期に琉球文化の貴重な資料を残した研究者・鎌倉芳太郎、初の評伝。河合隼雄学芸賞、石橋湛山記念早稲田ジャーナリズム大賞受賞作。
206322-8

よ-64-1
評伝 ナンシー関 「心に一人のナンシーを」 横田増生
異能の消しゴム版画家・ナンシー関の傑作評伝が待望の復刊。リリー・フランキー、宮部みゆきなど多彩なインタビューでその生涯に迫る。〈解説〉与那原恵
207214-5

こ-58-1
清冽 詩人茨木のり子の肖像 後藤正治
「倚りかからず」に生きた、詩人・茨木のり子の初の本格評伝。親族や詩の仲間など、茨木を身近に知る人物に丁寧に話を聞き、79年の生涯を静かに描く。
206037-1

さ-27-3
妻たちの二・二六事件 新装版 澤地久枝
〝至誠〟に殉じた二・二六事件の若き将校たち。彼らへの愛を秘めて激動の昭和を生きた妻たちの三十五年をたどる、感動のドキュメント。〈解説〉中田整一
206499-7

ほ-16-1
回送電車 堀江敏幸
評論とエッセイ、小説。その「はざま」にある何かを求め、文学の諸領域を軽やかに横断する——著者の本領が発揮された、軽やかでゆるやかな散文集。
204989-5

や-68-1
日本の民俗学 柳田國男
「方法としての民俗学」を浮き彫りにする文庫オリジナル論集。折口信夫との対談、ロングインタビュー「村の信仰」を併録した柳田学入門。〈解説〉佐藤健二
206749-3

よ-24-7
日本を決定した百年 附・思出す侭 吉田茂
偉大なるわがままと楽天性に満ちた元首相の個性が描き出した近代史。世界各国に反響をまき起した名篇が文庫にて甦る。単行本初収録の回想記を付す。
203554-6